LÉON DE PONCINS

# LE JUDAÏSME
# & LE VATICAN

*Une tentative de subversion spirituelle*

LÉON DE PONCINS

# LE JUDAÏSME
# & LE VATICAN

*Une tentative de subversion spirituelle*
1967

Publié par OMNIA VERITAS LTD

www.omnia-veritas.com

*Cet ouvrage est paru en anglais en 1967 à Londres, chez l'éditeur Briton Publishing Co qui en avait assuré la traduction et a conservé le manuscrit de l'auteur sans vouloir en céder les droits ni le publier en français. Ce texte important par son témoignage historique a donc du être retraduit en français à partir de la traduction anglaise. Nous prions le lecteur de nous excuser des variantes inévitables avec l'original des textes cités d'auteurs d'expression française comme Jules Isaac, Memmi, etc.*

Léon de Poncins

**AVANT PROPOS** ............................................................. 9

**DÉDICACE** ..................................................................... 11

**PREMIÈRE PARTIE** ..................................................... 13

L'ENSEIGNEMENT DU MÉPRIS ........................................... 15

**I – LA QUESTION JUIVE ET LE CONCILE** ................. 17

**II – JULES ISAAC ET LES ÉVANGÉLISTES** ................ 23

*Non, Pilate n'a pas protégé son innocence* ............... 28

**III - JULES ISAAC ET LES PÈRES DE L'ÉGLISE** ....... 29

*Comment alors expliquer leur succès ?* ..................... 44

**2ᵉᴹᴱ PARTIE** ................................................................ 57

LE PROBLÈME DES JUIFS AU COURS DES ÂGES ................ 59

**IV – LA COMPEXITÉ DU PROBLÈME JUIF** ............... 61

**V – LA LOI MOSAÏQUE ET LE TALMUD** .................. 73

**VI – LES MARRANES** ................................................. 81

**VII – L'ASSIMILATION** ............................................... 85

**VIII – UN ÉTAT DANS L'ÉTAT** ................................... 97

**IX – L'ANTISÉMITISME** ............................................ 109

**X – LA RÉVOLUTION MONDIALE** ........................... 127

# XI – ÉTERNEL ANTAGONISME ............................................. 147

# XII – PORTRAIT D'UN JUIF ................................................ 163

# III<sup>ÈME</sup> PARTIE ................................................................. 175

## LA SOLUTION DU CONCILE ..................................................... 177

# XIII – LE VOTE DU VATICAN .............................................. 179

### Une déclaration digne d'un antipape ....................... 183

### Des termes inacceptables .......................................... 185

### La minorité ................................................................. 186

### Un vote inextricable. Un incroyable guêpier. ............. 200

# XIV – DES TRACTS CONTRE LE CONCILE ......................... 213

# XV – COMMENT LES JUIFS ONT CHANGÉ LA PENSÉE CATHOLIQUE ............................................................................ 225

## Annexe I – Appel aux chefs d'état .................................... 237

## Annexe II – Six millions d'innocentes victimes ................ 241

## Pour finir, parlons du plan Morgenthau ......................... 257

# BIBLIOGRAPHIE .................................................................... 261

## Deux recensions remarquées de l'ouvrage ...................... 265

# AVANT PROPOS

Judaïsme et Catholicisme sont-ils irréconciliables ? L'Église a-t-elle injustement stigmatisé le peuple juif pendant 2000 ans ? L'attitude des juifs eux mêmes a-t-elle aggravé le problème plutôt que de l'avoir diminué ?

Cette question est venue à l'avant-plan lors du Concile Vatican II lorsque, durant le débat à propos du *Schéma sur le Judaïsme*, les Pères conciliaires ont été pressés par les puissantes organisations mondiales juives de condamner l'accusation de déicide figurant dans l'Évangile et d'user de leur autorité pour déraciner l'antisémitisme.

A partir d'impeccables témoignages contemporains, juifs pour la plupart, l'auteur L. de Poncins met en lumière leur rôle extraordinaire et méconnu derrière la scène du Concile. Son chapitre « Comment les juifs ont changé la pensée catholique » est tiré du titre d'un article publié à l'époque par l'un des porte-parole de ces organisations dans le magazine *Look*.

L'auteur fait ici une série d'abondantes citations d'ouvrages juifs presque généralement inconnus, critiquant les Évangiles comme étant la source de l'antisémitisme, et en deuxième partie, là encore à partir de témoignages d'autorités juives reconnues, il dresse un panorama des importantes questions historiques qui se profilent derrière le problème posé par l'existence du Judaïsme à travers les siècles.

Voici ce qu'en disait un journal israélien : « Il traite du mouvement œcuménique et du Problème juif, et une part importante de l'ouvrage est consacrée à Jules Isaac et à sa considérable contribution à la révision par l'Église catholique de son attitude envers le Judaïsme ». (Recension du journal israélien *Kirjat Sepher*)

# DÉDICACE

Cet ouvrage est dédié à la mémoire des Pères de l'Église qui édifièrent la Civilisation chrétienne

« Un principe vital est de ne jamais déformer la vérité. La vérité est toujours fondamentale pour tous les hommes responsables. Elle doit toujours prévaloir ». Pape Jean XXIII

« C'est un véritable concours à qui réussira à faire apparaître les juifs plus odieux. Aussi richement varié et pathétique que soit St Jean, l'auteur du quatrième Évangile, la palme revient à Matthieu. D'une main sure, il lança le dard empoisonné qu'on ne pourra plus arracher. Jules Isaac : « *Jésus et Israël* » p 483

« Le professeur Isaac, un historien juif français distingué... consacra les dernières années de sa vie à une étude sur les racines religieuses de l'antisémitisme. Il fut reçu en audiences par les derniers Papes, Pie XII et Jean XXIII, ce dernier d'une considérable importance et ayant conduit à élaguer certains passages de la liturgie Romaine offensants pour les juifs ». *Jewish Chronicle,* 29 octobre 1965, p 14.

« ...La source permanente et latente de l'antisémitisme n'est autre que les enseignements de la religion chrétienne dans chacune de ses descriptions, avec l'interprétation tendancieuse traditionnelle des Écritures ». Jules Isaac, *Jésus et Israël* p. 57

# Première Partie

# L'ENSEIGNEMENT DU MÉPRIS

« La déclaration œcuménique du Concile sur « l'Église et les Non-Chrétiens » déchargeant le peuple juif de l'accusation de culpabilité collective, est un acte d'impudence et de basse politique et une insulte à Dieu « a déclaré la semaine dernière le Dr Eliezer Berkovitz, professeur de philosophie juive à l'université juive américaine de Toronto.

« Il a ajouté que le Christianisme s'était répandu en Europe, non par les Évangiles, mais par l'épée, et que l'esprit œcuménique et de compréhension interreligieuse mis en avant actuellement n'est qu'un artifice de relations publiques ». *Jewish Chronicle*, 28 janvier 1966, p.17

« La version évangélique du procès de Jésus, telle que présentée par les scribes de l'évêque de Rome comme le grand événement judiciaire du 1. siècle, est terrifiante par son habileté et dans sa malveillance ». D.G. Runes *Les Juifs et la Croix*, 1965, p. 26

Le difficile et lent processus pour amener à établir de meilleurs rapports entre chrétiens et juifs ne peut prendre effet que par le rejet des stéréotypes et des préjugés et leur remplacement par une réappréciation rationnelle et intelligente.

Il est essentiel de mieux se comprendre mutuellement. Il faut se parler, mais conversation ne signifie pas conversion ».

Éditorial du *Jewish Chronicle*, 27 janvier 1967

# I – LA QUESTION JUIVE ET LE CONCILE

Le 19 novembre 1964, les Évêques et Cardinaux rassemblés au Concile à Rome votèrent à une écrasante majorité le Schéma traitant de l'attitude de l'Église envers le Judaïsme.

*Le Monde* du 27 novembre mentionna les réactions violentes que ce vote avait provoquées parmi les Église d'Orient de rite catholique et dans les États Arabes. L'article se terminait par un post-scriptum du correspondant à Rome du journal, Henri Fesquet, considéré comme la voix du Père Congar, le leader de l'aile progressiste catholique. Fesquet rappelait en préambule que les votes au Conciles sont secrets mais ajoutait : « Quatre-vingt dix-neuf Pères ont voté Non. Mille six cent cinquante et un ont voté Oui, et deux cent quarante-deux : Oui avec réserves. Mais ce n'était qu'un vote provisionnel, et le scrutin final aura lieu à la fin de la quatrième session en 1965. « Dans l'assemblée, les évêques d'Orient sont intervenus en corps, déclarant leur opposition de principe à toute Déclaration sur les Juifs par le Concile. On peut donc en induire que les quatre-vingt-dix Pères qui exprimèrent un vote négatif furent pour la plupart les orientaux ».

Voici un passage tiré de la *Déclaration sur les Juifs* votée par les Pères conciliaires le 20 novembre 1964 : « *...Tel étant l'héritage que les chrétiens ont reçu des juifs, le saint Concile est résolu expressément à instaurer et à recommander la compréhension et l'estime mutuelle, que l'on devra obtenir par le moyen de l'étude théologique et de discussions fraternelles, et, tout comme il désapprouve sévèrement tout mal* *infligé à tout homme d'où qu'il soit, il déplore de la même manière et condamne la haine et les mauvais traitements (ou vexations) à l'égard des juifs...* « *Chacun devra prendre soin par conséquent de ne pas présenter le peuple juif comme une nation rejetée, que ce soit dans la catéchèse, la prédication de la Parole de Dieu ou dans la conversation courante, tout comme on s'abstiendra de toute parole ou de tout acte qui puisse aliéner les esprits des hommes contre les juifs. Tous devront également prendre soin de ne pas imputer aux juifs de notre époque ce qui fut perpétré lors de la Passion du Christ* ». (The Tablet, 26 septembre 1964, p. 1094 - Texte révisé, au programme de la 3ème session)

A première vue, ce texte semble conforme à la doctrine permanente de l'Église qui, tout en s'étant efforcée de protéger la communauté chrétienne contre les influences juives, a toujours condamné la persécution des juifs, un fait dont avait témoigné impartialement un écrivain juif, Max I. Dimont : « Papes et princes du Moyen-âge auraient pu éliminer les juifs s'ils l'avaient voulu, mais ils ne le voulurent pas... Lorsque par suite de pressions sociales, économiques ou même religieuses, la présence des juifs devenait indésirable, ils étaient bannis, mais on ne les tuait pas. L'Église attribuait à tout être humain une âme, et l'on ne prenait à l'homme sa vie que pour sauver son âme. Ce fut seulement lorsque la religion eut perdu son emprise de crainte sur l'homme que la société occidentale put jouer avec l'idée d'assassiner froidement des millions d'hommes en jugeant qu'il n'y avait pas de place pour eux « . (M. I. Dimont *Les Juifs, Dieu et l'Histoire*, p. 286)

De fait cependant, la motion votée à Rome implique que la majorité des Pères conciliaires sont sérieusement mal informés de la véritable essence du Judaïsme. Il semblerait qu'ils se soient seulement penchés sur l'aspect humanitaire du problème, habilement présenté par les porte-paroles du Judaïsme mondial et par une presse largement favorable aux intérêts juifs.

La vérité, pense-t-on, est qu'un certain nombre d'organisations et de personnalités juives ont épaulé les réformes qui furent proposées au Concile, avec pour objectif de modifier l'attitude de l'Église et son enseignement vénérable sur le Judaïsme : Jules Isaac, Label Katz président des B'nai B'rith, Nahum Goldman le président du Congrès Juif Mondial, etc.

Ces réformes sont très importantes, car elles suggèrent que depuis deux mille ans l'Église s'est trompée, et qu'elle doit faire amende honorable et reconsidérer complètement son attitude envers les juifs.

Parmi le laïcat catholiques, une campagne semblable a été menée par des prélats progressistes, qui en s'appuyant sur le fait historique que le Christianisme est le descendant direct du Judaïsme ont réclamé la tolérance pour les juifs, ce que ces derniers comme on le verra plus loin sont loin de réclamer de leur côté pour les chrétiens. En fait, pour ces deux parties, il s'agissait d'une arme servant à rejeter le Catholicisme traditionnel, considéré comme l'ennemi principal.

Parmi les personnalités juives mentionnées plus haut, il en est une qui joua un rôle vital : c'est l'écrivain Jules Isaac d'Aix en Provence, mort récemment. Il fut longtemps inspecteur général de l'Enseignement public en France, et est l'auteur de manuels d'Histoire. J. Isaac retourna l'opinion du Concile à son avantage, ayant reçu un soutien considérable parmi les évêques progressistes. En fait, il était devenu le principal théoricien et promoteur de la campagne engagée contre les enseignements traditionnels de l'Église.

Voici le fond de sa thèse :

Nous devons en finir une fois pour toutes avec l'antisémitisme, dont l'issue logique a été l'élimination des juifs européens à Auschwitz et autres camps de la mort durant la deuxième guerre mondiale. D'après lui, la forme la plus dangereuse d'antisémitisme est l'antisémitisme chrétien, qui est fondamentalement d'ordre théologique. En effet l'attitude chrétienne envers le Judaïsme s'est fondée depuis toujours sur le récit de la Passion telle que décrite par les Évangélistes et telle que commentée par les Pères de l'Église comme St Jean Chrysostome, St Ambroise, St Augustin, le Pape St Grégoire le Grand, St Agobard primat des Gaules et nombre d'autres.

C'est donc ce fondement théologique de l'antisémitisme chrétien que Jules Isaac cherchait à miner, en mettant en doute la valeur historique des récits Évangéliques et en discréditant les arguments avancés par les Pères de l'Église pour protéger les chrétiens de se laisser influencer par les juifs, accusés de comploter en permanence contre l'ordre chrétien.

Examinons en détail et pas à pas comment Jules Isaac s'y prit pour faire admettre ses vues au Vatican et au cœur du Concile.

C'est après la disparition de son épouse et de sa fille, mortes en déportation, qu'il consacra les vingt dernières années de sa vie à une étude critique des relations entre Judaïsme et Christianisme et qu'à cette fin il écrivit deux ouvrages importants : *Jésus et Israël*, publié la première fois en 1946, puis en 1959 ; et *Genèse de l'Antisémitisme*, publié en 1948 et de nouveau en 1956. Dans ces deux livres, Jules Isaac critique férocement les enseignements chrétiens, les déclarant avoir été la source de l'antisémitisme, et il prêche, ou pour être plus exact, il exige la « purification « et » l'amendement « de ces doctrines bimillénaires. On examinera plus loin ces deux ouvrages ; mais continuons pour l'instant à rappeler le rôle joué par Jules Isaac pour attirer l'attention du Concile sur la Question juive.

Sitôt après la fin de la guerre, il commença d'organiser au plan national et international des réunions, suivies par des sympathisants catholiques favorables à ses arguments. En 1947, après des dialogues judéo-catholiques de ce genre qui avaient compté parmi leurs participants juifs des personnalités comme Edmond Fleg et Samy Lattès, et, parmi les catholiques, Henri Marrou, le R.P. Daniélou, et l'abbé Vieillard du secrétariat de l'Épiscopat, il publia un mémorandum en dix huit points sur « La rectification des enseignements catholiques concernant Israël ».

La même année, il fut invité à la Conférence internationale de Seelisberg en Suisse, qui réunit soixante-dix participants appartenant à dix-neuf pays, parmi lesquels le R.P. Calixte Lopinot, le R.P. Demann, le pasteur Freudenberg et le Grand Rabbin Kaplan. Dans sa session plénière, la conférence adopta les « Dix points de Seelisberg » qui suggéraient aux Églises chrétiennes des mesures à adopter pour « purifier » l'enseignement religieux sur les juifs.

Jules Isaac fonda alors la première Association d'amitié judéo-chrétienne, aidé en cela par le Grand Rabbin de France et son adjoint Jacob Kaplan, et les personnalités juives Edmond Fleg et Léon Alghazi, leurs amis catholiques comme Henri Marrou, Jacques Madaule ; Jacques Nantet et leurs amis protestants comme le Pr. Lovski et Jacques Martin. Les statuts de l'Association excluaient toute tentative de conversion réciproque parmi ses membres. Celle-ci fut rapidement suivie de la création d'associations similaires à Aix en Provence, Marseille, Montpellier, Nîmes, Lyon et pour finir à Lille, où Jules Isaac s'assura l'aide d'une religieuse de la Congrégation de Dom Bosco et le soutien du cardinal Liénart. Un peu plus tard, il s'en fonda une autre en Afrique du Nord.

En 1949 il établit le contact avec le clergé de Rome et, par cette entremise, put obtenir une audience privée de Pie XII, devant lequel il plaida en faveur du Judaïsme, demandant au Pape de bien vouloir faire examiner les « Dix points de Seelisberg ».

En 1959, il tint une conférence à la Sorbonne sur le thème de la nécessaire révision des enseignements chrétiens au sujet des juifs, et conclut son exposé par un appel au sens de la justice et à l'amour de la vérité du Pape Jean.

Peu après, il rencontra plusieurs prélats de la Curie Romaine, notamment les cardinaux Tisserand, Jullien, Ottaviani, et le cardinal Bea, et le 13 juin 1960 il obtint une audience du Pape, lors de laquelle il demanda de condamner « l'enseignement du mépris », suggérant qu'une sous-commission fût spécialement créée pour étudier cette question.

Quelques temps après Jules Isaac « apprit avec joie que sa suggestion avait été prise en considération par le Pape et transmise au cardinal Bea pour étude ».

Ce dernier établit un groupe de travail chargé d'étudier les relations entre l'Église et Israël, aboutissant finalement au vote du Concile du 20 novembre 1964.

# II – JULES ISAAC
# ET LES ÉVANGÉLISTES

Examinons maintenant les objections soulevées par Jules Isaac contre les auteurs de l'Évangile, en particulier concernant leur récit de la Passion, et ses objections aux Pères de l'Église qu'il tient pour responsables de ce qu'il nomme « l'enseignement du mépris », dont apparemment toute la mentalité chrétienne a été imprégnée.

Jules Isaac nie froidement que le récit fourni par les Évangélistes ait une valeur historique : « L'historien a le droit et le devoir, un droit absolu, de considérer les récits de l'Évangile comme des témoins à charge (contre les juifs), avec l'inconvénient aggravant qu'ils sont les seuls et que tous quatre écrivent sous le même point de vue : on ne possède aucun témoignage juif ou païen pour comparaison ou que l'on puisse mettre en balance. Et la partialité des écrivains Évangélistes n'est nulle part plus évidente et plus flagrante, et l'absence de documentation non-chrétienne nulle part plus déplorable, que pour l'histoire de la Passion... Mais il est très frappant de constater que ces écrivains ont tous les quatre la même préoccupation de réduire à un minimum la responsabilité romaine pour accroître proportionnellement celle des juifs. « Mais en outre, ils ne montrent pas une égale partialité : à cet égard *Matthieu* est de loin le pire, non seulement pire que *Marc* ou *Luc*, mais peut-être même pire que *Jean*. Est-ce si surprenant ? Il n'y a pas pires adversaires que des frères ennemis : or Matthieu était un juif, fondamentalement un juif, le plus juif des Évangélistes, et selon une tradition apparemment bien fondée il écrit en Palestine et pour les Palestiniens, afin de prouver à partir de l'Ancien Testament que Jésus était bien le Messie prophétisé par les Écritures... Mais la cause de la vérité historique en tire-t-elle quelque avantage ? Nous avons la liberté d'en douter. Il n'est pas surprenant que, des trois écrivains synoptiques, Matthieu le plus partial soit dans son récit de la Passion le plus tendancieux, le plus impartial ou le moins tendancieux étant dans la circonstance Luc, le seul Évangéliste non-juif, le seul gentil d'origine. » (Jules Isaac : *Jésus et Israël,* pp. 428-29) « Mais n'oublions pas une chose... c'est qu'ils s'accordent tous les quatre à dire que là, en présence de Pilate, en cette heure unique de l'Histoire qui frappa à jamais l'espèce humaine et qui est pour l'humanité plus lourde de sens qu'aucun autre moment de toute l'histoire du monde, le peuple juif tout entier exprima et revendiqua explicitement pour lui la responsabilité du sang innocent, la responsabilité totale, la responsabilité nationale. Reste à prouver dans quelle mesure les textes, et la réalité dont ceux-ci donnent une indication, cautionnent la terrible gravité d'une telle assertion. (Jules Isaac, ibid. p.478) « L'accusation chrétienne contre Israël, celle de déicide, accusation de meurtre elle-même meurtrière, est la plus grave et la plus injurieuse possible ; c'est aussi la plus injuste.

« Jésus a été condamné à l'agonie de la Croix, un supplice romain, par Ponce Pilate, le Procurateur romain. « Mais les quatre Évangélistes, pour une fois d'accord entre eux, affirment que Jésus fut livré aux Romains par les Juifs, et que c'est sous la pression irrésistible des Juifs que Pilate, alors qu'il aurait voulu déclarer Jésus innocent, le fit mettre à mort. D'où alors que c'est aux Juifs qu'incombe la responsabilité de ce crime et non aux Romains, simples instruments, et qu'il pèse sur les Juifs avec une force surnaturelle qui les écrase. (Jules Isaac, ibid. p. 567) « A première vue, on est impressionné par l'unanimité de surface du moins des quatre Évangélistes en ce qui concerne le point en question, la responsabilité juive. « Que les Romains aient prononcé une sentence de mort sous la pression des

Juifs, les quatre auteurs de l'Évangile en portent ardemment témoignage d'une seule voix. Mais comme leur témoignage est une accusation pleine de prévention et passionnée, circonstancielle et tardive, à franchement parler nous trouvons impossible de l'admettre sans réserve. » (Jules Isaac ibid. p.478) « *Matthieu* est le seul qui releva (XXVII, 24-25) que le Procurateur romain se lava cérémonieusement les mains selon une coutume juive, pour se purifier de la responsabilité du sang innocent qu'on l'obligeait à verser. Il est aussi le seul à observer que tout le peuple hurla... » Que son sang retombe sur nous et sur nos enfants «. *Marc, Luc* et *Jean* ne savent rien et ne disent rien, ni de la célèbre ablution, ni de la terrifiante exclamation. » (Jules Isaac, ibid., p.481) « La gradation suggestive observée dans la première partie du procès se répète ici encore et est très perceptible de *Marc* à *Matthieu*, selon lequel (Matt., XXVII, 24-25) Pilate décide de s'absoudre de toute responsabilité (en se lavant les mains), responsabilité que le peuple juif par contraste prend presque joyeusement sur lui-même. Dans le récit de *Luc*, Pilate déclare par trois fois Jésus innocent, et clairement veut le relâcher (XXII 14, 15, 16, 20, 22). *Jean* va plus loin : il n'hésite pas à prolonger les extraordinaires allées et venues du Procurateur entre le prétoire et l'extérieur : après l'interlude de la flagellation, survient la pitoyable exposition : *Voilà l'Homme* ; puis c'est encore un dialogue entre Pilate et « les juifs » ; puis c'est l'agitation de Pilate lorsqu'il apprend que Jésus s'est dit être le Fils de Dieu ; ensuite Pilate et Jésus échangent quelques mots ; nouvel effort de Pilate pour relâcher Jésus ; puis chantage des juifs : « Si vous le relâchez, vous n'êtes pas ami de César » (Jean XIX, 12) ; après quoi le vacillant Procurateur abandonne la partie « Alors il le leur livra pour être crucifié ».(*Jean* XIX, 16) « C'est une véritable compétition à qui pourra rendre les Juifs plus haïssables. « Que n'a-t-on pu dire, que n'a-t-on pas dit à partir d'une probabilité historique. Mais c'est une base dangereuse comme je le sais bien : la vérité « peut quelque fois apparaître improbable ». Cela m'incline d'autant plus à remarquer que visiblement, dans *Matthieu* et dans *Jean*, l'image de Ponce Pilate excède les bornes de l'improbabilité... « Il est difficile de croire que le tout-puissant Procurateur dans sa perplexité en ait été réduit à consulter les Juifs ses sujets, et les grands prêtres ses instruments, quant à ce qu'il devait faire du prisonnier Jésus. » (*Marc* XV, 12 ; *Matthieu* XXVII, 22) « Il est difficile de croire que le boucher de Juifs et de Samaritains ait été soudain envahi de scrupules à propos d'un juif galiléen accusé d'agitation messianique, et se soit abaissé à solliciter la pitié des Juifs pour lui en disant « Qu'a-t-il donc fait ? » (*Marc* XV, 14 ; *Matthieu* XXVII, 23) « Il est difficile de croire qu'un mandataire officiel du pouvoir romain ait eu recours au rituel symbolique juif de se laver les mains pour se laver de sa responsabilité, évidemment aux yeux du Dieu d'Israël. (*Matthieu* XXVII, 24) « Il est difficile de croire que le politicien rusé qu'il était se soit résolu ce jour-là à prendre le parti du prophète malchanceux contre l'oligarchie locale, sur laquelle les gouverneurs romains avaient l'habitude de faire reposer leur gouvernement et dont lui-même dépendait, puisque Pilate tenait la Judée par Anne et Caïphe. « Il est difficile de croire que le représentant de Rome, dont le devoir suprême et la tâche étaient de faire respecter la grandeur romaine, fit des allées et venues entre son siège de juge et la rue en l'honneur de quelques juifs dévots rassemblés dehors. « Il est difficile de croire qu'un gouverneur énergique, prêt à répandre le sang pour prévenir toute révolte ou menace de révolte, ait cependant résolu pour plaire à la foule juive de relâcher un agitateur « bien connu «, emprisonné sous inculpation de sédition et de meurtre (et pourquoi donc la crucifixion de Jésus dut-elle suivre la relaxe de Barrabas ?) « Il est difficile de croire que le juge et législateur de la province, apparemment oublieux de sa fonction, ait dit aux grands prêtres ses interlocuteurs « Prenez-le et crucifiez-le vous-mêmes » (*Jean* XIX, 6). « Il est difficile de croire qu'un païen sceptique ait pu être impressionné par l'accusation lancée contre Jésus par les juifs selon *Jean* XIX 7-8 qu'il s'est fait lui même Fils de Dieu (ceci au sens chrétien étant aussi incompréhensible à première vue à un païen qu'à un juif ). « Il est difficile de croire qu'un juriste romain, d'esprit si méticuleux, aurait apparemment violé toutes les règles traditionnelles de procédure durant le procès de Jésus. « Mais il est encore plus difficile de croire, mille fois plus difficile encore, qu'une foule de Juifs, « le peuple entier « des juifs patriotes et dévots serait soudain devenu enragé contre Jésus au point d'assiéger Pilate, le romain détesté, et d'exiger que le prophète, suivi avec enthousiasme le jour précédent un homme du peuple, de leur peuple fût crucifié à la manière romaine par des soldats romains «. (Jules Isaac, ibid. pp. 483-4) « Et que dire de la scène historique qui amplifia le contraste entre l'action de Pilate se lavant les mains et les cris de « tout le peuple « des Juifs : » *Que son sang retombe sur nous et sur nos enfants* « ? « Nous avons déjà fait référence à ce passage, mais nous sommes loin du compte lorsqu'on considère le mal que cette scène a suscité. » (Jules Isaac ibid., p. 489) « Je persiste à maintenir que le geste de Pilate était en contradiction complète avec le déroulement des procès romains ; c'est assez dire. Nous avons le droit de conclure que très probablement ce geste n'a jamais eu réellement lieu. Toute la scène est d'authenticité douteuse, et nous la trouvons en fait d'une longueur exagérée, poussée jusqu'à l'absurde ». « La réplique des Juifs « *Que son sang retombe sur nous et sur nos enfants* « devient certes moins paradoxale lorsqu'on l'associe à d'anciennes traditions et expressions hébraïques. Mais, comme nous l'avons dit, elle est pratiquement aussi incroyable de par son caractère haineux et la rage dont elle se veut l'expression. » (Jules Isaac, ibid., pp. 491-92) « Jamais aucun récit n'est apparu aussi évidemment tendancieux, ni le désir d'impressionner qui culmine aux versets 24 et 25, ce qui emporte la conviction de tout esprit ouvert.

## Non, Pilate n'a pas protégé son innocence.

Non, la foule juive n'a pas hurlé « *Que son sang retombe sur nous et sur nos enfants...* » Mais à quoi bon insister davantage ? « Le cas est posé devant les yeux de tous les hommes de bonne foi. Et j'ose même dire aussi devant le regard de Dieu ». (Jules Isaac, ibid., p. 493)

« Par conséquent, la responsabilité totale du peuple juif, de la nation juive et d'Israël dans la condamnation à mort de Jésus est une question de croyance légendaire non basée sur un fondement historique solide... » (Jules Isaac, p. 514-15) « Pour maintenir le point de vue contraire, il faudrait être habité d'une prévention obstinée et fanatique ou avoir une foi aveugle dans une tradition, qui, nous le savons, n'est pas « normale « , et donc ne devrait pas être posée comme règle de pensée même pour les fils les plus dociles de l'Église une tradition en outre infiniment nuisible et meurtrière, et qui, je l'ai dit et le répète, mène à Auschwitz, Auschwitz et autres lieux semblables. Six millions de juifs ont été liquidés uniquement parce qu'ils étaient Juifs, et ceci est la honte non seulement du peuple Allemand mais de tout le Christianisme, parce que sans les siècles d'enseignement, de sermons et de vitupération chrétienne, le message, la propagande et la vitupération hitlérienne n'auraient pas été possibles ». (Jules Isaac, ibid., p 508)

En bref, dans leur récit de la Passion dorénavant révisé et corrigé par Jules Isaac, les écrivains des Évangiles apparaissent comme un quarteron de menteurs, parmi lesquels Matthieu est le plus venimeux... « Il emporte la palme. D'une main sûre, il a décoché le trait empoisonné que l'on ne pourra plus jamais retirer ». (Jules Isaac, ibid. p. 483)

# III - JULES ISAAC
# ET LES PÈRES DE L'ÉGLISE

Comme on vient de le voir, les Évangélistes ont été ainsi réfutés, et Jules Isaac entreprend ensuite d'attaquer les Pères de l'Église qui durant 1500 ans ont codifié la doctrine chrétienne sur le Judaïsme. « Il n'est que trop vrai qu'il exista un fort courant d'antisémitisme dans le monde païen, longtemps avant l'antisémitisme chrétien. « Il n'est que trop vrai que cet antisémitisme produisait quelquefois des conflits sanglants et des pogroms. « Il n'est que trop vrai que sa cause principale était l'exclusivisme et le séparatisme d'Israël, qui était religieux par essence, dicté par Yahvé et les Écritures, et sans lequel le Christianisme à l'évidence n'aurait pu être conçu, puisque c'est à cause de ce séparatisme juif que la foi en Yahvé, la connaissance et le culte du Dieu unique se préservèrent intacts de toute souillure et se transmirent de génération en génération jusqu'à la venue du Christ.

« Mais en quoi ces faits le justifient-il ? « Précisément, puisque c'était un antisémitisme païen, prenant son origine dans un commandement divin, quelle base donne-t-il au Christianisme pour le copier (elle qui en a été elle-même victime tout un temps ?), et, pire encore, pour l'avoir développé jusqu'à un paroxysme de violence, de méchanceté et de haine calomnieuse et meurtrière ? » (Jules Isaac, *Jésus et Israël*, p. 353) « Ainsi commença à se développer dans la conscience chrétienne (si je peux ainsi parler)le thème du crime, de la fausseté, de l'abomination et de la malédiction d'Israël, un châtiment qui, comme le crime lui même, était collectif, sans appel, incorporé à jamais « Israël charnel », Israël tombé, rejeté, Israël-Judas, Israël-Caïn. Ce thème étroitement entremêlé, sans être pourtant confondu, avec un autre qui devint une thèse doctrinale, celle du Peuple-témoin, choisi par Dieu avait dit le juif St Paul pour sa totale conversion finale, témoin malheureux « pour ses iniquités et pour notre foi « dit St Augustin 350 ans plus tard, portant une marque infligée par Dieu comme Caïn, qui est tout à la fois sa protection et qui lui attire l'exécration du monde chrétien ». (Jules Isaac, ibid. p.359) « Aucune arme ne s'est montrée plus efficace contre le Judaïsme et ses fidèles que *l'enseignement du mépris,* forgé principalement par les Pères de l'Église au quatrième siècle, et dans celui-ci nulle thèse n'a été plus dommageable que celle du « peuple déicide ». La mentalité chrétienne s'est imprégnée de ces idées jusqu'à la racine de son subconscient. Ne pas reconnaître le fait, c'est vouloir ignorer ou déguiser la source majeure de l'antisémitisme chrétien et le ressort qui a nourri l'opinion populaire. « Mais ce n'est pas cette dernière qui l'a produit, car « l'enseignement du mépris « est une création théologique.... » (Jules Isaac : *Genèse de l'Antisémitisme,* p.327) « Déicide ». Quand cet épithète diffamatoire a-t-il fait son apparition, pour être tourné plus tard, oh la merveilleuse découverte, à un usage meurtrier, devenir une marque indélébile, poussant à la fureur et au crime (homicide, génocide) ? Il est impossible d'en définir la date exacte. Mais on peut discerner dans le flot confus des polémiques judéo-chrétiennes le courant principal d'où il est issu. (Jules Isaac : *Jésus et Israël,* p. 360 ) « Au quatrième siècle, un nouveau pas fut franchi. Les destinées de l'Église et de l'Empire s'étant unies, toute circonspection fut écartée, et l'on put hausser le ton de la controverse anti-juive, comme il advint en effet. Il devint ouvertement abusif... « L'antisémitisme chrétien qui commença alors à se développer était essentiellement théologique, mais on peut aussi l'appeler « ecclésiastique « ou « clérical ». Son fondement était l'accusation de déicide. » (Jules Isaac, ibid., p.361) « Meurtrier de Jésus, le Christ-Messie, meurtrier de l'Homme-Dieu, déicide ! « Une telle accusation lancée contre tout le peuple juif... une accusation capitale, liée au thème du châtiment capital... de sorte que, par un mécanisme alternatif ingénieux de sentences doctrinales et d'explosions populaires, était attribué à Dieu ce qui, vu de la sphère terrestre, est assurément le produit de l'incurable vilenie humaine. Cette perversité exploitée de manière variée et habile de siècle en siècle, de génération en génération, devait culminer à Auschwitz, dans les chambres à gaz et les fours crématoires de l'Allemagne nazie. » (Jules Isaac, ibid., pp. 351-52) « Il faut reconnaître le triste fait que presque tous les Pères de l'Église ont apporté leur pierre à cette œuvre de lapidation morale (mais qui ne fut pas sans répercussions matérielles) : St Hilaire de Poitiers, St Jérôme, St Ephrem, St Grégoire de Nysse, St Ambroise et St Épiphane qui était né juif, St Cyrille de Jérusalem et beaucoup d'autres. Mais dans cette illustre cohorte, vénérable à maints autres égards, deux méritent une mention spéciale : le grand orateur grec St Jean Chrysostome (le St Jean bouche d'or), qui se distingue par ses abondantes et truculentes invectives et ses insultes extrêmes, et le grand docteur de la latinité chrétienne, St Augustin, pour la merveilleuse (et dangereuse) habileté qu'il déploya à élaborer une doctrine cohérente ». (Jules Isaac, *Genèse de l'Antisémitisme*, p.161)

Passons maintenant de cette revue générale des Pères de l'Église, à l'examen des cas particuliers, et citons des passages que l'étude de Jules Isaac a consacrée aux grands docteurs de l'Église.

En 386, St Jean Chrysostome commença à prêcher à Antioche où se trouvait une importante communauté juive. Il débuta par huit homélies contre les juifs, homélies dont le ton « est souvent d'une violence sans égal ». « Tous les griefs et toutes les insultes, on les trouve dans St Jean Chrysostome. Il y montre mieux que personne, et souvent avec une violence inégalée atteignant même la grossièreté, la fusion d'éléments de récrimination pris à l'antisémitisme populaire et ceux à base spécifiquement théologique, avec l'emploi de textes bibliques, qui sont la marque de l'antisémite chrétien. » (Jules Isaac, ibid., p.256) « Disons-le nettement : quelle qu'en ait été l'intention, cet extraordinaire morceau fait d'outrages et de calomnies est une chose révoltante de la part d'un orateur sacré. « Des semences de mépris et de haine comme celles-ci produisent inévitablement leur moisson. On moissonne ce que l'on sème. Se profilant le long des âges, derrière les saints orateurs du quatrième siècle traînant dévotement leurs adversaires dans la boue, je vois l'innombrable légion de théologiens, de prédicateurs chrétiens, d'enseignants et d'écrivains ardents à développer les thèmes percutants du Juif charnel, du Juif lubrique, du Juif cupide, du Juif possédé du démon, le Juif maudit, le Juif meurtrier des prophètes et du Christ, le Juif coupable de déicide tous prenant à leur compte en toute bonne foi de propager ces idées fausses, pernicieuses et fatales ; tous également disposés à admettre avec Chrysostome, comme il s'en suit logiquement, que si le Juif haïssable reçut en partage l'exil, la dispersion, la servitude, la misère et la honte, ce n'était que justice (la Justice de Dieu) : il fallait qu'il paye pour son forfait. « Mais ce ne sont que des figures oratoires, direz-vous aujourd'hui 1600 ans plus tard pour rassurer votre conscience ; c'est bien possible, mais « il faut cependant comprendre » à quoi aboutissent des figures oratoires exprimées par une bouche d'or, reprises en chœur à travers les siècles par des myriades de disciples ; ces figures de style prirent racine et vie de façon virulente ; elle s'incrustèrent dans des millions d'âmes. Qui osera alors croire que l'âme chrétienne en soit libérée aujourd'hui ? Qui peut dire si elle s'en libérera jamais ? Regardez les hideux satiristes, les Streicher nazis, qui succédèrent aux prêcheurs chrétiens ». (Jules Isaac, ibd., pp. 162, 164 -66 )

Moins violent que l'orateur grec, selon Jules Isaac, St Augustin... : « ...est tout aussi hostile envers le Judaïsme et les juifs, et tout aussi déterminé à combattre leur influence persistante, pour en protéger les fidèles et leur fournir un stock d'arguments valables à employer dans les controverses avec ces réprouvés obstinés. « Il utilise la même méthode, et son interprétation des Écritures suit un point de vue similaire : longtemps avant la venue du Sauveur, le Judaïsme s'est progressivement corrompu, flétri et desséché ; après la révélation du Christ, il est tombé complètement sous l'inspiration de Satan ; ceux qui auparavant étaient les enfants préférés de Dieu devinrent les enfants du démon.' » (Jules Isaac, ibid. p.166) « Dans tout cet enseignement véhément qui s'est survécu à travers les siècles et qui encore de nos jours ose élever sa voix, on ne respecte pas davantage la vérité biblique que la vérité historique ». La déplorable crucifixion avec la dispersion sont toutes deux audacieusement utilisées comme des armes cruellement aiguisées, pour mieux toucher à mort le vieil Israël... » (Jules Isaac, ibid. ,p.167). « Mais plus important que tout, est la contribution doctrinale spécifique de St Augustin : l'élaboration dans son esprit acéré d'une thèse opportunément ingénieuse, promise au plus grand succès (théologique), la doctrine du Peuple-Témoin... « Si les juifs qui refusèrent de croire au Christ continuent néanmoins d'exister, c'est parce qu'il le faut, que Dieu dans sa sagesse surnaturelle l'a ainsi ordonné ; ils continuent d'exister afin de porter témoignage à la foi chrétienne, ce qu'ils font à la fois par leurs livres saints et par leur dispersion. » (Jules Isaac, ibid., p. 168) « Oh, merveilleuse découverte d'un esprit subtil et inventif : l'étonnante survie du peuple juif ne peut être assignée qu'à un seul objet et une seule raison, témoigner de l'antiquité de la tradition biblique et de l'authenticité des textes sacrés sur lesquels se fonde la foi chrétienne ; les juifs, aveugles et charnels, eux-mêmes ne comprennent pas le vrai sens de leurs saintes Écritures, mais ils les préservent jalousement et révérencieusement pour que l'Église s'en serve, vis à vis de laquelle en d'autres termes ils ne sont que des esclaves porte-livre marchant derrière leur maître ». Semblablement, la dispersion du peuple juif, sans perdre sa signification de châtiment infligé par Dieu en punition pour la croix du Christ, porte elle-même témoignage, et correspond aux desseins de la Providence, puisqu'elle prouve partout que les juifs continuent d'exister « pour le salut des nations, et non pour le salut de la leur », et donc sert à répandre la foi chrétienne que les juifs persistent à nier.

« Telle est esquissée dans ses grandes lignes la thèse de St Augustin. » (Jules Isaac, ibid. pp. 168-169) « Il y a un corollaire à ces propositions augustiniennes, un corollaire rendu formidable par ses implications pratiques. Le témoignage que les juifs portent (en faveur de la foi chrétienne) par leur survivance et par leur dispersion, ils doivent aussi le porter par leur ruine. L'efficacité de leur témoignage sera mesuré à la dureté du sort qui leur est réservé....

« L'enseignement du mépris », ajoute Jules Isaac, » mène au système d'avilissement qui en est la preuve nécessaire. » « Dorénavant nous percevons la différence radicale qui sépare le système chrétien d'avilissement de son imitateur moderne nazi aveugle et ignorant, comme ceux qui ignorent leurs milliers de liens profonds : ce dernier n'a été qu'un stade, un stade bref, précédant l'extermination de masse ; le premier au contraire impliquait la survie, mais une survie honteuse dans le mépris et le malheur, ainsi créés pour se prolonger, et blesser et torturer lentement des millions de victimes innocentes.... » (Jules Isaac : ibid. pp. 166-68, 171-72)

A la lecture de paroles aussi audacieusement diffamatoires contre les enseignements de l'Église, on serait tenté de dire que de telles exagérations sont sans valeur. Nous y répondrons quelques pages plus loin. En attendant, ajoute Jules Isaac :

« Examinons avant tout l'enseignement doctrinal de l'Église en cette période du début du Moyen-âge. On n'en trouve pas de plus parfaite expression que dans le chef d'œuvre de St Grégoire le Grand, qui se place à mi-distance entre St Augustin et St Agobard, à la fin du sixième siècle.

Après les Pères de l'Église, aucune autre œuvre ne s'impose avec plus d'attention dans le Christianisme, spécialement dans le Catholicisme occidental. Aucun autre exemple ne pourrait donc être plus décisif, d'autant que ce grand Pape, loin d'être un fanatique, est renommé pour ses remarquables qualités de générosité, d'élévation morale, d'équité et d'humanité. « Grégoire le Grand ne systématisa jamais sa position doctrinale en ce qui concerne le Judaïsme... mais un théologien catholique, V. Tollier, qui a spécialement et consciencieusement étudié son œuvre, en a pu en tirer cette conclusion qu'une référence directe aux textes permet de qualifier d'acceptable : « Il envisagea l'histoire de ce peuple comme une énorme erreur, préparée de longue date, commise de sang froid, rigoureusement punie et devant être un jour effacée par le pardon Divin ». Pour avoir traité Dieu « avec la plus noire ingratitude », le peuple élu devint maudit... ; il ne se relèvera de son sommeil fatal que dans les derniers jours du monde ». « Grégoire le Grand ne pouvait que suivre la tradition existante, établie fermement par les Pères du quatrième siècle. Mais il faut mettre à son crédit qu'il ne perdit jamais de vue les origines juives de l'Église primitive, ni la vision paulinienne de la réconciliation finale différées par lui (mais pas par St Paul) aux derniers jours du monde ; qu'il ne prit pas part à l'injuste et mortelle accusation de « déicide » ; que bien qu'il ait souligné la culpabilité de la majorité des juifs pour la Passion, il n'oublia cependant jamais complètement la part qu'y avait prise le procurateur Pilate et les Romains ; que ce fut effectivement lui qui formula l'idée éminemment chrétienne qui devait dominer par la suite l'esprit et le cœur de tous les croyants au Christ et qui fut enseignée par le Concile de Trente de l'universelle responsabilité de l'Humanité pécheresse, et qu'enfin la controverse anti-juive dans ses écrits ne dégénéra nulle part en éclats outrageants et vulgaires à l'exemple d'un St Jean Chrysostome. « On en est alors que plus frappé de la stricte sévérité avec laquelle ce grand Pape, noble personnalité, parle du Judaïsme et du peuple juif, et réitère les thèmes essentiellement traditionnels sans vérifier leurs fondements... « Ivres d'orgueil (écrit le grand Pape), les juifs ont mis toute leur énergie à fermer leur esprit aux représentants de Dieu... Ils perdirent l'humilité, et avec elle la compréhension de la vérité ». « Comme le quatrième Évangéliste, Grégoire fait sans cesse un emploi abusif du terme les juifs pour attirer l'attention sur la clique des ennemis du Christ, ce qui revient à condamner au mépris et à la haine des fidèles la totalité du peuple juif : « Les juifs livrèrent le Christ et l'accusèrent... » (Jules Isaac, pp. 289-90) « les plus beaux exemples ne réussirent pas à pousser cette nation vulgaire à servir Dieu avec amour... La foi d'Israël consistait uniquement à obéir aux préceptes divins à la lettre...et au lieu d'être un moyen de sanctification, ceux ci devinrent une source d'orgueil... Pour s'élever jusqu'à Dieu, Israël avait les ailes de la Loi, mais son cœur, qui se traînait dans les profondeurs de la terre, le retint... Le peuple infidèle comprit seulement l'incarnation de Dieu dans la chair et ne l'accepta pas comme plus qu'humain... l'épouse, abandonnée alors à son jugement charnel, ne réussit pas à reconnaître le mystère de l'Incarnation. (St Grégoire le Grand, cité par Jules Isaac, ibid., p 289-90)

Jules Isaac continue ainsi : « Ce thème du « peuple charnel » est infiniment dangereux, car il conduit inévitablement au peuple de la « Bête », de « l'Antichrist » et du « démon, « mu par une haine diabolique contre Dieu et les siens ». (ibid. p. 290) « Parce que les cœurs des juifs étaient sans foi » dit St Grégoire, « ils ont été soumis au démon... la Synagogue est non seulement rebelle à la foi, mais l'a combattue avec l'épée et a soulevé contre elle les horreurs d'une persécution sans merci... N'est il pas vrai alors de dire que la Bête a fait son antre dans les cœurs des juifs persécuteurs ?... Plus le Saint Esprit se répandit sur le monde, plus une haine perverse enchaîna les âmes des juifs ; leur aveuglement les a rendus cruels, et leur cruauté les a conduits à une persécution implacable. » (St Grégoire le Grand, cité par Jules Isaac, p 290) « Tel est l'enseignement du grand Pape dans son opinion conciliatrice et de nature purement doctrinale, en accord avec son devoir envers l'humanité, la charité chrétienne et le respect de la loi. Telle est son opinion, mais pas forcément celle des autres. Car elle devait laisser dans les cœurs et les esprits médiocres, partout et toujours en majorité, la trace du stigmate ainsi marqué au fer rouge sur le front du peuple juif, de ses crimes, de sa malédiction, de sa perversité satanique. Il n'en faut pas plus aujourd'hui comme à toute époque pour déchaîner la sauvagerie de « la Bête ». (Jules Isaac, p. 291)

Jules Isaac en vient alors à St Agobard. « Le premier point à noter à propos de St Agobard est que son anti-Judaïsme est essentiellement ecclésiastique et théologique, comme celui des Pères de l'Église ; il ne provient pas de ce que Mr. Simon appelle les veines de l'antisémitisme populaire... (Jules Isaac ibid., p. 274) « En conflit avec les juifs, St Agobard en appela directement à l'empereur par deux lettres : *De insolentia judeorum* (Sur l'insolence des juifs) et *De judicis superstitionibus* (Sur les superstitions des juifs). « Dans la première, Agobard présente une justification de son attitude et des mesures anti-juives qu'il a prises. Il lui était facile de montrer qu'en dénonçant la *perfidia judeorum* il ne faisait là qu'obéir aux préceptes enseignés par les Pères et aux règles établies par l'Église. Ces règles et préceptes, assure-t-il l'empereur, s'accordent avec la raison et la charité : « Puisque les juifs vivent parmi nous, et que l'on ne doit pas les traiter avec malveillance ni porter atteinte à leur vie, à leur santé ni à leur fortune, observons donc la modération prescrite par l'Église, qui consiste à se comporter avec prudence et charité envers eux... » (Jules Isaac ibid., p 278) « La totalité de son œuvre, qui est basée sur les Pères de l'Église principalement St Ambroise, sur les décisions des Conciles et sur les Écritures, tend à démontrer que les juifs doivent être tenus strictement à part, comme un peuple dont la société est la pire souillure qu'un chrétien puisse subir. Antichrists, fils du démon, « les juifs impies ennemis du fils de Dieu se sont coupés eux-mêmes de la véritable Maison de David, l'Église ; toutes les menaces et malédictions divines se sont accomplies sur la Synagogue de Satan ». Rien de nouveau dans tout cela, Agobard répète simplement les formules habituelles, ou rituelles comme on pourrait les appeler, de l'enseignement du mépris : le bannissement des juifs de la Société chrétienne est l'un des chefs d'œuvres de l'avilissement. » « A la superstition, les juifs ajoutent, dit St Agobard, le blasphème et la calomnie, et il donne des exemples de récits extravagants de la vie de Jésus répandus parmi les juifs. On sait qu'une détestable tradition juive en ce sens apparut au second siècle, qui fut plus tard consignée par écrit dans les livres du *Sepher Toledot Jeschu* auquel la version citée par Agobard est apparentée, sinon absolument identique. Ces libelles méprisants sont tout aussi inqualifiables que les injures multiples lancées par certains orateurs chrétiens contre la Synagogue et la foi juive. Agobard lui même n'en disconvient pas. » (Jules Isaac ibid. p. 280)

Jules Isaac conclut par ces mots : « L'attitude d'Agobard ne peut se justifier en mettant en avant les mauvaises actions que les juifs ou certains juifs peuvent avoir commises, et il n'est pas davantage en accord avec « la raison » ou « la sagesse » ou la charité chrétienne » de les traiter en parias, de les dénoncer publiquement comme ennemis de Dieu, d'appeler leurs sanctuaires des synagogues de Satan, et eux-mêmes un peuple maudit, avec lequel tout contact doit être évité comme avec la pire pollution. « Car, je ne cesserai de le répéter, un tel enseignement hurlé sur les toits à des troupeaux de fidèles ignorants et crédules mène, non seulement à une violente injustice, mais à de bien plus odieuses conséquences, à des actes criminels d'homicides et de génocide, à des assassinats de masse et à de monstrueux « pogroms ». Il est trop facile de croire ou de faire croire aux gens que les éclats verbaux les plus violents sont inoffensifs, comme s'il n'y avait aucun risque que ces paroles violentes n'amènent des actes violents. Que doit-on blâmer davantage, les blessures de langue ou les coups ? Malgré ses apologistes, « St Agobard » doit porter sa part de responsabilité ». (Jules Isaac, ibid. pp. 284-5)

En d'autres termes selon Jules Isaac, *les Évangélistes furent des menteurs*, St Jean Chrysostome, *un théologien délirant et un pamphlétaire grossier*, St Augustin emploie son esprit acéré et subtil à falsifier les faits, *St Grégoire le Grand inventa « le formidable thème du « peuple charnel » qui a déchaîné la sauvagerie de la Bête contre les juifs à travers l'Histoire »*, et St Agobard le célèbre primat des Gaules « *hurla sur les toits à des troupeaux de fidèles un enseignement qui conduit aux conséquences les plus odieuses, au crime de génocide, aux assassinats de masse et à de monstrueux pogroms* «

Tous furent des persécuteurs pleins de haine anti-juive, « vrais précurseurs des Streicher et autres », moralement responsables « d'Auschwitz » et de « six millions de victimes juives ».

Ainsi Jules Isaac dénonce ceci, affirme cela et condamne ces grands docteurs de la Foi, sans essayer d'analyser aucune des raisons qui les conduisirent tous et chacun, avec leur caractère propre et leur origine différente juive, grecque et latine et tous élevés par l'Église à l'Autel, à porter d'aussi lourdes et énergiques accusations contre les juifs.

Il demanda donc ou plutôt insista pour que le Concile :

– Condamne et supprime toute discrimination raciale, religieuse ou nationale à l'égard des juifs ;
– Modifie ou supprime les prières liturgiques concernant les juifs, en particulier le Vendredi Saint ;
– Déclare que les juifs ne sont en aucune manière responsables de la mort du Christ, pour laquelle *l'humanité entière est à blâmer ;*
– Supprime les passages des Évangélistes relatant la partie cruciale de la Passion, notamment celui de St Matthieu,

que Jules Isaac désigne froidement comme un menteur qui a dénaturé la vérité ;

– Déclare que l'Église a toujours été à blâmer pour être demeurée dans un état de guerre latente qui a persisté deux mille ans entre les juifs, les chrétiens et le reste du monde ;

– Promette que l'Église modifiera définitivement son attitude dans un esprit d'humilité, de contrition et de pardon à l'égard des juifs, et fera tous les efforts possibles pour réparer le mal qu'elle leur a fait, par la rectification et la purification de son enseignement traditionnel, comme établi par Jules Isaac.

Malgré l'insolence de cet ultimatum, la virulente dénonciation des Évangélistes et de l'enseignement des Pères de l'Église reposant sur les propres paroles du Christ, Jules Isaac reçut un puissant soutien de la part de prêtres, à Rome même, et de la part de nombreux membres de « l'Amitié judéo-chrétienne ».

Le 23 janvier 1965, la quotidien *Terre de Provence*, publié à Aix, rapporta que Mgr de Provenchères, l'évêque d'Aix, avait fait une allocution devant le groupe d'Amitié Judéo-chrétienne à l'occasion de l'inauguration d'une avenue Jules Isaac qui avait eu lieu le matin même, article d'où sont extraites les lignes qui suivent : « Une foule nombreuse s'était rassemblée dans l'amphithéâtre Zironski pour écouter l'allocution que Mgr de Provenchères devait donner sur le sujet du Décret du Concile sur les relations entre catholiques et non- catholiques » « Le doyen, le Père Palanque, commença par rappeler l'émouvante cérémonie qui ce matin avait eu lieu en présence du maire, Mr Mouret, et de Mr Schourski, et de Mr Lunel, président des « Amis de Jules Isaac ». Le nom de celui-ci reviendra de nouveau à leurs lèvres à propos de la troisième Session de Vatican II. Mgr de Provenchères fera bénéficier l'auditoire de sa connaissance de première main du sujet par sa participation au Concile.

« Mgr de Provenchères nous dit sa joie à décrire cette expérience, d'autant qu'il trouva le travail du Concile très positif. « Parlant de Jules Isaac, il nous déclara que depuis leur première rencontre en 1945, il avait éprouvé pour lui un profond respect, qui s'était rapidement mué en affection. Le Schéma du Concile est apparu comme une solennelle ratification des points dont ils avaient discuté ensemble. Il eut pour origine une demande que Jules Isaac avait adressée au Vatican, et qui avait été étudiée par plus de deux mille évêques. L'initiative qui a mené à cet événement revient donc à un laïc et à un juif. Mgr de Provenchères fit alors la remarque que les grands événements dans l'Histoire commencent souvent ainsi, avant d'être sanctifiés par la suite ; la rencontre entre Jean XXIII et Jules Isaac avait été un geste à l'adresse de l'Amitié judéo-chrétienne. « Mgr de Provenchères fit alors un récit détaillé du rôle joué par Jules Isaac à Rome durant la préparation du Concile, et le doyen le père Palanque, remerciant ensuite Mgr de Provenchères, souligna le travail accompli par l'évêque pour assurer l'heureuse adoption du schéma ».

Pendant que nous sommes ainsi sur le sujet de l'amitié judéo-chrétienne, il est instructif de noter l'ironie hautaine et méprisante avec laquelle Joshua Jehouda, l'un des leaders spirituels du Judaïsme contemporain en parle : « *Le terme courant « judéo-chrétien » est une erreur* qui a altéré le cours de l'Histoire universelle en jetant la confusion dans l'esprit des hommes, lorsqu'il prétend faire entendre l'origine juive du Christianisme ; car en abolissant les distinctions fondamentales entre le Messianisme juif et le messianisme chrétien, *ce terme cherche à assembler deux idées qui sont en opposition radicale*. En mettant l'accent exclusif sur *l'idée chrétienne* au détriment de l'idée juive, il évacue le messianisme monothéiste discipline importante pour tous les plans de la pensée et le réduit à un messianisme purement confessionnel, préoccupé comme le messianisme chrétien du seul salut de l'âme individuelle. « Si le terme judéo-chrétien désigne une origine commune, c'est alors sans aucun doute une idée très dangereuse. Elle est basée sur une « *contradictio in adjecto* », qui a mené le chemin de l'Histoire sur la mauvaise piste. Il lie d'une seule haleine deux idées qui sont complètement irréconciliables ; il cherche à démontrer qu'il n'y a pas de différence entre le jour et la nuit, le froid et le chaud ou le noir et le blanc, et donc introduit un élément fatal de confusion, sur la base duquel certains essaient pourtant de bâtir une civilisation. Le Christianisme offre au monde un messianisme limité, qu'il désire imposer comme seul valide...Même Spinoza, qui était pourtant plus éloigné que quiconque du messianisme historique d'Israël, écrivit « Quant à ce que certaines églises prétendent, que Dieu assuma la nature humaine, je dois dire que cela me semble aussi absurde que de dire qu'un cercle a assumé la nature d'un carré... » « L'exclusivisme dogmatique professé par le Christianisme doit finalement avoir un terme... C'est l'obstination du Christianisme à se réclamer comme l'unique héritier d'Israël qui propage l'antisémitisme. Ce scandale doit cesser tôt ou tard ; plus tôt il cessera, plus tôt le monde sera débarrassé du tissu de mensonges derrière lequel se cache l'antisémitisme lui même «. (Joshua Jehouda : *l'Antisémitisme miroir du monde*, pp. 135-36)

L'attitude de cet auteur semble claire par ce qui précède, mais illustrons-la davantage : « La foi chrétienne dérive d'un mythe lié à l'histoire juive, mais qui n'a pas la tradition précise qui s'est transmise dans la Loi transmission à la fois écrite et verbale comme dans le cas d'Israël ». (Joshua Jehouda, ibid., p.132) « Néanmoins le Christianisme prétend apporter au monde le « vrai « messianisme. Il cherche à convaincre tous les païens, y compris les juifs. Mais aussi longtemps que persiste le messianisme monothéiste d'Israël et qu'il est présent, même sans se manifester ouvertement... le messianisme chrétien apparaît pour ce qu'il est en réalité : une imitation qui s'effondre à la lumière du Messianisme authentique. » (Joshua Jehouda, ibid. ,p.155)

C'est le souhait sincère de l'auteur que les chrétiens qui entrent dans les cercles d'Amitié judéo-chrétienne soient profondément versés, non seulement dans les mystères de leur propre croyance, mais aussi de celle du peuple juif, afin qu'ils comprennent leur fondamentale « *contradictio in adjecto* » et « n'essaient pas ainsi d'assembler deux idées qui sont en opposition radicale ».

Cependant lorsque Jules Isaac et ses associés vinrent à Rome, ils évitèrent soigneusement de mentionner ces passages de leurs livres ; ils parlèrent de charité chrétienne, d'unité œcuménique, de filiations bibliques communes, d'amitié judéo- chrétienne, de lutte contre le racisme, du martyre du peuple juif, et leurs efforts furent couronnés de succès, puisque 1 651 Évêques, Cardinaux, Archevêques et Pères conciliaires votèrent la réforme des enseignements catholiques selon les vœux de Jules Isaac, du B'nai B'rith et du Congrès Juif Mondial.

Naturellement, lorsqu'ils vinrent à Rome pour préparer le vote du Concile, Jules Isaac et les leaders des organisations juives ne dirent pas au Pape et aux évêques : « *Vos Évangélistes sont une bande de menteurs*, « *Vos Pères de l'Église sont des pervertisseurs et des tortionnaires, qui ont répandu partout dans le monde la haine du juif et déchaîné la sauvagerie de la Bête* « *Ils sont les précurseurs de Hitler et de Streicher, et sont véritablement responsables d'Auschwitz et des six millions de morts juifs, victimes des Allemands* «

Ces accusations-là, on peut les lire complètes et non abrégées dans les livres de Jules Isaac disponibles dans n'importe quelle librairie, mais apparemment les Pères Conciliaires ne les ont pas lus, pas plus qu'ils n'ont lu les œuvres de Jehouda, de Rabi, de Benamozegh, de Memmi et autres.

Non, Jules Isaac et les leaders des organisations juives n'ont pas dit avec Joshua Jehouda, l'un des maîtres de la pensée juive contemporaine : « Votre monothéisme est un faux monothéisme ; c'est une imitation bâtarde et une version falsifiée du seul vrai monothéisme qui est le monothéisme hébreux, et si le Christianisme ne revient pas à ses sources juives, il sera finalement condamné ». (Joshua Jehouda, ibid., pp. 155, 260, 349)

Ils n'ont pas dit avec Benamozegh, l'une des gloires de la pensée juive contemporaine : « La religion chrétienne est une fausse religion prétendument divine. Son seul espoir de salut, comme pour le reste du monde, est de revenir à Israël ». (Elie Benamozegh : *Israël et l'Humanité*).

Ils n'ont pas dit avec Memmi : « Votre religion est un blasphème et une subversion au regard des juifs. Votre Dieu est pour nous le Diable, c'est à dire le symbole et l'essence du mal sur terre ». (Albert Memmi : *Portrait d'un juif*, pp. 188-89)

Ils n'ont pas dit avec Rabi : « La conversion d'un juif au Christianisme est une trahison et une idolâtrie, car elle implique le blasphème suprême, la croyance en la divinité d'un homme ». (Rabi : *Anatomie du Judaïsme français*, p. 188)

Ils prirent bien soin de ne pas éveiller de craintes à Rome en dévoilant leurs pensées, et ils réussirent à gagner à leur cause un certain nombre de prélats. Tout cela est sans aucun doute une histoire étrange. Il peut s'avérer exact qu'il y ait un certain nombre d'Évêques progressistes, qui, par hostilité envers le Catholicisme traditionnel, soient prêts à utiliser n'importe quelle arme contre lui. Mais il est raisonnable de penser qu'ils ne constituent qu'une minorité.

## COMMENT ALORS EXPLIQUER LEUR SUCCÈS ?

Ce succès provient de deux raisons :

Premièrement, une vaste majorité de Pères conciliaires ne sont pas informés du rôle joué par les organisations juives et par Jules Isaac dans la préparation du vote ; ils n'ont pas lu ses livres.

Et deuxièmement, les Pères conciliaires sont en général mal informés sur la Question Juive, et acceptent donc aisément les arguments judaïques, habilement présentés par de formidables débatteurs comme Jules Isaac.

Quoi qu'il en soit, la manœuvre fut menée avec la plus extrême habileté et obtint un plein succès. Le scrutin témoigne du fait.

Mille six cent cinquante et un Pères conciliaires ont considéré la version Jules Isaac de la Passion préférable à celle de St Matthieu.

Mille six cent cinquante et un Évêques, Archevêques et Cardinaux ont admis que les enseignements de St Jean Chrysostome, de St Augustin, de St Grégoire le Grand, de St Ambroise et de St Agobard devront être rectifiés et purifiés conformément aux injonctions de Jules Isaac, dont le « *Jésus et Israël* » a été qualifié récemment par l'écrivain juif Rabi comme : « l'arme de guerre la plus spécifique contre une doctrine chrétienne particulièrement nocive », cette doctrine qui est précisément celle des Pères de l'Église. (Rabi : *Anatomie du Judaïsme français*, p.183).

Le changement apporté à la liturgie du Vendredi Saint, avec la suppression entre autres de la prière des Impropères, par 1651 Évêques, revient à admettre que Jules Isaac avait raison lorsqu'il décrivait les Impropères en ces termes : « Il est difficile de dire ce qui frappe davantage, de leur beauté ou de leur iniquité ». (Jules Isaac, *Genèse de l'Antisémitisme*, p.

309) Apparemment, les Évêques ont considéré que l'iniquité de cette prière prévalait sur sa beauté.

En bref, le vote du 20 novembre 1964, effectué semble-t-il en esprit de charité chrétienne et dans un désir de réconciliation entre Églises et pour l'unité œcuménique, a représenté en fait un pas hors du Christianisme traditionnel.

Après cet exposé de la question complexe de l'amitié judéo-chrétienne chef d'œuvre de Jules Isaac chaudement épaulé par les cardinaux Feltin, Gerlier et Liénart revenons au cœur du sujet, au rôle joué par Jules Isaac et les organisations juives dans le vote du Concile.

Nous avons reproduit les longs extraits de Jules Isaac, parce qu'il est le théoricien et le porte-parole dans cette campagne contre les enseignements chrétiens, mais il n'est pas le seul de son camp. De puissantes organisations comme les B'nai B'rith et le Congrès Juif Mondial ont apporté leur soutien.

Le 19 novembre 1963, le journal *Le Monde* publiait ce qui suit : « L'organisation internationale juive B'nai B'rith a exprimé le désir d'établir des relations plus étroites avec l'Église Catholique. Elle vient de soumettre au Concile un projet de déclaration affirmant la responsabilité de toute l'humanité dans la mort du Christ. « Selon Mr Label Katz, Président du Conseil International des B'nai B'rith, « Si cette déclaration est acceptée par le Concile, les Communautés juives examineront les voies et moyens de coopérer avec l'Église (Catholique) pour assurer la réalisation de ses objectifs et de ses projets. Cette déclaration a été approuvée par le Comité exécutif du Conseil International, l'organe coordinateur de l'organisation des B'nai B'rith forte de 475 000 membres, qui se répartissent dans quarante deux pays ». « Mr Paul Jacob de Mulhouse, président des B'nai B'rith pour l'Europe, a indiqué que l'approbation de la déclaration porterait un coup aux racines de l'antisémitisme dans de nombreux pays européens. « Le rabbin Maurice Eisendrach, président de l'Union des Congrégations Juives en Amérique, a lancé samedi un appel aux 4000 délégués de la quarante septième Assemblée générale du Judaïsme réformé pour qu'ils révisent leur jugement sur le Christianisme et les points de vue erronés sur le Christ ».

Des personnalités marquantes, leaders de la pensée juive contemporaine comme Joshua Jehouda dans son livre *L'antisémitisme miroir du monde*, avaient déjà avancé des arguments semblables quant à la nécessité de réformer et de purifier l'enseignement du Christianisme : « Le Christianisme refuse obstinément de reconnaître Israël comme son égal spirituel... Cette croyance que le Christianisme offre l'achèvement du Judaïsme, c'est à dire son point culminant, et que le Judaïsme a été accompli par le Christianisme, vicie précisément les racines du monothéisme universel, affaiblit le fondement du Christianisme lui-même, et l'expose à une suite de crises. Si le Christianisme veut surmonter sa crise présente, il doit lui même s'élever au monothéisme authentique. L'heure vient où il sera nécessaire de purifier la conscience chrétienne par la doctrine du monothéisme universel. » (Joshua Jehouda, ibid. pp. 10-11) « Il est indéniable que l'antisémitisme constitue la maladie chronique du Christianisme. Il faut l'étudier en termes de crise de la civilisation chrétienne, et non pas en terme de qualités ou défauts des juifs, qui n'y ont rien à voir ». (Joshua Jehouda, ibid. p 14) « En ce qui concerne l'antisémitisme, c'est l'attitude des chrétiens qui est déterminante, plus que tout le reste. Les juifs n'en sont que les innocentes victimes. (Joshua Jehouda, ibid. p.13) « A travers les siècles, le Christianisme a contracté une dette d'honneur envers Israël. Que cette dette d'honneur soit maintenant due est la question implicitement examinée dans ce livre. De la réponse affirmative ou négative dépend l'évolution spirituelle du Christianisme, ou pour parler plus clairement *la paix entre les peuples* « . (Joshua Jehouda, ibid. p.15)

Joshua Jehouda, Jules Isaac, Bnai Brith, Congrès Juif Mondial : autant d'évidences que le Judaïsme mondial avait préparé depuis des années une campagne concertée, qui a abouti au vote récent du Concile. En réalité, derrière le déguisement d'unité œcuménique, de réconciliation religieuse et autres plausibles prétextes, son objet est la démolition du bastion du Catholicisme traditionnel, que Joshua Jehouda décrit comme « *la forteresse décrépite de l'obscurantisme chrétien* ».

Selon Jehouda, il y a eu précédemment trois tentatives de « *rectifier le Christianisme* », trois tentatives « *visant à purger la conscience chrétienne des miasmes de la haine* », trois tentatives « *pour amender les effets suffocants et paralysants de la théologie chrétienne* », et « *trois brèches ont été ouvertes dans la forteresse décrépite de l'obscurantisme chrétien* » c'est à dire que trois stades importants ont été atteints successivement dans l'opération de démolition du Christianisme traditionnel ; ce sont : -la Renaissance ; -La Réforme ; -La Révolution de 1789.

Bien qu'il ne le dise pas en ces termes, cela ressort avec évidence, comme différentes citations serviront à montrer de façon très claire que ce que Jéhouda juge admirable dans ces trois grands mouvements, c'est *l'œuvre de déchristianisation* à laquelle chacun d'eux a puissamment contribué, chacun dans son genre. « La Renaissance, la Réforme et la Révolution représentent trois tentatives pour rectifier la mentalité chrétienne en l'accordant avec le développement progressif de la raison et de la science... et au fur et à mesure que le Christianisme dogmatique se relâche, les juifs graduellement se libèrent de la contrainte »

Parlant de la Renaissance, il nous avertit que : « Nous pouvons dire que, si la Renaissance n'avait pas été déviée de son cours originel... au bénéfice du monde grec, le monde aurait été sans aucun doute unifié par la pensée créatrice de la Kabbale et sa doctrine «. (Joshua Jehouda : *L'antisémitisme miroir du monde*, p. 168)

Et voici ce qu'il écrit à propos de la Réforme : « Avec la Réforme qui éclata en Allemagne cinquante ans après la Renaissance, l'universalité de l'Église fut détruite... (Avant Luther et Calvin) Jean Reuchlin, le disciple de Pic de la Mirandole, ébranla la conscience chrétienne en suggérant dès 1494, que rien ne surpassait la sagesse hébraïque... Reuchlin se fit l'avocat d'un retour aux sources juives au même titre qu'aux textes de l'Antiquité. C'est lui qui eut finalement gain de cause contre le converti Pefferkorn, qui réclamait la destruction du Talmud. Le nouvel esprit qui devait révolutionner l'Europe entière... devint apparent, en ce qui concerne les juifs et le Talmud.

Mais on est cependant stupéfait de voir qu'il y eut autant d'antisémites chez les protestants que chez les catholiques ». En bref conclut Yehouda : « Le Réforme marque la révolte contre l'Église Catholique, laquelle est elle-même une révolte contre la Religion d'Israël ». (Josha Jehouda, ibid. pp. 169-172)

Quant à la Révolution française : « La troisième tentative de modifier la position chrétienne, après que la Réforme ait raté l'unification, eut lieu sous la dynamique de la Révolution Française... qui marqua le début de l'athéisme dans l'histoire des peuples chrétiens. Ouvertement antireligieuse, cette Révolution se poursuit sous l'influence du communisme russe, continuant d'apporter une puissante contribution à la déchristianisation du monde chrétien ». (Joshua Jehouda, ibid. pp. 170-172)

Finalement l'œuvre de « rectification de la mentalité chrétienne » fut couronnée par Karl Marx et Nietzsche : « Au XIX$^{ème}$ siècle, deux nouvelles tentatives furent faites pour purifier la mentalité du monde chrétien, l'une par Marx et l'autre par Nietzsche ». (Joshua Jehouda, ibid. p. 187)

Aussi « la profonde signification de l'Histoire qui demeure inaltérée à chaque époque est celle d'une lutte ouverte ou voilée entre les forces qui travaillent à l'avancement de l'Humanité et celles qui s'accrochent aux intérêts coagulés, obstinément déterminées à les maintenir à l'existence, au détriment de ce qui doit advenir ». (J. Jehouda, ibid., p. 186)

Au regard de ces penseurs, les réformes proposées par le Concile devaient donc représenter un nouveau stade dans l'abandon, le renoncement et la destruction du Catholicisme traditionnel. Nous attestons là, en fait, une nouvelle bataille dans la confrontation millénaire entre juifs et chrétiens.

Jehouda, Rabi, Benamozegh et Memmi décrivent celle-ci en ces termes : « Le Christianisme refuse obstinément de reconnaître Israël comme son égal spirituel... Cette croyance que le Christianisme offre l'achèvement du Judaïsme c'est à dire son point culminant, et que le Judaïsme a été accompli par le Christianisme, vicie précisément les racines du monothéisme universel, affaiblit le fondement du Christianisme lui-même, et l'expose à une suite de crises. Si le Christianisme veut surmonter sa crise présente, il doit lui-même s'élever au monothéisme authentique. L'heure vient où il sera nécessaire de purifier la conscience chrétienne par la doctrine du monothéisme universel. (Joshua Jehouda, pp. 1011) « L'antisémitisme chrétien, tout en se proclamant lui-même messianique, prétend aussi remplacer le messianisme d'Israël par la foi en un Dieu crucifié, qui doit assurer le salut des âmes de tous les fidèles. En rabaissant le messianisme juif au niveau d'un paganisme, le Christianisme tend à convertir tous les juifs à une forme réduite de messianisme.... Mais aussi longtemps que le messianisme monothéiste d'Israël persiste...le Christianisme apparaît pour ce qu'il est en réalité : une imitation, qui s'effondre à la lumière du messianisme authentique... (et) l'antisémitisme persistera aussi longtemps que le Christianisme refusera d'affronter son problème réel, que l'on peut faire remonter à sa trahison du messianisme monothéiste. » (Joshua Jehouda, ibid. pp. 154-160)

Et ceci encore : « C'est l'obstination du Christianisme à se réclamer comme l'unique héritier d'Israël qui propage l'antisémitisme. Ce scandale doit cesser tôt ou tard ; et plus tôt il cessera, plus tôt le monde sera débarrassé du tissu de mensonges derrière lequel se cache l'antisémitisme lui-même ». (Joshua Jehouda, ibid. p 136)

Écoutons maintenant Elie Benamozegh, l'un des maîtres de la pensée juive actuelle : « Si le Christianisme consent à se réformer sur l'idéal hébreu, il sera pour toujours la vraie religion des peuples gentils ». (Elie Benamozegh, *Israël et l'Humanité*, p. 18) « La religion de l'avenir doit être basée sur une religion positive et traditionnelle, investie du mystérieux prestige de l'antiquité. Mais de toutes les religions anciennes, le Judaïsme est unique à proclamer posséder un idéal religieux valable pour toute l'Humanité (car) l'œuvre du Christianisme n'est qu'une copie qu'il faut placer en regard de l'original... puisque c'est lui (le Judaïsme) qui est la mère indisputée (du Christianisme), il est la religion la plus ancienne qui est aussi destinée à devenir la plus moderne. « A l'opposé du Christianisme... avec sa prétention à une origine divine et à l'infaillibilité... et afin de remplacer une autorité proclamant son infaillibilité et qui ne commence qu'à l'an Un de l'Ère chrétienne ou de l'Hégire,... une autre infaillibilité beaucoup plus importante devra être trouvée, qui, tirant son origine de l'Histoire de l'homme sur terre, ne finira qu'avec lui ». (Elie Benamozegh, ibid. pp. 34-35) « La réconciliation rêvée par les premiers chrétiens comme une condition de la Parousie ou venue finale de Jésus, le retour des juifs au sein de l'Église sans lequel, comme en sont d'accord toutes les communions chrétiennes, l'œuvre de la Rédemption est incomplète, ce retour, nous disons qu'il aura lieu, non pas en vérité comme on l'attend, mais de la seule manière authentique, logique et durable possible, et par dessus tout la seule qui pourra être bénéficiaire à la race humaine. Ce sera une réunion de la religion hébraïque avec les autres émanées d'elle, et, selon le dernier des Prophètes et la Lumière des Voyants, comme les docteurs nomment Malachie, ce sera « le retour du cœur des enfants à leurs Pères ». (Elie Benamozegh, ibid. p. 48)

Rabi ajoute ceci : »Il y a, dit-il, une irrémédiable différence entre juifs et chrétiens. Elle est relative à Jésus. En admettant son existence comme un fait historique, pour un juif il n'a jamais été Dieu ni le Fils de Dieu. La plus extrême concession que les juifs puissent faire a été exprimée par Joseph Klauzner, suivant lequel Jésus, qui, dit-il, n'était ni le Messie, ni un Prophète, ni un donneur de loi, ni fondateur de religion, ni tanna, ni rabbin, ni pharisien, est considéré par la nation juive comme un grand moraliste et un grand artiste dans l'emploi des paraboles.... Le jour où il lui sera fait justice de ses histoires de miracles et de mysticisme, le Livre des Moralités de Jésus deviendra l'un des plus précieux joyaux de la littérature juive de tous les temps ». (Rabi : *Anatomie du Judaïsme français*, p. 104) « Quelquefois, j'imagine le dernier survivant des Juifs debout devant son Créateur au dernier des siècles, comme il est écrit dans le Talmud : « Le juif lié par son serment, demeure debout depuis le Sinaï «. Qu'est-ce que, suivant mon imagination, ce dernier juif, qui aura survécu aux outrages de l'Histoire et aux tentations du monde, qu'est-ce qu'il dira pour justifier sa résistance à l'usure du temps et aux pressions des hommes ? Je l'entends dire : « Je ne crois pas en la divinité de Jésus ». Il est tout à fait compréhensible qu'un chrétien soit scandalisé d'une telle profession de foi. Mais ne sommes-nous pas scandalisés par la profession de foi du chrétien ? « Pour nous, dit-il, la conversion au Christianisme est nécessairement idolâtrique, parce qu'elle implique le suprême blasphème, la croyance en la divinité d'un homme. » (Rabi, ibid. p. 188)

Tout ce qui précède a été écrit au cours des dix dernières années.

Mais revenons deux mille ans en arrière et relisons le récit de la Passion. « *Ceux qui avaient arrêté Jésus le conduisirent chez Caïphe, le Grand Prêtre, où s'étaient rassemblés les Scribes et les Anciens du peuple... Cependant les Princes des prêtres, les Anciens et tout le Conseil cherchaient un faux témoignage contre Jésus afin de le faire mourir, mais n'en trouvaient point : malgré que plusieurs faux témoins se fussent présentés, ils n'en trouvaient aucun. Enfin il en vint deux qui dirent :» Cet homme a dit :»je puis détruire le Temple de Dieu et le rebâtir en trois jours ». Alors le Grand Prêtre se levant dit à Jésus :» Ne réponds-tu rien à ce que ces hommes déposent contre toi ? Mais Jésus gardait le silence. Et le Grand Prêtre reprit la parole et lui dit « Je t'adjure par le Dieu Vivant de nous dire si tu es le Christ, le Fils de Dieu ? » Jésus lui répondit :» Tu l'as dit ; de plus je vous le dis, désormais vous verrez le Fils de l'homme siéger à la droite du Tout-Puissant et venir sur les nuées du ciel ». Alors le Grand prêtre déchira ses vêtements en disant :»Il a blasphémé ! Qu'avons-nous encore besoin de témoins ? Vous venez d'entendre son blasphème, que vous en semble ? » Ils répondirent :» Il mérite la mort* ». (Évangile selon St Matthieu XXVI, 56-66)

St Luc décrit le procès de Jésus comme suit. Jésus est interrogé par le chef des prêtres devant les scribes et les anciens : ils lui demandèrent : « *Es-tu le Christ ? Réponds-nous ? Il leur dit alors : « Si je vous le dis, vous ne me croirez pas, et si je vous interroge, vous ne me répondrez pas et vous ne me relâcherez pas. Désormais le Fils de l'homme siégera à la droite de la puissance de Dieu ». « Alors, ils dirent tous :»Tu es donc le Fils de Dieu ? » Il leur répondit : « Vous le dites, Je le suis ». Et ils dirent : « Qu'avons-nous encore besoin de témoignage ! Nous l'avons entendu de sa bouche* ». (Luc XXII 6771)

Le récit de St Marc est très semblable à celui de St Matthieu.

Après deux mille ans, la situation l'opposition inflexible entre juifs et chrétiens demeure inchangée.

En conclusion, il n'est sans doute pas déplacé de relater ici un événement étrange survenu récemment, qui met en cause l'avocat Hans Deutsch, membre important et respecté de la communauté juive d'Allemagne. C'est lui qui était intervenu auprès de Paul VI, pour soutenir la thèse de Jules Isaac qui amena le vote du Concile. Le 3 novembre 1964, un coup de tonnerre éclata dans un ciel serein. Hans Deutsch fut arrêté à Bonn et inculpé d'avoir escroqué le gouvernement Allemand.

Quatre jours plus tard, le quotidien *Le Monde* publiait le compte-rendu suivant : « ARRESTATION DE HANS DEUSTCH QUI JOUA UN RÔLE IMPORTANT DANS LA DEMANDE D'INDEMNISATION DUE AUX VICTIMES DU NAZISME :

L'arrestation à Bonn du Pr. Hans Deutsch le 3 novembre apparaît avoir suscité une vive réaction à Berne, à Vienne et dans d'autres centres concernés par l'indemnisation allemande des victimes juives du Nazisme... La nouvelle en a été annoncée le 4 novembre par un porte-parole du Ministère Public de la République Fédérale à Bonn. Le Pr. Deutsch est accusé d'avoir détourné près de 35 millions de DM, et d'avoir incité des tiers à faire de fausses déclarations. « La personnalité du Pr. Deutsch et les circonstances de son arrestation jettent une lumière trouble dans une affaire destinée à faire sensation.... Mr Deutsch est d'origine autrichienne. Il quitta Vienne après l'Anschluss pour la Palestine, d'où il revint après guerre en Europe. Étant avocat, il entreprit de lutter en faveur de la restitution des biens juifs confisqués par les Allemands, en particulier ceux de la branche autrichienne de la famille Rotschild. Ses revenus professionnels lui permirent d'acquérir une fortune personnelle considérable que d'heureux investissements augmentèrent encore, ce qui lui permit de consacrer des dons importants en faveur du mécénat artistique.

Le professeur avait été reçu en audience par le Pape Paul VI, dont il avait demandé l'aide dans un appel à combattre tous ceux dont les préjugés enveniment les relations entre juifs et chrétiens. Le Pape accepta de donner son soutien à ce projet qui avait été inspiré par l'exemple de Jules Isaac. L'accusation portée contre lui a stupéfié la ville de Vienne, où de nombreux cercles ont exprimé leur sympathie pour Mr Deutsch du fait de ses activités culturelles. D'après certains rapports, le Pr. Deutsch était en Allemagne pour y discuter les moyens d'obtenir un maximum d'indemnités au profit des victimes juives du nazisme ».

Après la publication de l'article du *Monde*, *Paris-Presse* de son côté publia deux articles les 8 et 13 novembre, dont voici quelques extraits : « La collection Hatvany l'une des plus belles collections de peintures en Europe est la cause de la chute de l'avocat juif autrichien, le Pr. Hans Deutsch, qui est accusé d'avoir abusivement reçu plusieurs millions de DM au titre des victimes des pillages nazis. L'ancien chef SS., Haupsturmfuhrer Frederick Wilke, reconverti maintenant en fabricant de pantalons à Francfort, l'a rejoint en prison à Bonn. C'est son faux témoignage qui aurait permis à l'avocat de monter l'escroquerie dont il est accusé. « Le baron Hatvany, « le roi du sucre » en Hongrie, avait rassemblé une collection de huit cents tableaux de maîtres, comprenant des Rembrandts, des Goyas et des Degas. Celle-ci disparut pendant la guerre. Le baron mourut en 1958, et ses trois filles demandèrent au Pr. Deutsch d'en obtenir l'indemnisation auprès du Gouvernement de Bonn. Mais on n'avait pas la preuve que cette collection avait été volée par les Nazis. C'est là qu'intervint Wilke. Il avait affirmé devant la Commission d'enquête que les tableaux avaient été enlevés par le général SS. Pfieffer Wiekdenbruch et emportés en Bavière. Le gouvernement de Bonn ne pouvait donc que payer l'indemnisation. Après de longues discussions, les dommages dus aux héritiers Hatvany furent fixés à 35.000.000 de D M. Deutsch reçut séance tenante la moitié de la somme. Plus tard on découvrit que la collection avait bien été volée, mais pas par les Nazis, en réalité par les Russes en 1944. Et c'est pourquoi Deutsch avait été arrêté à son arrivée à Bonn la semaine dernière, lorsqu'il était venu toucher le solde des 35 millions de DM. C'est peut-être le plus parfait escroc du siècle. L'affaire Deutsch est maintenant entre les mains des experts enquêteurs. Des chimistes et des graphologues examinent attentivement chaque élément du volumineux dossier que le professeur venait de remettre. « Les premières investigations indiquent que le professeur avait déjà dépensé 20 millions de DM dans la préparation du dossier, car les faux qu'il a produits et les attestations mensongères de témoins sont de véritables chefs d'œuvres ». Si nos soupçons s'avèrent correctement fondés », a déclaré un homme de loi très lié au Ministère Public de Bonn, « l'affaire Deutsch aura été l'une des plus gigantesques escroqueries jamais commises en Allemagne. « Pour l'instant Hans Deutsch n'a rien perdu de son assurance : « Toute ma vie, a-t-il déclaré, témoigne pour moi. Mes interventions pour la défense du peuple d'Israël, mes fondations de mécénat littéraire en faveur d'écoles, et ma lutte pour une meilleure compréhension entre juifs et chrétiens, sans compter le reste tout cela n'est pas imaginaire. Je peux prouver, a-t-il ajouté, que ma vie entière s'est passée au service de grandes causes » « Mais donnait-il de la main gauche ce qu'il recevait de la main droite ? Mr Hyde était-il associé au Dr Jekyll ou bien le Docteur n'était-il qu'une couverture pour Mr Hyde ? »

# 2ᴱᴹᴱ PARTIE

# LE PROBLÈME DES JUIFS

## AU COURS DES ÂGES

« Ce n'est pas par accident que les juifs sont devenus les précurseurs et les producteurs de nombre de révolutions de la pensée et de l'esprit » Lord Sieff, Vice président du Congrès Juif Mondial, dans son article : « Signification de la survie », paru dans le *Jewish Chronicle* du 22 juillet 1966.

# IV – LA COMPEXITÉ DU PROBLÈME JUIF

Dès que l'on aborde l'examen du problème juif, on rencontre une difficulté majeure : son extrême complexité.

Les juifs ne sont pas seulement les adeptes d'une religion ; en dépit de leur dispersion ils appartiennent à une communauté distincte, dans laquelle les facteurs de race, de religion et de nationalité sont si étroitement imbriqués qu'il est impossible de les démêler.

Mais il faut prendre garde à ne pas se méprendre sur ces termes, car en ce qui concerne les juifs ils véhiculent un sens complètement différent de celui qu'on leur attribue dans le langage courant. Plus précisément, disons que la définition de la race juive ne correspond pas à la définition usuelle du terme race, que celle de la religion juive n'a aucune similitude avec aucune autre religion, et que le concept de nation juive est inapplicable à toute autre nation et sans aucun précédent dans l'histoire du monde.

En outre, les juifs rendent confuses les réalités du problème en adoptant des arguments ambigus, et dans le même temps, de nombreux juifs occupent des positions éminentes et de responsabilité dans les sociétés des nations où ils ont pénétré.

Ceci explique pourquoi les juifs sont obstinément et fanatiquement opposés à une mise en discussion en pleine lumière de la Question juive.

Dans son ouvrage devenu classique *The Hapsburg Monarchy*, écrit avant la première guerre mondiale, Henry Wickham Steed, une personnalité remarquablement bien informée, examinant ce point écrivait : « Leur idéal semble être le maintien de l'influence juive internationale comme un véritable *imperium in imperiis*. Leur dissimulation est devenue comme une seconde nature, et ils déplorent et combattent obstinément toute tendance à poser franchement à la face du monde la Question juive sur la base de son bilan ». (H.W. Steed : *The Hapsburg Monarchy*, p. 179)

Nous essaierons ici d'esquisser la difficulté et la complexité du problème en nous référant aux auteurs les mieux informés sur la question. « La question juive est universelle et insaisissable. Elle ne peut en vérité s'exprimer en termes de religion, de nationalité, ni de race. Les juifs eux-mêmes semblent destinés à tellement soulever les passions de ceux avec lesquels ils entrent en contact que l'impartialité à leur égard est rare. Quelques juifs même considèrent le simple fait de reconnaître l'existence d'une Question juive comme un aveu d'antisémitisme. « On peut cependant affirmer en toute certitude qu'aucune autre question ne mérite d'être étudiée plus objectivement.. Elle revêt cent formes diverses, touche des secteurs insoupçonnés de la vie nationale et internationale, et elle influence en bien ou en mal la marche de la civilisation. La principale difficulté est de trouver une base de départ d'où l'approcher, un lieu propice assez élevée pour permettre d'embrasser de la vue ses innombrables ramifications. Est-elle une question de race ou de religion ? C'est les deux et davantage. Est-ce une question d'économie, de finances, de commerce international ? C'est tout cela, et quelque chose de plus. Est-ce que les particularités qui constituent à la fois la force et la faiblesse des juifs sont un résultat de la persécution religieuse, ou bien les juifs ont-ils été persécutés à cause de ces caractères qui les auraient rendus odieux aux peuples qui les avaient accueillis ? C'est le vieux problème : qui de la poule ou des œufs a l'antériorité généalogique. » (H.W. Steed, ibid. pp. 145-6)

Plus récemment, le docteur Roudinesco a pu écrire : « La destinée du peuple juif apparaît à l'historien comme un phénomène paradoxal, incroyable et presque incompréhensible. Elle est unique et sans équivalent dans l'histoire de l'humanité ». (Dr A. Roudinesco : *Le Malheur d'Israël*, p.7) « Dans son ensemble, l'histoire du peuple juif est unique et sans exemple dans le monde. Même aujourd'hui, elle est une énigme insoluble pour les sociologues, les philosophes et les historiens. Chaque culture est originale, mais la culture juive, produit de l'histoire juive, est absolument exceptionnelle ». (Daniel Pasmanik : *Qu'est-ce que le Judaïsme ?*, p. 83)

« Le peuple juif, seul parmi les peuples du monde, a subsisté pendant deux mille ans sans une patrie historique, sans un État, sans pays, sans économie normale, sans pouvoir centralisé coercitif ; pendant de nombreux siècles il a été ridiculisé par les autres nations, il a souffert sous leurs mains humiliations et persécution, et malgré tout cela il s'est conservé intact. A coup sur, c'est l'une des grandes énigmes qui ne peut s'expliquer que par la thèse du Peuple élu. « Savoir s'il demeurera toujours ainsi, c'est une autre question. Pour notre part, nous sommes convaincus que les valeurs nationales ne peuvent être préservées indéfiniment sans dignité nationale. L'avenir peut seul apporter une réponse décisive à cette question ». (Daniel Pasmanik, ibid. p.73) « Le peuple d'Israël a une place particulière dans l'Histoire, car il est en même temps religion et nation, et ces deux facteurs sont absolument inséparables, ce qui n'est le cas d'aucun autre peuple. A l'évidence Israël est une race, mais pas au sens biologique du terme comme le prétendent les racistes, mais dans un sens éthique et historique. » (Joshua Jehouda : *L'Antisémitisme, miroir du monde*, p. 209)

Dans son livre sur le Judaïsme en Palestine, le R. P. Bonsirven, S.J. insiste sur l'aspect racial de la religion juive : « Le nationalisme juif... existe, ardent et sans compromis, sous la forme d'une religion nationale, ou plus exactement sous la forme d'une religion raciale. Cette expression semble dépourvue de sens, reliant deux termes et concepts rigoureusement opposés l'un à l'autre : le concept de religion, par nature supranational et universel, et celui de nation et de race, qui inclut l'exclusivisme. Tel est le paradoxe fondamental, constitutif, que recèle le Judaïsme «. (R.P. Bonsirven, S.J. : *Le Judaïsme palestinien au temps de Jésus-Christ*)

Nahum Goldmann, président de l'Organisation Sioniste Mondiale déclara en 1961 : « Il est tout à fait indésirable de définir le peuple juif comme une communauté de race ou religieuse, ou comme une entité culturelle ou nationale. Son histoire unique a créé un phénomène collectif unique, pour lequel aucun des termes utilisés dans les différentes langues pour décrire les groupes humains n'est applicable. Ce qui compte, c'est ceci : un juif se pense comme une partie intégrante du Judaïsme, quelle que soit la manière dont il puisse décrire le peuple juif. » (cité par Rabi, dans *Anatomie du Judaïsme français*, p. 304)

Finalement, deux écrivains non-juifs, l'un Suisse et indépendant, et l'autre, J. Madaule sympathisant du peuple juif, considèrent ensemble que l'unité du peuple hébreu provient moins d'une idée de race, de nation ou de religion que pour l'essentiel de traditions religieuses communes : « La différence entre le Judaïsme et toute autre religion contemporaine n'est pas une question de degré, c'est une différence d'espèce et de nature fondamentale et paradoxale. Il ne s'agit pas d'une religion nationale mais d'une nationalité religieuse ». (G. Batault : *Le Problème juif*, p. 69) « Quelle est la nature exacte de la nationalité juive ? D'un coté, on ne peut la désigner comme étant de nature purement religieuse, puisqu'un grand nombre de juifs ne pratiquent plus leur religion et que d'autre part les autres religions ne suscitent aucun attribut de nationalité quel qu'il soit. Mais si la religion et la nationalité étaient aussi parfaitement distinctes chez les juifs que chez les autres, comment alors expliquer leur étrange nationalité sans attache à aucun territoire ? Au contraire des autres, elle repose sur un passé commun, sur des traditions communes qui sont d'origine religieuse. » (J. Madaule : *Les Juifs et le monde actuel*, p. 153)

S'il fallait une preuve supplémentaire de la complexité du problème juif, on la remarquerait dans la difficulté à définir légalement un juif. Obligés d'énoncer une telle définition, ni Hitler, ni le gouvernement de Vichy, ni même le gouvernement israélien n'ont réussi à élaborer une définition claire et satisfaisante.

Selon la Loi du Retour, loi fondamentale du nouvel État juif promulguée à Tel-Aviv en 1948, Israël donna libre accès au pays à tous les juifs de la Diaspora, quelle que fût leur origine. Ceci fait, et aussitôt, ce gouvernement dut travailler à une définition légale quant à qui est, ou n'est pas, un juif. Incapable de trouver une formule légale qui prît en compte les trois facteurs de race, de religion et de nationalité, le gouvernement de Tel-Aviv fut obligé d'avoir recours au critère religieux. Un juif est quelqu'un qui appartient à une communauté de religion juive ou de traditions religieuses juives, et qui n'est pas converti à une autre religion. Mais on n'est pas même obligé d'être croyant : « Le Judaïsme actuel ne s'identifie pas avec la pratique religieuse. On peut être juif et considéré comme tel... en partageant rien moins que la foi juive et notamment le monothéisme juif ». (J. Madaule, ibid. p. 107) « La législation d'Israël est donc basée sur l'intolérance religieuse la plus stricte. Effectivement, la conversion à une autre religion, tout particulièrement au Christianisme, exclut automatiquement de la communauté juive. Un juif chrétien ou un juif musulman ne peut pas bénéficier de la Loi du retour sans naturalisation préalable, tout comme n'importe quel autre étranger.

Ceci fut confirmé en décembre 1952 dans un jugement solennel de la Haute Cour d'Israël, lorsqu'elle refusa les pleins droits de la citoyenneté israélienne à un juif converti au Christianisme, le Père Daniel, qui avait longtemps vécu en Israël et qui voulait être considéré comme israélien. En dépit des services reconnus qu'il avait rendu à l'État, le père Daniel ne fut pas dispensé des formalités de la naturalisation applicables en Israël aux non- juifs. En d'autres termes, parce qu'il était chrétien, il n'eut pas droit à bénéficier de la Loi du Retour qu'il avait invoquée ». (Jacques Madaule, ibid. pp. 65-66)

C'est exactement comme si un protestant anglais converti au Catholicisme cessait par là d'être anglais.

Dans un article paru dans *Aspects de la France* du 21 janvier 1965, Xavier Vallat cite un exemple non moins typique : « Peut-être pensez-vous qu'il est facile pour un demi-juif de devenir citoyen israélien. Détrompez-vous. Le cas de Mme Rita Eitani conseillère municipale de Nazareth est instructif. Son père était un juif polonais et fut victime des Nazis. Sa mère était une Allemande catholique, mais qui ne fit pas baptiser sa fille. C'est pour cette raison que le ministre de l'Intérieur, Mr Moshe Shapiro, demanda à Mme Eitani de rendre son passeport israélien, du fait qu'elle n'était pas juive selon les termes de la loi, qui stipule qu'un enfant né d'une mère non-juive n'est pas considéré comme juif, sauf s'il se convertit au Judaïsme.

« Il est étrange qu'Israël applique de façon aussi rigoureuse le mode même de discrimination au sujet duquel il reprocha le Statut civil des juifs en France sous le gouvernement de Vichy comme étant l'abomination de la désolation. »

Aussi paradoxal que cela paraisse, Israël, État laïc essentiellement constitué d'athées et de libre-penseurs, est fondé en matière de loi sur des concepts théologiques et des institutions de nature religieuse.

De plus, non seulement l'hébreu, langue sacrée est devenu la langue officielle, tout comme la Bible a été désignée comme le livre national, mais un grand nombre de pratiques religieuses ont été sauvegardées : « Quand vous voyez un chandelier à sept branches dans un kibboutz du Mapam, autrement dit appartenant à un parti de l'aile gauche socialiste qui professe l'athéisme, on vous dit qu'il s'agit d'un symbole national. Durant le temps pascal, il est impossible en Israël d'obtenir du pain sans levain. C'est comme si, dans un pays où le Catholicisme serait la religion dominante les restaurants ne pouvaient servir que de la viande le vendredi. Mais si par hasard vous allumez une cigarette le jour du sabbat après le repas dans la salle à manger de l'hôtel King David à Jérusalem, le serveur vous invitera discrètement à l'éteindre de crainte d'offenser quelqu'un dans la salle... Les juifs ne sont pas autorisés à fumer le jour du sabbat. (J. Madaule : *Les Juifs et le Monde actuel,* pp. 68-69)

Pour finir, la Loi du Retour ne reconnaît pas le mariage civil, le divorce civil ni les funérailles civiles. Tout ce qui du point de vue du statut concerne l'individu est du ressort de la législation interne de chaque croyance. État laïque pratiquant l'intolérance religieuse, Israël, qui se prétend aussi une démocratie, est cependant l'un des États les plus consciemment racistes du monde. Les mariages mixtes y sont interdits : « Les mariages mixtes entre juifs et non-juifs ne sont pas possibles dans le nouvel État d'Israël, de par la loi promulguée le 28 août 1953 ». (F. Lowski : *Antisémitisme et mystère d'Israël,* p. 116)

Ce en quoi la législation israélienne est la simple ratification de la position du Consistoire rabbinique : « La Conférence des Rabbins européens qui s'est tenue en 1966 en Grande Bretagne adopta la motion suivante : Nous considérons qu'il est de notre solennel devoir de mettre en garde les Communautés et chacun des fils et des filles du peuple juif contre le terrible danger des mariages mixtes, qui détruisent l'intégrité du peuple juif et mettent en pièces la vie familiale ». (Rabi : Anatomie du Judaïsme français, pp. 259-60)

Dans l'État d'Israël, la mort elle même n'apporte pas la paix : « L'époux non-juif ne peut pas être enterré dans le cimetière juif aux cotés de sa femme : sauf dans le cas du converti, une place ne peut être donnée ni vendue dans un cimetière juif pour une personne non-juive « « En décembre 1957, Aaron Steinberg, un enfant de sept ans d'immigrés récents, mourut à Pardes Hanna en Israël. Son père était juif, sa mère chrétienne. Suivant la loi rabbinique l'enfant né d'une union exogame prend la religion de sa mère, alors que selon le droit Canon, l'enfant prend la religion du père. Ceci eut pour résultat que les parents se virent refuser à la fois le cimetière catholique et le cimetière juif à Pardess Hanna. Bien qu'il n'y ait que des cimetières religieux en Israël, une petite place fut trouvée, mais à l'extérieur de l'enceinte du cimetière. » (Rabi, ibid. pp. 261-75)

C'est le même esprit racial de la Loi du Retour qui en 1948 fit renvoyer 900 000 arabes de Palestine en Jordanie.

Enfin, le procès Eichmann a créé un précédent légal qui risque bien de produire de graves conséquences à long terme.

A la fin de la seconde guerre mondiale, en compensation des dommages causés aux juifs allemands et étrangers, l'Allemagne fut condamnée à payer à l'État d'Israël une indemnité s'élevant (initialement) à 2. 000.000 de DM par an, et ces paiements, qui ont été effectués ponctuellement, ont fourni une contribution considérable au budget d'Israël.¹

---

¹ NDT : En mars 1965, *Le Monde* avait signalé qu'à l'expiration de l'accord de réparations conclu entre la République Fédérale et Israël pour les dommages causés aux juifs, le gouvernement de Bonn aura versé un montant total de 336.168 000 £, (soit 4.140 millions de francs français). En plus, Israël aura reçu de l'Allemagne des biens et équipements pour une valeur de 2.880 millions de francs (175.392.000 £). A quoi s'ajoutait encore le paiement par la R.F.A. d'indemnités à titre personnel aux victimes individuelles juives. Ces montants ont été ensuite considérablement réévalués. Et il est instructif d'apprendre à quoi d'éminentes « victimes du Nazisme » ont employé les indemnités compensatrices versées par la R.F.A. : début septembre 1999, l'hebdomadaire *Rivarol* signala le récent décès d'Ignaz Bubis, le chef de la Communauté juive d'Allemagne, et ses obsèques à Jérusalem qui avaient donné lieu à un incident, un juif ayant par protestation maculé le cercueil du défunt, accusant ce haut responsable de la Communauté juive de spéculation immobilière éhontée pour avoir consacré les dommages et réparations reçus du Gouvernement Fédéral à acquérir des blocs de maisons à Francfort, à les raser et à construire à la place des immeubles de rapport ainsi que plusieurs Eros-Centers dont il s'était réservé la propriété de l'un d'eux, source de sa considérable fortune : nouvel exemple donc de la politique bimillénaire juive de subversion-destruction des sociétés goïm par le vice et la spéculation... Par ailleurs, on a noté plus haut que la nationalité israélienne est attribuée par l'Etat Juif strictement selon le « droit du sang », cela pendant que les lobbies juifs imposent aux États occidentaux d'appliquer le droit du sol en faveur de tout étranger qui a réussi à s'introduire légalement ou clandestinement, qui devient ainsi bénéficiaire, outre du droit du sol en question, de diverses aides des États et dorénavant de la « discrimination positive » imposée par le Droit européen en faveur des minorités ! ! ! Enfin, comme l'ont montré l'affaire Eichmann comme les affaires Pinochet et Papon, les « crimes réputés contre l'Humanité » (en réalité contre les juifs) dont la qualification comme crime ne relève que de la seule appréciation des juifs sont désormais imprescriptibles et les présumés coupables extradables dans le monde entier où qu'ils se soient, cela pendant que les terroristes juifs et les juifs escrocs et criminels inculpés de délits graves dans les pays où ils résident, éventuellement informés de leur risque d'inculpation, peuvent s'enfuir en Israël où ils demeureront à l'abri de toute extradition et poursuite, comme l'affaire Flatto-Sharon et tant d'autres l'ont montré. Tel est l'un des aspects de la situation mondiale depuis 1945. Ainsi les pires vrais criminels contre l'Humanité, comme un Pol-Pot qui dirigea l'assassinat du tiers de la population cambodgienne au titre de « l'idée communiste » (deux à trois millions de personnes) jouissent de la totale protection du Nouvel Ordre Mondial (juif!) en pouvant aller se faire soigner aux USA et en repartir librement, à l'opposé d'un malheureux Pinochet qui sauva son pays du Communisme en le purgeant de quelques centaines de terroristes prêts à tuer. De même, les autorités de la Communauté européenne, kislings des juifs, en cette fin de 1999 poussent des cris d'indignation à l'annonce de la condamnation à mort par la Justice turque du chef terroriste Okalan coupable de trente mille morts turcs, et laissent

En 1960, Adolf Eichmann, citoyen allemand qui s'était réfugié en Argentine, fut kidnappé par des agents secrets israéliens en violation de la législation de ce pays et fut amené à comparaître devant une Cour israélienne pour des crimes commis dans l'exercice de sa charge contre des juifs allemands et étrangers. Il fut condamné à mort et exécuté. En s'octroyant ainsi le doit d'appliquer la loi israélienne à un Allemand, pour des crimes commis en Allemagne et qui relevaient légalement des cours de justice de son pays, l'État d'Israël a créé là un grave précédent.

Comme Mr Raymond Geouffre de la Pradelle, juriste international réputé, l'a exposé dans *Le Figaro* en juin 1960 : « La poursuite par les Alliés (de criminels de guerre), qui commença dès le lendemain de la fin de la guerre, était basée sur l'Accord de Londres du 8 août 1945 et la Déclaration de Moscou du 30 octobre 1943, à laquelle l'Accord de Londres fait référence. « Le principe alors posé est que les criminels de guerre doivent être renvoyés dans le pays où ils ont commis leurs crimes. En outre, le Statut de Londres du 8 août 1945 a mis en place une Cour Militaire Internationale habilitée à juger les crimes ne relevant pas d'un lieu géographique précis ». Le Statut de Londres fut promulgué par les Alliés après qu'ils eurent reçu le pouvoir d'exercer la souveraineté allemande que contenait la reddition inconditionnelle, qui leur fut transmise le 8 mai 1945 par le chef du Gouvernement du Reich, l'amiral Doenitz. « Aucun document international n'autorise l'État d'Israël à juger un citoyen étranger à qui sont imputés des crimes contre l'Humanité et des crimes de guerre, lorsque ces crimes ont été commis à l'étranger. D'autant plus qu'à

---

planer la menace et le chantage que les gouvernants turcs, s'ils font exécuter la sentence, risquent fort un jour d'être inculpés de « crime contre l'humanité » contre Ocalan, tout comme Pinochet et pour la même raison d'élimination de terroristes judéo-communistes, d'où la qualification pour eux seuls du crime !

l'époque où ces crimes ont été commis, il n'était pas question que les victimes fussent de nationalité israélienne, puisque l'État d'Israël n'était pas encore créé. « L'État d'Israël est un État souverain. A l'intérieur des limites de la zone sous sa juridiction, Israël s'il le désire peut s'attribuer tout pouvoir juridictionnel qu'il jugera approprié. Mais la loi en question viole les principes généraux de loi et la règle internationale que la compétence de juger des crimes de caractère principalement international est elle-même internationale, puisqu'en l'espèce les faits criminels ayant été commis en Allemagne à une époque où la loi allemande les autorisait, ils ne constituent des crimes qu'en regard de la loi internationale ».

Ainsi, à la fois dans le cas des indemnités payées par le gouvernement de Bonn et dans celui du procès Eichmann, c'est l'État d'Israël qui s'est présenté comme le seul représentant qualifié de la Communauté juive dans le monde et comme l'État souverain de toute la population juive du monde. Rien ne peut illustrer plus clairement l'étroitesse des liens qui relient l'État d'Israël aux juifs de la diaspora, et leur ambiguïté.

Les juifs se sont toujours prétendus des citoyens loyaux des pays où ils résident. Mais comme on vient de le voir par ce qui précède, les indemnités de réparations et le procès Eichmann prouvent au contraire que les juifs restent des étrangers dans les pays qui les reçoivent, et qu'ils se considèrent juridiquement responsables, non pas devant ces pays, mais devant l'État d'Israël.

# V – LA LOI MOSAÏQUE ET LE TALMUD

Quand on parle de la religion juive, on pense généralement à la Loi mosaïque (ou Pentateuque) codifiée dans la Torah. Le Christianisme ne peut avoir aucune animosité ni méfiance en regard du Pentateuque, qui est l'un de ses livres sacrés. Il considère seulement que la Loi mosaïque a été transcendée ou dépassée par les préceptes supérieurs de l'Évangile ; entre l'un et l'autre il y a consanguinité et continuité, mais pas d'opposition fondamentale. « Bien que les rouleaux de la Torah aient été souvent foulés aux pieds par des foules hurlantes vandalisant les synagogues ou brûlés avec les synagogues elles mêmes, de tels actes ne furent jamais autorisés par l'Église, ni la Torah jamais condamnée officiellement. Si le Judaïsme fut insulté comme étant un blasphème, si des juifs furent tués comme incroyants, la Torah en elle-même fut considérée avec respect, car c'était la Loi de Dieu. Comme le dit un Pape : »Nous respectons et honorons la Loi, car elle fut donnée à nos pères par le Dieu Tout Puissant, par l'intermédiaire de Moïse. Mais nous condamnons votre religion et votre fausse interprétation de la Loi ». (M. I. Dimont, *Les Juifs, Dieu et l'Histoire*, p. 240)

Mais si certains juifs sont restés encore fidèles à la tradition et à la Torah, la majorité d'entre eux l'a depuis longtemps abandonnée en faveur du *Talmud*, qui est une collection de commentaires de la Loi produits par les pharisiens et les rabbins entre le second et le cinquième siècle après le Christ. Beaucoup sont devenus complètement agnostiques. Écoutons ce que Wickham Steed et aussi d'éminents penseurs juifs ont à dire sur cette question : « Les

Sadducéens luttèrent pendant des siècles contre la tendance à enfermer le Judaïsme dans un corset isolant de préceptes et de commentaires, mais la chute de Jérusalem décida définitivement en faveur des pharisiens, qui multiplièrent alors tellement les commentaires de la Loi qu'une codification devint indispensable. Un code dénommé Mishna (doctrine) fut élaboré. De génération en génération, les commentaires de la Mishna s'accrurent à leur tour jusqu'à ce que leur volume devint ingérable. Là encore une codification devint indispensable. Vers le milieu du cinquième siècle après le Christ, un code de la Mishna fut réalisé en Palestine et un second vers la fin du même siècle à Babylone. Les deux furent appelés « *Talmud* »(c'est à dire recherche ou investigation). Mais si le Talmud Palestinien ne joua qu'un rôle insignifiant dans la vie ultérieure des juifs, le Talmud Babylonien fut, lui, considéré comme un trésor national. Il est resté « Le Livre » pour les juifs orthodoxes. Il remplace la Torah comme étant la fontaine de toute sagesse et le guide de la vie quotidienne dans tous ses détails. Le *Talmud,* en dépit de son caractère de commentaire d'autres commentaires à propos d'une Loi d'origine incertaine, n'a pas seulement préservé la Nation Juive, mais l'a rendue imbue d'un esprit pharisien, et l'a séparée, peut-être pour toujours, du courant principal de la culture humaine ». (H. W. Steed : *The Hapsburg Monarchy*, p. 164-5)

Bernard Lazare confirme cette analyse : « On peut dire que le pur Mosaïsme, purifié et agrandi par Isaïe, Jérémie et Ezéchiel, élargi et généralisé par les Judéo-hellénistes aurait amené Israël au Christianisme, s'il n'y avait pas eu l'Esraïsme, le Pharisaïsme et le Talmudisme qui retinrent la masse des juifs dans les liens de la stricte observance et les étroites pratiques rituelles.... « Comme on ne pouvait proscrire Le Livre, on le diminua, on le rendit tributaire du *Talmud ;* les docteurs déclarèrent : « *la Loi est de l'eau, la Mishna est du vin »,* et la lecture de la Bible fut considérée moins profitable, moins utile au salut que celle de la Mischna... » (Bernard Lazare :

*L'Antisémitisme*, p. 17) « Ce n'est qu'après tout cela que les rabbins triomphèrent enfin. Ils étaient arrivés à leur but. Ils avaient retranché Israël de la communauté des peuples ; ils en avaient fait un solitaire farouche ; rebelle à toute loi, hostile à toute fraternité, fermé à toute idée belle, noble ou généreuse ; ils en avaient fait une nation misérable et petite, aigrie par l'isolement, abêtie par une éducation étroite, démoralisée et corrompue par un injustifiable orgueil. « Avec cette transformation de l'esprit juif, avec la victoire des docteurs sectaires, coïncide le commencement des persécutions officielles. Jusqu'à cette époque, il n'y avait guère eu que des explosions locales de haine, mais non des vexations systématiques. Avec le triomphe des Rabbinites, on voit naître les ghettos ; les expulsions et les massacres commencent. Les juifs veulent vivre à part ; on se sépare d'eux. Ils détestent l'esprit des nations parmi lesquelles ils vivent : les nations les chassent. Ils brûlent le Moré on brûle leur *Talmud*, et on les brûle eux mêmes ». (Bernard Lazare, p. 18-19)

Dans son livre *Le Malheur d'Israël*, le docteur A. Roudinesco montre que le Judaïsme des Prophètes, d'esprit universel, devait aboutir au Christianisme, et que celui de la Loi fondé sur le Talmud devait dévier et finalement s'en séparer : « L'orthodoxie moderne n'est pas la religion de la Bible et des prophètes. C'est une religion post-biblique ou talmudique, construite par les pharisiens et les docteurs de la Loi entre le second et le cinquième siècle après Jésus-Christ, pour préserver la petite minorité de juifs qui n'avaient pas suivi le Christ et consommer la rupture définitive d'avec le Christianisme triomphant. « Le Judaïsme universel, messianique des Prophètes se termina avec Jésus et conquit le monde sous sa forme chrétienne. « Le Judaïsme légal et national retint son Dieu de manière exclusive dans sa communauté élue, pour laquelle le Judaïsme avait lutté pour la préserver des dangers toujours menaçants. Il repose sur une interprétation des textes bibliques selon des traditions orales non révélées, appelées Mischna, Gemara, Halaka et Hagada.

Cette collection, connue sous l'appellation de *Talmud*, fut d'abord imaginée à Jérusalem à la fin du second siècle et ensuite complétée à Babylone durant le cinquième siècle. Les deux *Talmuds* consistent en onze volumes in-octavo représentant vingt fois la taille de la Bible «. (Dr A. Roudinesco, *Le Malheur d'Israël*, pp. 114-115) « Cette collection imposante de travaux rabbiniques a élevé un rempart de lois autour du Judaïsme et l'a marqué de la rigidité et de l'immobilisme qui le distinguent encore aujourd'hui. « C'est là, dans sa religion, que l'on doit rechercher tous les éléments qui sont spécifiquement juifs. Issue de ces pratiques rigides et particulières, sa religion isole le juif et lui confère le caractère de former une sorte de colonie étrangère, unique en son genre, vivant au milieu des autres nations. Malgré l'hétérogénéité qui prévaut, l'auto-éducation et l'absence de tout prosélytisme ont finalement créé une sorte de type ethnique par un processus de sélection. « Contrastant avec la religion révélée par Abraham et légiférée par Moïse reposant sur un Dieu national, se dresse la religion des Prophètes inspirée par un Dieu universel, juste et bon. Avec les Prophètes, l'idée de moralité pénètre et s'incorpore à leur religion. Nécessairement le Dieu national était égoïste ; il était sans pitié « car il châtiait les péchés des pères sur leurs enfants et encore sur les enfants de leurs enfants jusqu'à la quatrième génération « (*Exode* XXXIV, 7). Il ordonna à Moïse et Josué de détruire sans pitié les autres peuples et de ne pas chercher à les convertir. Avec les prophètes apparaît pour la première fois dans l'histoire de l'humanité l'idée de fraternité universelle. » (Dr A. Roudinesco, p. 125-6) « A partir de l'année 725 avant notre ère, Isaïe, Amos, Osée, Michée, le Deutéro-Isaïe, Jérémie, Ezéchiel et Daniel créèrent une nouvelle religion d'une élévation spirituelle et morale inconnue avant eux. C'est grâce à eux que Yahvé devint un Dieu universel ; et c'est aussi grâce à eux qu'Israël garda le culte du Dieu unique. Ils sauvèrent à la fois le Judaïsme et le monothéisme. Il faut lire les Prophètes pour découvrir jusqu'à quel point le peuple juif était allé loin dans l'idolâtrie. Ce peuple incirconcis dans son cœur et à la nuque raide retournait à ses idoles comme le chien à ses vomissements. Ce n'est pas sans raison que la mémoire des multiples veaux d'or a survécu à travers les âges. Les leaders en donnèrent l'exemple : Salomon, en dépit de sa sagesse proverbiale, adora Astarté et Milcom et édifia un temple à Chamosh et à Moloch en face de Jérusalem (*Rois* XI, 5). C'est Jéroboam qui le premier éleva des veaux d'or, cinq cents ans après celui d'Aaron ; et Tertullien dit que les juifs ne pratiquaient la circoncision que pour réprimer leur tendance à l'idolâtrie et pour faire se ressouvenir du vrai Dieu. Les faux dieux du roi Manassé étaient adorés dans le Temple même, qui était devenu un véritable Panthéon. Sans les prophètes, la foi en Yahvé aurait peut-être bien sombré ». (Dr A. Roudinesco, p. 126-127)

La substitution du *Talmud* à la Torah eut deux conséquences, qui n'ont jamais cessé de peser lourdement sur les destinées du peuple juif à travers les siècles.

La première est qu'elle exacerba l'exclusivisme religieux juif, qui se développa dès lors de plus en plus sous une forme nationale et politique, comme F. Fejtö le montre très clairement dans son ouvrage *Dieu et son juif »* : « Vous êtes avant tout le peuple jaloux. Voilà votre loyauté et en même temps votre déloyauté, voilà votre malédiction.... « C'est vous qui avez demandé à Dieu de ne pas s'occuper des autres peuples, de répudier tous ses autres enfants. « Tout ou rien fut votre devise, mais ce n'était pas la sienne. Enfants tyranniques, vous vouliez l'avoir pour vous seuls. Au prétexte de faire de lui votre seul Seigneur, votre seul Maître, votre seul Roi, vous avez sans cesse travaillé à le rabaisser de plus en plus à votre niveau pour le dominer, en faire l'esclave et l'instrument de votre expansion nationale... « Rien ne pouvait être moins généreux et plus possessif que votre amour de Dieu...Pour le dire très simplement, vous vouliez être comme lui, vous substituer à lui, prendre sa place. Pas moins ! « L'idée de partager Dieu avec d'autres vous était inadmissible. Tout aussi insupportable vous était l'idée de votre inégalité, de votre infériorité par rapport à lui. Pourquoi devrait-il tout avoir et vous rien ? Pourquoi devrait-il être, lui, tout puissant, et vous impuissants ? Pourquoi peut-il vous prendre tout ce qui vous appartient s'il lui plaît : épouses, mère, sœurs, filles, troupeaux, terres, et vous ne pouvoir que vous incliner devant l'expression de sa volonté ? C'est injuste, vous écriez-vous. Ce n'est pas une alliance entre égaux, c'est de l'esclavage. Ce n'est pas un contrat, c'est une dictature... « Et alors surgit dans votre âme, depuis les profondeurs de la conscience collective, la zone où nul homme n'ose s'aventurer la nuit venue, ce rêve monstrueux, inavouable, de le faire disparaître d'une manière ou d'une autre et de vous substituer à lui, d'être Dieu. « Vous n'avez pas été longs à vous transformer d'Adam en Caïn et à tuer Abel le meilleur d'entre vous, celui dont l'offrande avait été acceptée... « Tout en proclamant l'existence d'un seul Dieu de l'univers, les juifs persistent obstinément à s'emparer de ce Dieu pour leur usage, et d'exclure tout les autres de l'Alliance... » (F. Fetjö : *Dieu et son Juif*, pp. 104-109)

Bernard Lazare n'est pas moins explicite : « Sans la Loi, sans Israël pour la pratiquer, le monde ne serait pas, Dieu le ferait rentrer au néant ; et le monde ne connaîtra le bonheur que lorsqu'il sera soumis à l'empire universel de cette Loi, c'est à dire à l'empire des juifs. Par conséquent, le peuple juif est le peuple choisi par Dieu comme le dépositaire de ses volontés... ; il est le seul peuple avec qui la Divinité ait fait un pacte ; il est l'élu du Seigneur... « Israël est placé sous l'œil même de Jéhovah ; il est le fils préféré de l'Éternel, celui qui a seul droit à son amour, à sa bienveillance, à sa protection spéciale ; et les autres sont placés au dessous des Hébreux ; ils n'ont droit que par pitié à la munificence divine, puisque seules les âmes des juifs descendent du premier homme. Les biens qui sont délégués aux nations appartiennent en réalité à Israël. « Cette foi en leur prédestination, à leur élection, développa chez les juifs un immense orgueil. Ils en vinrent à regarder les non-juifs avec mépris et souvent avec haine, quand il se mêla à ces raisons théologiques des raisons patriotiques. » (Bernard Lazare : *L'Antisémitisme*, pp. 13-14)

La deuxième conséquence du passage de la Torah au *Talmud* est tout aussi importante : contrairement à une opinion qui fausse complètement l'éclairage du problème des relations entre Judaïsme et Christianisme, les deux croyances depuis cette date ne reposent plus sur un même livre. C'est pourquoi ils sont devenus de plus en plus étrangers l'un à l'autre. « Le Christianisme ne peut pas être appelé « une petite secte juive qui a eu du succès », comme les rabbins le prétendent. Le Christianisme dans toute sa pureté et sa grandeur a accompli le Judaïsme et, en le dénationalisant, l'a rendu universel et humain conformément aux souhaits des Prophètes. Jésus, l'homme de Dieu, incomparable et sans égal, aurait pu être accepté comme le Messie en accord avec l'eschatologie et le messianisme d'Israël. Est-ce aux juifs de se plaindre si les chrétiens ont reconnu Dieu lui-même en ce fils d'Israël ? Pendant deux mille ans le Judaïsme avait contenu en esprit la semence du Christianisme. Déjà les prophéties avaient donné le signe d'un Christianisme en gestation. La naissance de l'enfant n'était plus qu'une question de temps. Ayant rejeté son propre rejeton, le Judaïsme se replia sur lui même, dans un isolement morose, fier et stérile. Il abandonna tout prosélytisme, et se posa comme la religion nationale d'une petite fraction du peuple juif. « Aussi paradoxal que cela puisse paraître à la fois aux chrétiens et aux juifs, c'est dans le Christianisme que la vraie religion d'Israël s'est réalisée. « Le juif moderne pratique une religion qui est postérieure à la contribution évangélique, établie par les docteurs de la Loi sur une Bible interprétée à la veille de la Révélation. Alors que le Judaïsme des Prophètes s'était enrichi du message de Jésus, le Judaïsme des rabbins sombra dans le *Talmud*. (Dr A. Roudinesco, *Le Malheur d'Israël*, p.140)

« Le Judaïsme de la Diaspora, le Judaïsme hellénique comme on l'appelait, qui représentait les neuf-dixièmes des juifs de l'Empire, libéré de la contrainte de la circoncision, dénationalisé, ouvert d'esprit et réceptif, disparut au cours du cinquième siècle environ, probablement par fusion avec le Christianisme. Étant éloigné de Jérusalem, il ne fut pas sérieusement affecté par les catastrophes des années 70 et 113. Une fois disparue la foi officielle de Jérusalem, les juifs de Palestine considérèrent les juifs de la Dispersion comme suspects au plan de la stricte orthodoxie. La rupture entre le Judaïsme de la Diaspora et le Judaïsme rabbinique fut l'œuvre des scribes, des docteurs de la Loi et des pharisiens. Dès le deuxième siècle, les rabbins de Babylone et ceux de Galilée élaborèrent un code religieux, politique et social connu sous le nom de *Talmud*. Ce livre réglait la vie des israélites dans un esprit différent de celui des Prophètes et de la *Bible*. « Si de sérieuses divergences avaient existé entre l'Ancien et le Nouveau testament, les chrétiens n'auraient pas gardé les deux textes l'un à la suite de l'autre. Ayant refusé l'Évangile, les rabbins furent obligés de réinterpréter le texte de la vieille Bible. Ils firent ce travail au moyen de traditions orales plus ou moins homogènes avec les anciens textes : ce fut la Mishna et la Ghemara. Le résultat de cette compilation a été une nouvelle Bible ; l'ancienne demeure avec les chrétiens. Le *Talmud* est constitué de onze épais volumes. Ce livre pernicieux et en grande partie inintelligible, triste naufrage du Judaïsme des Prophètes, n'enrichit pas l'esprit humain (Salomon Reinach). Le but du *Talmud* était de préserver ce qui restait d'Israël d'une absorption par la Chrétienté... L'ancien trésor spirituel des Prophètes avait été abandonné par les Rabbinites... « Alors même qu'Origène, Clément d'Alexandrie, St Jérôme et St Augustin enrichissaient le Christianisme, le Judaïsme s'appauvrissait par le *Talmud*. « Avoir imposé les idéaux du *Talmud* à la nouvelle branche du Judaïsme a été la calamité du peuple juif jusqu'à ce jour. » (Dr A. Roudinesco, ibid. pp. 25-26)

# VI – LES MARRANES

L'appartenance à l'Église catholique ne repose pas sur la race : c'est seulement une question de foi religieuse. Aux yeux de l'Église, un juif converti est un chrétien qui partage la totalité des privilèges de l'appartenance à l'Église. « Le baptême confère l'appartenance à la communauté chrétienne sans restriction d'aucune sorte. La conversion des juifs non seulement était souhaitée, mais elle était activement recherchée. Une fois convertis, ils étaient reçus avec joie ; la conversion mettait fin à toute ségrégation. Aujourd'hui en revanche, le juif n'est plus ni désiré ni recherché ; l'antisémitisme national et racial est beaucoup plus discriminatoire. » (Dr A. Roudinesco : *Le Malheur d'Israël*, pp. 42-43)

« Ayant reconnu dans chaque nation certaines caractéristiques fermement définies, le nationalisme moderne a refusé de considérer les juifs sous tout autre éclairage que celui d'un étranger dans le pays, un cosmopolite apatride. Aucune distinction n'est faite entre le juif assimilé et le juif conscient de ses traditions nationales. L'antisémitisme moderne est plus illogique que celui du Moyen-âge qui reposait sur des objections religieuses indiscutables, et non sur des hypothèses sans preuves et des idées nébuleuses. « Et le juif est d'autant plus rejeté en tant qu'étranger que le nationalisme recèle la haine des étrangers. » (Dr A. Roudinesco, ibid. p. 76)

L'attitude chrétienne à l'époque médiévale est bien résumée dans cet appel aux juifs de l'évêque de Clermont-Ferrand, St Avit, que nous reproduisons ci dessous : « Restez avec nous et vivez comme nous, ou bien partez aussi vite que possible. Rendez-nous cette terre sur laquelle vous êtes des étrangers ; épargnez-nous votre présence ici, ou bien si vous voulez rester, partagez notre foi ». (F Lovsky : *Antisémitisme et Mystère d'Israël*, p 182)

Les juifs qui ne voulurent pas partir et qui obstinément résistèrent à la conversion répliquèrent par le recours aux méthodes clandestines qui entraînèrent une grande amertume et un profond malaise. La pratique du marranisme, qui se développa beaucoup en Espagne, envenima durablement les relations entre juifs et non-juifs.

Massoutié, un auteur qui a consacré deux ouvrages très intéressants à l'étude de ce problème juif, fait cette remarque : « Le Judaïsme a réagi aux autres religions de bien des manières différentes, mais sa réaction la plus extraordinaire est sans aucun doute ce que l'on peut appeler le phénomène de marranisme. Voici ce que Werner Sombart a cru devoir écrire à ce sujet (p. 385) : « L'augmentation soudaine du nombre de conversions prétendues de juifs, au paganisme, à la religion islamique ou au Christianisme est un phénomène si extraordinaire, un événement si unique dans l'histoire de l'humanité que l'on ne peut manquer d'en être stupéfait et abasourdi chaque fois qu'on l'étudie « .

(L. Massoutié : *Judaïsme et Hitlérisme,* pp. 97-99) « Les marranes étaient des juifs espagnols en apparence convertis au Christianisme. Ce fut à partir de 1391, et, d'après Graetz, à la suite de persécutions religieuses, que de nombreux juifs d'Espagne décidèrent d'adopter la Foi catholique. Il n'y avait rien de nouveau dans cette démarche ; car, longtemps avant eux, leurs ancêtres de la dispersion avaient déjà eu recours à la même ruse pour échapper à la persécution religieuse ou pour des motifs de simple avantage matériel « . (L Massoutié, ibid., pp. 97-99) « Quoi qu'il en fût, les marranes tout en pratiquant ostensiblement le Catholicisme continuèrent à suivre en secret les rites du Judaïsme auquel ils étaient restés profondément attachés. Le peuple espagnol ne se laissa pas duper quant à la sincérité des croyances religieuses des nouveaux chrétiens. Avec de bonnes raisons, les Espagnols se méfiaient et les appelaient Marranos, ce qui signifie « maudits, damnés « ou en langage populaire « cochons « . Un aspect extraordinaire de cette situation, que j'avoue ne pas arriver à comprendre, est que les marranes ne se contentèrent pas de se soumettre avec zèle à l'autorité de l'Église : ils allèrent beaucoup plus loin et poursuivirent leur feinte jusqu'aux extrêmes limites. C'est ainsi que beaucoup d'entre eux, tant des hommes que des femmes, n'hésitèrent pas à entrer dans les ordres religieux ce que rien ne les obligeait à faire et devinrent moines et nonnes. Bien plus, des marranes devinrent prêtres et même évêques. Si des historiens juifs eux mêmes ne l'avaient révélé, nous pourrions difficilement le croire.

« On comprend alors la colère du peuple espagnol lorsqu'on le découvrit : c'est à la suite de cette découverte que l'Inquisition espagnole fut organisée. » (L. Massoutié, ibid. pp. 100-101) « La lutte entre l'Inquisition et les marranes dura dans l'ombre plusieurs siècles, une bataille sans équivalent et sans exemple, nous dit Graetz, au cours de laquelle toutes les techniques de tromperie et d'obstination dans le dessein furent employées pour faire face à la cruauté des accusateurs. » (L. Massoutié, ibid. pp. 103-105)

Le Protestantisme eut aussi ses marranes. Des juifs en secret furent également nombreux au XVII<sup>ème</sup> siècle parmi les réfugiés protestants au moment de la révocation de l'Edit de Nantes, dit Werner Sombart. En Allemagne par exemple, on peut compter comme marrane protestant le célèbre poète Henri Heine. Aussi étonnant que cela paraisse, c'est en tant que tels que Graetz évoque Heine et son coreligionnaire Louis Boerne, tous deux convertis au protestantisme. Voici une citation d'un passage de son « *Histoire des Juifs* « ou « *Geschichte der Juden* « , volume XI, p. 368, qui fut omis dans la traduction française de Moïse Bloch : « Ils n'avaient divorcé du Judaïsme que superficiellement, comme des combattants qui revêtent l'armure et les couleurs de leur ennemi, afin de l'abattre et de le détruire plus commodément. Que penser d'un tel comportement de la part de l'auteur sensible d'*Intermezzo* et de l'écrivain plein de gaieté des *Reisebilder*». (L. Massoutié, ibid. pp. 103-105) « Dans un passage de son *Histoire des Juifs*, Graetz parle des marranes espagnols et portugais qui, derrière le masque du Christianisme et sous l'habit du moine, chérissaient jalousement la flamme sacrée de leur religion ancestrale et minaient dans le même temps les fondements de la puissante monarchie catholique. « S'il n'est que raisonnable pour un juif de ne pas abandonner sa religion et de préserver la foi de sa race et de ses ancêtres en secret, tout en se comportant comme un citoyen loyal dans sa terre d'adoption, il est incompréhensible qu'il prenne avantage de sa citoyenneté française ou allemande par exemple pour miner les institutions et les coutumes de sa nouvelle patrie, en d'autres termes pour tout bouleverser. Si le juif moderne entreprenait de faire au niveau national ce que firent les anciens marranes en matière de religion, cela conduirait Israël à des désastres sans nombre. Les nations modernes irritées d'un tel comportement plongeraient dans un antisémitisme sauvage, et il s'élèverait automatiquement une Inquisition nouvelle, de nature à coup sur différente, mais peut-être beaucoup plus terrible que celle de Torquemada.[2]

« A mon avis, si Israël veut éviter les pires catastrophes, il est de son intérêt d'agir à découvert. Malheureusement, la dissimulation lui est une seconde nature, ce que même les auteurs les plus pro-Sémites comme Anatole Leroy-Beaulieu se trouvent forcés d'admettre. » (L. Massoutié, ibid. pp. 114-115)

---

[2] NDT : Cette réflexion nous laisse aujourd'hui rêveurs...

# VII – L'ASSIMILATION

L'attitude moderne officielle en Occident à l'égard des juifs repose sur l'assertion qu'ils sont des citoyens loyaux des pays dans lesquels ils vivent, et qu'ils s'assimilent complètement à leur entourage. Un juif allemand, français ou anglais est considéré comme un Allemand, un Français ou un Anglais de religion israélite. Mais en réalité le juif ne s'assimile pas, ou sinon très lentement et avec de grandes difficultés. Tous les spécialistes qui ont étudié cet aspect du problème, qu'ils soient juifs ou pas, sont unanimes sur ce point, du moins lorsqu'ils sont de bonne foi, car l'attitude des leaders du Judaïsme est pleine d'ambiguïté. D'un côté, ils demandent pour leur propre peuple les pleins droits de la citoyenneté, mais en même temps ils font tous leurs efforts pour préserver leurs traits spécifiques et l'intégrité juive.

Le vrai principe d'assimilation et son corollaire les mariages mixtes sont tenus pour également suspects dans les deux camps. Beaucoup d'occidentaux sont farouchement opposés au métissage par introduction de sang juif dans leur race.

La conclusion de Wickham Steed et celle du rabbin Alfred Nossig ne sont pas faites pour calmer les appréhensions : « Que les juifs aient une remarquable aptitude à s'adapter extérieurement à leur environnement est incontestable, mais il reste à voir si, avec toute leur souplesse et leur tenace volonté tendue vers son objet immédiat, ils sont capables de s'adapter à l'intérieur d'eux-mêmes. L'expérience et l'observation, maintenant sur plus de vingt et un ans, en France, en Allemagne, en Italie et en Autriche-Hongrie, m'inclinent à répondre à cette question par la négative. (H.W. Steed : *The Hapsburg Monarchy*, p. 170) « L'intensité du caractère de la race juive est telle que les tendances morales juives persisteront pendant des générations dans les familles non-juives dans lesquelles du sang juif s'est un jour mêlé. Ce caractère pourra être productif de beauté et de génie, tout comme il pourra aussi apporter le dérangement mental, si courant dans les familles juives de la meilleure classe. » (H.W. Steed, ibid. p. 168)

Le rabbin Nossig, d'accord avec cette opinion, écrivit : « On peut parler d'une judaïsation biologique du monde civilisé.... les plus petites gouttes de sang juif influencent les caractères spirituel des familles pour des générations. » (A. Nossig : *Integrales Judentum*)

L'écrivain juif américain Ludwig Lewisohn est, s'il est possible, encore plus précis : « Vint la Révolution française, et graduellement, très graduellement et sporadiquement, les portes du ghetto s'ouvrirent. Le mépris, la servitude, les lois restrictives, les taxes spéciales restèrent. La citoyenneté ne fut pas accordée aux juifs d'Angleterre avant 1832, et aux juifs d'Allemagne avant 1847. Mais ce geste et d'autres semblables ailleurs, avant ou après ces dates, plus ou moins sincères, furent censés être à même d'oblitérer l'existence historique, la conscience de soi et l'expérience d'un peuple qui avait existé en tant que peuple depuis trois millénaires. « C'était l'erreur des gentils ; c'est l'erreur du malheureux assimilationniste. Lui et les gentils semi-bienveillants sont trompés par le caractère unique de la nation juive. La nation s'identifie avec un territoire, des armées, un pouvoir.

L'existence ininterrompue des juifs depuis la captivité de Babylone jusqu'à la Révolution française, sur une période d'environ deux mille trois cents ans, prouve qu'il existe une nation sans les attributs classiques de la nation. « Comme tous les autres peuples, les Anglais, les Allemands, les Français, les

Juifs sont un mélange de races. De même que le sang celte, saxon, latin et pré-aryen, ou encore, selon un autre mode de différenciation, le nordique, l'alpin et le méditerranéen se retrouvent dans ces mêmes peuples, les juifs au cours de leur histoire formidablement longue ont subi le mélange des races. Le processus historique prime la question de races et modèle les peuples par des forces qui échappent à notre connaissance. Les juifs diffèrent entre eux aussi franchement qu'un Allemand du Tyrol d'un habitant du Schleswig, qu'un Provencal d'un Normand, un Créole d'un natif du Vermont. Ils restent juifs, de même que ceux-ci, malgré leurs différences de types et de contrées, demeurent des Allemands, des Français ou des Américains. Une tendance profonde et permanente vers une norme extérieure ou intérieure, un type, un assemblage de caractères, subsiste. Partout où cette évidente réalité n'est pas enrayée artificiellement, elle est plus puissante que jamais. Les derniers marranes subsistant en Espagne, ouvertement espagnols et catholiques pendant plus de plus de quatre siècle, ont fait une demande auprès du Grand Rabbinat de Jérusalem en vue d'une réintégration officielle au sein du peuple juif... (Ludwig Lewisohn : *Israël*, pp. 33-35) « L'assimilation serait le miracle, la rupture dans la chaîne éternelle de la causalité....notre juif assimilé peut ne jamais avoir une pensée juive ni lire un livre juif, mais dans le caractère essentiel de toutes ses passions aussi bien que de toutes ses actions, il reste juif... (Ludwig Lewisohn, ibid. p.36 ) « Non, l'assimilation est impossible. Elle est impossible parce que le juif ne peut changer son caractère national ; il ne peut pas, même s'il le désire, s'abandonner lui-même, pas plus qu'aucun autre peuple ne peut le faire... (Ludwig Lewisohn, ibid. p. 38-39) « Que doit-il faire ? Vers quoi doit-il se tourner ? Il est juif. Il demeure un juif. La majorité a découvert le fait, comme elle le fait toujours, tôt ou tard. Il le découvre aussi. Les gentils et les juifs s'aperçoivent qu'il n'y a pas d'issue. Tous les deux crurent à une issue. Il n'y en a aucune. Aucune... (Ludwig Lewisohn, ibid. p. 41)

Aussi, plus récemment le Dr Roudinesco écrit-il : « La lutte contre l'antisémitisme devrait être encouragée au niveau religieux. Mais le monde est-il encore assez chrétien pour entendre un tel message ? Le sentiment religieux s'est maintenu dans un certains nombre de pays comme l'Espagne, l'Irlande, le Canada et l'Italie par exemple, où il n'y a que peu de juifs. Malheureusement le problème juif a depuis longtemps dépassé la sphère religieuse, et l'antisémitisme nationaliste et raciste repose sur des fondements bien plus difficiles à ébranler. Là encore, l'union au niveau religieux est vue avec une très grande suspicion par la Synagogue, qui craint toujours les conversions. » (Dr A. Roudinesco, *Le Malheur d'Israël*, p.190) « L'émancipation légale et l'assimilation ont échoué. Les juifs allemands furent les plus assimilés parmi les juifs du monde, et ce fut pourtant en Allemagne que la furie antisémite se porta aux extrêmes. « Le problème de l'assimilation est un problème complexe. Est-elle même possible ou compatible avec le maintien d'une religion et d'une tradition dont le caractère est à la fois national et séparatiste ? Les opinions varient beaucoup là dessus parmi les juifs eux-mêmes. Il y a finalement certains cas qui défient toute classification. L'assimilation n'a pas désarmé l'antisémitisme. Les juifs assimilés sont encore moins tolérés que les autres. C'est l'échec total de l'assimilation qui a ouvert la voie au Sionisme. » (Dr A. Roudinesco, ibid., p. 191)

En Russie soviétique, l'assimilation a complètement échoué, malgré l'intense propagande émise par les partis d'extrême-gauche que seul le marxisme pouvait fournir une solution définitive au problème de l'antisémitisme dans le monde. Ceci avait été affirmé, entre autres par Jean-Paul Sartre, dans un ouvrage d'une indicible médiocrité intitulé « *Réflexions sur la Question Juive* » où il écrivit : « L'antisémitisme est une représentation mythique bourgeoise de la lutte des classes ; dans une société sans classes il ne pourrait pas exister. Il n'y a pas de place pour lui dans une société dont les membres sont tous interdépendants, puisqu'ils sont tous engagés dans la même entreprise. Il présente un certain lien mystique entre l'homme et ses « biens », qui est un produit du système actuel de propriété. Aussi, dans une société sans classes fondée sur la propriété collective des instruments de travail, l'homme libéré des tromperies de ce monde sera capable de se dévouer à sa tâche qui est de faire naître le règne de l'humanité, et l'antisémitisme n'aura plus aucun sens, il sera coupé de ses racines ». (Jean-Paul Sartre, op. cit., pp. 183-84)

En réalité il ne s'est rien passé de tel comme Fejtö le reconnaît dans son ouvrage « *Les Juifs et l'Antisémitisme dans les Pays Communistes* «, où il publie la lettre suivante envoyée par un juif de Moscou à un journal de New-York, à propos du Festival de Moscou : « La théorie que plaident ceux qui croient en l'assimilation (des gens qui sont, soit des fous, soit malhonnêtes), théorie selon laquelle les vieilles traditions juives sont mortes et enterrées et les juifs se sont complètement mélangés avec les Russes au plus grand bénéfice des deux parties et donc n'ont plus besoin de leur culture propre, a explosé comme un ballon surgonflé, bien qu'en vérité personne ne douta jamais qu'il s'agissait d'une proposition douteuse. « Les juifs sont-ils satisfaits de la culture russe dont ils peuvent jouir librement et à volonté ? Aujourd'hui, sans crainte d'un démenti, on peut répondre : Non. Les aspirations à l'art juif, à la musique juive et à la langue juive n'ont pas été étouffées par vingt années d'assimilation forcée. Ce besoin se manifeste par le désir de voir et d'entendre la délégation israélienne, de recevoir un petit souvenir d'Israël, une fleur, un emblème, un ticket, un paquet de cigarettes... « Si vous demandez à un juif quelles seront les conséquences du festival, nul doute qu'il ne vous réponde que des représailles sont prévisibles, même si l'on reste incertain de la forme qu'elle prendront. Ils tremblent à la pensée de faire des imprudences, et cependant les juifs se rassemblent partout où les concerts sont prévus, attirés par une force qui surgit de tout cœur humain ; c'est l'appel de leur propre culture. (F. Fejtö, ibid. p. 225)

Lors d'une conférence de Fejtö à Bruxelles sur le sujet en 1958, une jeune dans l'assistance se leva et déclara : « L'assimilation ou en d'autres termes l'intégration dans la communauté socialiste sur la base de l'égalité parfaite devient de plus en plus difficile sinon même impossible. L'assimilation est un échec ; dès le départ c'était un objectif impossible à réaliser ; le communisme ne devait pas être plus capable de l'imposer que le libéralisme bourgeois ; le seul salut des juifs réside en Israël, dans le retour à la tradition judaïque, dans la Terre Promise, dans la reconstruction de la nation... »[3] (F. Fejtö, ibid. p. 253)

Cet échec est d'autant plus remarquable que le régime soviétique tient son succès initial de révolutionnaires internationaux juifs ; et que les leaders juifs ont été les maîtres de la Russie jusqu'à ce que Staline et ses successeurs les aient éliminés des positions clés qu'ils détenaient.

Une fatalité aussi inexorable qu'une tunique de Nessus semble coller au peuple hébreux : maîtres dans l'art de la révolution, du soulèvement et de la destruction,, ils sont impuissants à créer.

Elie Faure dépeint ce trait de manière frappante : « La mission historique des juifs a été clairement définie, peut-être à jamais. Ils seront le facteur principal de toutes les époques apocalyptiques, comme ce fut le cas à la fin du monde antique, et comme ce l'est à l'époque du monde chrétien où nous

---

[3] NDT : Le judéo-maçon Fejtö se livre là à une opération type de désinformation : ce que le communisme juif a tenté en URSS, ce fut la déchristianisation complète et la déculturation des Russes, et non l'assimilation des juifs, qui n'a jamais eu lieu !

vivons. A ces instants, les juifs seront toujours à l'avant-plan, à la fois pour détruire le vieil édifice et pour marquer le terrain et les matériaux de la nouvelle structure qui doit le remplacer. C'est ce dynamisme qui est la marque de leur grandeur et, doit-on peut-être aussi l'admettre, de leur visible impuissance. « Le juif détruit toutes les anciennes illusions, et lorsqu'il prend plus qu'un autre une part majeure à établir la nouvelle illusion par exemple comme un St Paul dans le passé ou aujourd'hui un Karl Marx précisément à cause de son éternelle soif de vérité qui survit toujours aux résultats des batailles politiques ou religieuses, il a pour destin d'introduire le ver qui la taraudera elle- même à son tour. Le patriarche qui dans l'Antiquité accepta de guider la conscience humaine vers la Terre promise à travers les pâles étendues du savoir n'est pas prêt à déposer son formidable fardeau. » (Elie Faure : *La Question Juive vue par vingt-six éminentes personnalités*, p. 97)

Dans un autre passage ; cet érudit juif émet cette conclusion : « Malgré des raisons d'espérer qu'il a accumulées en silence, le juif pourrait-il être regardé autrement que comme un destructeur ; armé du doute corrosif qu'Israël a toujours opposé à l'idéalisme sentimental de l'Europe depuis l'époque des Grecs ? » (Elie Faure, ibid. p. 91)

Le Sionisme serait-il alors la solution ?

Non, répond le Dr Roudinesco : « Le refuge national de Palestine ne résoud pas le problème juif. Il représente en réalité un nouveau danger pour le Judaïsme. Il est un cruel désappointement à l'idéalisme des juifs libéraux qui, depuis Moses Mendelssohn, ont fait de si nombreuses tentatives d'assimilation, de même que pour tous les juifs qui ont versé leur sang sur les champs de bataille, en témoignage loyal à leurs patries d'adoption. « Après avoir lutté contre le nationalisme et le racisme, les juifs se proclament en Israël une nation et une race à part. Le Sionisme triomphant renforce ainsi tout ce que le nationalisme moderne et l'antisémitisme raciste ont édifié au siècle dernier. C'est la plus grande erreur commise par le Judaïsme depuis le refus du Christ. Dès lors, tout juif sera crédité d'un pays dans lequel il pourra être renvoyé sans pouvoir élever la moindre protestation valide. Affirmer que la Terre Sainte est leur vraie patrie est d'autant plus illogique que, comme le montre l'Histoire, c'est à peine si un juif sur dix peut prétendre descendre de juifs palestiniens, et que depuis les âges les plus lointains, la Terre Promise n'a abrité qu'une petite fraction de la population juive du monde. S'il n'avait été question que d'une patrie spirituelle, Jérusalem aurait pu représenter pour le croyant ce que le Vatican de Rome représente pour les catholiques. « Le gouvernement israélien s'est constitué le protecteur des juifs du monde entier. Il attaqua la légation de Tchécoslovaquie lors du procès Slanski. Il manifesta devant les bâtiments des Américains en faveur des Rosenberg... Il affirme ses droits sur tous les citoyens juifs vivant hors de ses étroites frontières sans les avoir consultés et même contre leur volonté. Il pratique une politique de discrimination raciale à l'encontre des 150.000 Arabes vivant en Israël, assignés à résider dans une zone spéciale contrairement aux stipulations de la Déclaration Balfour qui avait posé que les droits des communautés non- juives vivant en Palestine ne devaient en aucune façon être violés. « La solution sioniste ne résoud aucune des difficultés du problème juif ; il inflige une énorme blessure au Judaïsme de la dispersion, et il apporte de l'eau au moulin de l'antisémitisme » (Dr A. Roudinesco, *Le Malheur d'Israël*, pp. 182-185) « L'avenir du petit État (juif) de Palestine nous laisse interdit. Tout historien sait que la Terre Sainte est le point le plus névralgique du globe. Ce fut là que survinrent les pires drames de l'humanité. Tous les empires se sont battus entre eux pour les Lieux saints. La Croix et le Croissant s'y sont affrontés pendant des siècles. Les croisés y vinrent et y laissèrent leurs ossements, et seuls les marchands vénitiens en tirèrent un avantage. Les plus grandes puissances du monde ont les yeux sur cette bande de terre, dans laquelle convergent les routes commerciales et stratégiques les plus importantes du monde au milieu des champs pétrolifères les plus chaudement disputés. » (Dr A. Roudinesco, ibid. p. 185) « La question juive ne se borne pas à être d'ordre moral, c'est un problème social et politique aux répercussions infinies. L'affaire Dreyfus déchira et affaiblit la France. Sans l'antisémitisme, Hitler n'aurait pas triomphé en Allemagne, et la seconde guerre mondiale qui a coûté la vie à soixante millions d'hommes aurait pu être évitée. « Contre toute attente, l'émancipation légale, l'assimilation et le sang juif répandu sur les champs de bataille se sont avérés inefficaces. L'antisémitisme a persisté et s'est intensifié. « La destinée d'Israël demeure scellée dans le malheur. » (Dr A. Roudinesco, ibid., p.177)

En pratique, et malgré de nobles professions de foi démocratique, l'assimilation tombe dans des difficultés pratiquement insurmontables. Mais en plus, les leaders spirituels du Judaïsme mondial s'opposent furieusement à tout type d'essai d'assimilation quel qu'il soit : intégration nationale, mariages mixtes, conversion...

C'est pourquoi dans son livre « *Qu'est-ce que le Judaïsme* «, le Dr Pasmanik écrivit : « On doit choisir entre la vie et la mort. La mort, c'est l'assimilation consciente, systématique et délibérée. Mais un peuple entier ne se décidera jamais à proclamer la mort comme son objectif vital. Tout spécialement quand il sait que ses valeurs nationales ont préservé sa vitalité ». (Dr Pasmanik, op cit. p. 97)

Dans une étude récente sur l'antisémitisme, Joshua Jehouda est également catégorique : « L'assimilation a mené au suicide collectif d'Israël. Elle a fait du peuple juif, pour employer l'expression d'André Spire, une poussière d'individus, indubitablement destinée à s'évanouir, même sans les coups massifs de l'antisémitisme. Si le Sionisme politique qui est apparu en réaction de l'antisémitisme n'avait pas réveillé la vieille nostalgie messianique d'Israël, le Judaïsme émancipé aurait disparu dans l'anonymat parmi les peuples. Une fois encore, le messianisme que le peuple juif véhicule dans son cœur l'a sauvé d'un désastre total. L'assimilation est le processus graduel qui détache les juifs du patrimoine spirituel d'Israël. Elle provient d'une fausse interprétation de la Révolution française, qui donna aux juifs la dignité humaine sans abolir l'ostracisme vis à vis de la doctrine religieuse du Judaïsme. » (Jehouda, *Antisémitisme, miroir du monde*, p. 255)

Ajoutons encore ceci : « La Conférence des Rabbins européens qui s'est tenue en 1960 en Grande Bretagne a approuvé la motion suivante : « Nous considérons qu'il est de notre solennel devoir d'avertir nos Communautés et chacun des fils et des filles du peuple juif du terrible danger des mariages mixtes qui détruisent l'intégrité du peuple juif et font éclater la vie familiale juive ». (cité par Rabi dans *Anatomie du Judaïsme français*, pp. 259-60)

Ce refus de l'assimilation s'étend à tous les détails de la vie quotidienne, comme l'a dit Jacques Madaule, le président des Amitiés Judéo-Chrétiennes Internationales : « Un juif peut adopter le vêtement et la langue du peuple parmi lequel il est dispersé, mais seulement à la condition qu'il demeure juif dans son cœur et ne renonce pas aux mystérieuses particularités qui les distinguent des autres hommes ». (J. Madaule : *Les Juifs et le monde actuel*, p. 23)

En mars 1964, le Dr Goldmann, président de l'Organisation Sioniste Mondiale attira lui aussi l'attention des délégués du congrès de son organisation sur les dangers de l'assimilation.

En témoignait l'article suivant d'André Scemama paru dans *Le Monde* : »*Jérusalem le 17 mars*. Lundi, le Dr Nahum

Goldmann a fait son premier discours à Jérusalem en qualité de citoyen d'Israël. On remarquera que l'homme qui pendant des années a présidé aux destinées du mouvement Sioniste mondial venait la semaine précédente d'acquérir la nationalité israélienne comme un quelconque immigrant, en atterrissant à l'aéroport de Tel-Aviv. Lundi, il a ouvert la première session du Comité d'Action Sioniste, la sous-commission de l'Organisation Sioniste Mondiale. Il insista une fois encore sur le fait que le plus grave danger qui menaçait le peuple juif en tant que tel aujourd'hui n'était plus, ni l'antisémitisme ni la discrimination économique, mais le libéralisme de notre époque qui permet aux juifs de s'assimiler au milieu dans lequel ils vivent. « Depuis que nous avons quitté les ghettos et les mellah, l'assimilation est un danger immense » a déclaré le Dr Goldmann

En décembre 1964, se tint de nouveau à Jérusalem un Congrès de l'Organisation Sioniste Mondiale, le vingt-sixième. Cette fois encore, le Dr Goldmann mit en garde l'auditoire contre les dangers de l'assimilation. Voici quelques extraits de l'article que lui consacrait André Scemama l'envoyé spécial du *Monde* : »*Jérusalem, le 31 décembre*. L'Organisation Sioniste mondiale qui a donné naissance à l'État d'Israël tient actuellement son vingt-sixième Congrès à Jérusalem ; cinq cent quarante délégués représentants les Fédérations Sionistes de trente et un pays s'y sont rassemblés. « ... Face aux deux millions et demi de juifs vivant en Israël, environ treize millions sont dispersés dans les diverses communautés à travers le monde «. « ... Le côté étrange de cette réunion est que 350 des 540 délégués sont des Sionistes qui n'ont pas voulu vivre en Israël. « ... Le réel souci des leaders sionistes n'est plus comme avant d'attirer en Israël les juifs de la Dispersion, mais de préserver l'existence de leur personnalité juive qui risque de s'évanouir dans le confort d'un exil considéré comme trop libéral. Dans son discours d'ouverture, le Dr Nahum Goldmann, président de l'Organisation Sioniste Mondiale, a évoqué le danger en ces termes : « Nous vivons à une époque où beaucoup des nôtres, les jeunes en particulier, sont menacés par un processus de désintégration, non pas sous l'influence d'une théorie ou d'une idéologie délibérée, mais par leur vie quotidienne et le manque d'une foi capable de maintenir vivante leur conscience juive et d'informer chacun de ce pourquoi il doit rester juif. Si ce processus n'est pas stoppé, il représentera un danger plus grand pour la pérennité de l'existence juive que la persécution, l'Inquisition, les pogroms et l'extermination ne l'ont été dans le passé ». (*Le Monde*, 1er janvier 1965)[4]

---

[4] N.D.T. : Rien n'a changé trente-cinq ans après : Laure Amoyal, présidente de l'Union Européenne des Étudiants juifs, présentant la prochaine Université d'été de son organisation dans *Actualité Juive* du 10 juin 1999 (citée par l'hebdomadaire *Rivarol* du 18 juin), écrivait que l'U.E.E.J. « *souhaite devenir une organisation leader dans le combat contre l'assimilation* »

# VIII – UN ÉTAT DANS L'ÉTAT

Par leur refus de se convertir, et ne pouvant réellement pas s'assimiler ou ne le voulant pas, les juifs, considérés globalement où qu'ils vivent en tant que minorité dans le cœur des nations, constituent un État dans l'État, un « véritable *Imperium in imperiis* » comme Wickham Steed l'a décrit dans *The Hapsburg Monarchy* (p.179), et cela même lorsqu'ils jouissent de tous les droits de la citoyenneté : « Ce n'est pas d'aujourd'hui seulement, mais depuis le début de leur existence que les Juifs ont été considérés comme un corps étranger, une épine dans la chair de l'humanité. Au cours de milliers d'années, il a été aussi impossible de les éliminer par les méthodes brutales que de les assimiler par la gentillesse ». (*Mémorandum de la Commission théologique de l'Œuvre Évangélique Suisse*, octobre 1938, cité par Jules Isaac dans *Genèse de l'Antisémitisme*, p. 29) « Les juifs de la Diaspora, bien que dispersés sur trois continents et dans trois civilisations, ne représentèrent qu'un seul peuple, lié par une religion, une langue et une loi. Ils s'étaient organisés comme un « État dans les États » avec la permission des divers gouvernements gentils des pays où ils vivaient. » (Max I. Dimont : *Les Juifs, Dieu et l'Histoire*, p 262)

Par conséquent, incapable de s'enraciner, Israël vit au milieu des peuples comme un étranger, et le Judaïsme qu'il professe le sépare du monde par sa religion, son nationalisme et ses traditions : « Ainsi, du fait de son propre nationalisme, le Judaïsme se coupe lui-même du monde extérieur. Il crée automatiquement sa propre culture et son ghetto ethnique. C'est bien pourquoi il est impossible d'être juif et citoyen d'une autre nation en même temps. On ne peut pas prier « l'an prochain à Jérusalem » et cependant rester à Londres ou ailleurs ». (A. Koestler cité par J. Jehouda, in *L'Antisémitisme, Miroir du Monde*, p. 268)

Nous allons donner trois exemples concrets tirés de points d'histoire très différents, montrant la détermination des juifs à vivre à part parmi les nations : Ouvrons d'abord la Bible au *Livre d'Esther*. La scène a lieu au Vème siècle avant Jésus-Christ. Au chapitre XIII, 4 -5, on lit la lettre envoyée par le roi Artaxerxes (Assuérus) à tous ses gouverneurs de provinces : ...Et Amam « m'a dit qu'il y a un peuple disséminé dans le monde entier qui refuse toutes les lois et agit contre les coutumes de toutes les nations, méprisant en permanence les ordres des rois, et qui viole dans son opposition la concorde de toutes les nations »

Dans son livre *Antisémitisme et Mystère d'Israël*, F. Lovski cite le même passage d'après la Bible de Jérusalem : « Amam nous dénonça comme un peuple rebelle, répandu parmi toutes les tribus du monde, en opposition à toutes les nations en raison de nos lois, et méprisant constamment les ordres royaux jusqu'à devenir un obstacle au gouvernement pour lequel il était responsable à la satisfaction générale ». Et il poursuit, toujours d'après la Bible : « Considérant que le dit peuple, unique en son genre, est partout en conflit avec le reste de l'humanité, qu'il diffère du reste du monde par un système de lois étrangères, qu'il est hostile à nos intérêts, et commet les pires crimes jusqu'au point de menacer la stabilité de notre royaume ; pour toutes ces raisons nous ordonnons que toutes ces personnes (juives)... soient exterminées radicalement... afin que... la stabilité et la tranquillité de l'État puissent de ce fait être assurées « (*Livre d'Esther*, XIII 4-7) « Inutile de faire de longs commentaires ajoute Lovsky , n'avons-nous pas entendu des paroles semblables et lu les mêmes explications il y a moins de vingt ans « . (F. Lovsky, op. cit., p. 97)

Avançons de mille ans dans l'Histoire jusqu'aux temps mérovingiens. St Avit évêque de Clermont-Ferrand dit aux juifs : « Demeurez avec nous et vivez comme nous, ou bien partez aussi vite que possible. Rendez-nous nos terres dans lesquelles vous êtres des étrangers ; libérez-nous de votre contact, ou bien si vous restez ici, partagez notre foi. » (F. Lovsky, ibid. p. 182)

Faisons un nouveau bond de mille cinq cents ans jusqu'à la Russie soviétique. La patrie de l'internationalisme marxiste, à la naissance de laquelle la race juive joua un rôle si important : la Russie soviétique elle-même ne peut tolérer cette forme de particularisme nationaliste qui camoufle en réalité un internationalisme rival, réclamant d'échapper aux lois soviétiques : « L'État totalitaire est particulièrement « allergique » à tout lien international ou toute pensée de ce type échappant à son contrôle. C'est pourquoi les leaders soviétiques estiment absolument inadmissible que les juifs de l'URSS, qu'ils soient assimilés ou non, se sentent unis avec les juifs étrangers, et que ces juifs étrangers croient avoir le droit de demander des explications au gouvernement soviétique sur la manière dont leurs coreligionnaires soviétiques sont traités.

« Les deux principales causes de la politique anti-juive depuis Staline n'ont pas été éliminées : « Primo il y a toujours une tendance à considérer le juif comme un nationaliste étranger dans toutes les républiques qui constituent l'Union soviétique tout en feignant de croire qu'il a été assimilé. « Et en second lieu, une atmosphère de suspicion entoure les juifs soviétiques, tout spécialement du fait de leurs liens affectifs avec Israël et le reste du Judaïsme mondial ». (F. Fejtö : *Les Juifs et l'Antisémitisme*, pp. 31 et 263)

Si l'on peut se baser sur ce qu'affirme Fejtö, et ses remarques se fondent sur diverses évidences publiées dans l'ouvrage cité, on réalise que bien que la Constitution soviétique ne soit pas explicitement antisémite, dans la pratique l'URSS applique aux juifs un statut qui tend de plus en plus à ressembler à celui que les monarchies chrétiennes avaient habituellement imposé en Europe, avec cependant cette différence que la discrimination était alors presque exclusivement religieuse, et qu'elle est dorénavant à la fois raciale, culturelle et nationale : raciale, par le fait de la désignation « Juif » apposée sur le passeport et la carte d'identité des individus ; culturelle par le fait que certaines des universités sont fermées aux juifs, et nationale en vertu du fait qu'il est difficile aux juifs d'obtenir de hauts postes de responsabilité.[5]

Parallèlement à cette discrimination, il existe une tension croissante en Russie et dans les pays satellites entre la population autochtone et les juifs, qui y sont considérés comme des étrangers.

---

[5] NDT : Fetjö a été trompé ou cherche à tromper : en URSS et dans les satellites, la mention « juif » sur le passeport signifiait précisément « citoyen de la race supérieure », bénéficiant de droits et priorités déniés aux non-juifs. Ces derniers n'avaient que le droit de travailler. En outre, il affirme impudemment une chose démentie par les faits, et il est surprenant que L. de Poncins s'y soit laissé prendre. Avec Staline, juif lui-même comme l'indiquait son nom Djougashvili, originaire de Djou, île abri de juifs au large de l'Iran, Staline entouré de juifs et marié à une juive, les juifs possédaient la haute main sur le pouvoir et la haute administration, le Parti et l'Armée soviétique, qu'ils gardent toujours aujourd'hui, ayant organisé eux-mêmes au début des années 90 la théâtrale « disparition du Communisme », ou transfert aux personnalités juives du régime de la propriété directe du pouvoir et des richesses nationales, en conservant la main sur l'appareil d'Etat, les membres des Chambres élues, les nouvelles structures économiques, banques et grandes entreprises privées... et bien entendu les médias !!! « L'antijudaisme » de Staline ne fut qu'une querelle entre juifs. Voir les listes des ministres et hautes personnalités juives soviétiques d'après guerre dans le livre « *Plot against the Church* » de Maurice Pinay (version française « *2000 ans de Complots contre l'Eglise* »). Le malheureux peuple russe réduit à la misère n'est pas dupe, d'où le profond antisémitisme latent. La réalité du mal de vivre juif est plus simple : les juifs se sentent mal partout, même en Israël lorsqu'ils y sont ! C'est pourquoi ils en émigrent.

L'intégration a donc jusqu'ici complètement échoué dans la mère patrie du Socialisme ; les juifs refusent de s'assimiler, et ils ne se sont pas installés dans le Birobidjan, la province de Mongolie du Nord que leur avait offert Lénine. D'autre part, la Russie soviétique ne semble pas vouloir leur permettre d'émigrer en Israël, que les juifs s'accordent de plus en plus à accepter comme leur patrie culturelle.

Ainsi sur une période de deux mille cinq cents ans, sous différentes races, différentes coutumes, différentes attitudes et différentes religions, sous le paganisme perse, sous le Catholicisme du Moyen-âge, comme sous l'État totalitaire antichrétien du vingtième siècle, le Problème Juif demeure à ce jour identique dans sa forme, depuis le début de la dispersion d'Israël parmi les nations.

Étranger parmi les peuples, résistant à la conversion et à l'assimilation, constituant un État dans l'État, le juif infatigablement s'applique à judaïser les nations.

Dans son livre *Les Juifs et le monde actuel,* Jacques Madaule montre que Luther au début de la Réforme commença par défendre les juifs, mais qu'il ne fut pas long à changer d'attitude à leur égard, car dit-il : « Ce n'était pas les juifs qui devenaient protestants, mais les protestants qui se judaïsaient ». (J. Madaule, p. 171)

Karl Marx va même plus loin et explique : « Le juif s'émancipa à la manière juive, non seulement en se rendant maîtres du marché de l'argent, mais parce que, à cause de lui et par lui, l'argent est devenu une puissance mondiale et que l'esprit pratique juif a été adopté par les peuples chrétiens. Les juifs se sont libérés en proportion et au fur et à mesure que les chrétiens sont devenus juifs.

C'est ainsi qu'ils contribuèrent considérablement à faire de l'argent le moyen, la mesure et la fin de toute l'activité humaine ». (Marx, cité par Salluste dans : *Les origines secrètes du Bolchevisme*, p. 285)

Pour Alfred Nossig, les juifs ont une mission historique à remplir : « La Communauté juive est davantage qu'un peuple au sens politique et moderne du terme. Elle est la dépositaire d'une mission historique mondiale, je dirais même une mission cosmique.... La conception de nos ancêtres était, non pas de fonder un groupe humain, mais un ordre mondial destiné à guider l'humanité.... *Gesta naturae per Judeos*, c'est la formule de notre histoire. Et l'heure approche de son accomplissement. » (A. Nossig : *Integrales Judentum*, pp. 1-5 )

Par ailleurs Elie Faure sur le même sujet a écrit : « Il faut qu'ils aient raison tôt ou tard, envers et contre tous les hommes. Tard s'il le faut, et dans l'ombre et le silence, pourvu que le triomphe, un triomphe insatiable, soit au bout. Tard ?, n'importe ! A la fin extrême des temps. » (Elie Faure : *La Question Juive*, p.82)

Max I. Dimont conclut son ouvrage *Les Juifs, Dieu et l'Histoire* en ces termes : « ....les deux tiers du monde civilisé sont déjà gouvernés par les idées de juifs Moïse, Jésus, Paul, Spinoza, Marx, Freud, Enstein ». (op. cit. p. 419)

Nous ferons seulement la distinction qu'ils ont eux niée et continuent à nier quant au Christ, d'avec Marx, Freud et Einstein.

Le juif, bien souvent, ne retient que l'aspect purement temporel des promesses de l'Alliance et des Prophètes, aspect qui a formé son éducation, même s'il est agnostique, et qui l'encourage à poursuivre la jouissance immédiate du bonheur terrestre. C'est pourquoi l'Église a appelé « charnel » le caractère d'Israël, opposé au caractère spirituel du Christianisme. Cette interprétation quasi-exclusivement charnelle de l'Alliance dressa la Synagogue contre l'Église depuis le début. « Les plus anciennes formes du Judaïsme ne savent rien de l'autre monde. C'est pourquoi le bonheur comme le malheur ne peuvent être que de ce monde-ci. Lorsque Dieu désire punir ou récompenser, c'est durant le cours de la vie de l'homme qu'Il doit le faire. Le juste par conséquent est prospère ici-bas, et ici-bas le mauvais souffre sa peine ». (Werner Sombart : *Le Juif et le Capitalisme moderne*, pp. 214-215) « L'idéal du monothéisme hébreux est le bonheur des hommes sur cette terre. La Bible ne parle jamais de vie future, et l'on sait combien peu de valeur les héros d'Homère attachaient à l'Hadès. Dans les deux cas, il s'agit de réaliser le bonheur sur terre : pour le premier par la justice et la fraternité ; pour les second par la beauté et la liberté... » (Dr Pasmanik : *Qu'est-ce que le Judaïsme*, pp. 18-29) « L'au-delà n'existe pas en tant que tel « nous dit Elie Faure. » Quoi qu'on ait pu dire, Israël n'a jamais cru en l'au-delà, sauf juste à son déclin, et peut être aussi au sein du Cabbalisme ésotérique réservé à quelques initiés. Israël y pensa-t-il même jamais ? Tout est naturel dans le monde, Dieu compris, qui devient finalement l'Esprit. Le pacte d'Alliance est un contrat bilatéral, absolument précis et positif. Si le juif obéit, le monde deviendra son empire. C'est d'ailleurs sa manière d'agir. Il prête à gros intérêts. Israël est farouchement réaliste. C'est ici-bas qu'il veut une récompense pour ceux qui mènent une vie bonne et la punition pour ceux qui suivent des voies mauvaises. Aucun de ses grands prophètes ne diverge sur ce point. Elie, Isaïe, Jérémie et Ezéchiel réclament avec colère la Justice de Dieu sur la terre, et si elle ne descend pas, c'est que l'homme ne le mérite pas. Il fallut de la part de St Paul un véritable tour de prestidigitation pour la reporter après la mort ». (Elie Faure : *La Question Juive*, pp. 83-84) « La philosophie du juif était simple... ayant devant lui un certain nombre d'années qui lui étaient allouées, il voulait en profiter, et il demandait, non pas une récompense morale, mais des plaisirs matériels pour embellir et rendre confortable son existence. Comme il n'y avait pas de paradis, il ne pouvait escompter que des faveurs tangibles de Dieu en retour de sa fidélité et de sa piété ; non pas de vagues promesses, bonnes pour ceux qui cherchent l'au-delà, mais des résultats tangibles produisant un surcroît de fortune et de bien-être... » (Bernard Lazare : *L'Antisémitisme*, pp. 278-79)

Convaincu d'être le peuple élu destiné à posséder le monde entier comme un empire où implanter son idéal de vie, le peuple juif rêve d'un règne terrestre, dans lequel les juifs dirigeront la vie sociale, économique et politique des nations. Et pendant que le Christianisme dispense son message spirituel universel à tous les peuples, tout en respectant leurs traditions légitimes, le Judaïsme cherche à s'imposer comme la seule norme et à réduire le monde aux valeurs juives, comme l'a si bien montré Georges Batault dans le texte suivant : « Essentiellement inadaptés, et dans une certaine mesure inadaptables dans la nation à laquelle ils appartiennent légalement, les juifs tendent instinctivement et fatalement à réformer et à transformer les institutions nationales, de manière à se les adapter aussi parfaitement que possible à eux-mêmes et aux fins qu'ils poursuivent ; des fins d'abord pratiques, mais ensuite et surtout messianiques. L'objectif impérial final, nonobstant les essais et échecs, demeure encore et toujours le triomphe d'Israël et son règne sur un monde soumis et pacifié : c'est la prophétie d'Isaïe interprétée à la lettre... « Ils ont une sympathie innée pour tout ce qui tend à désintégrer et dissoudre les sociétés traditionnelles, les nations et les pays. « Les juifs ont un amour et un sens de l'humanité, comprise comme un agrégat d'individus abstraits et aussi semblables entre eux que possible, délivrés de la routine de la tradition et libérés des « chaînes » du passé, nus et déracinés, disponibles alors comme matériaux humains pour les entreprises des grands architectes du futur, qui construiront enfin, sur les principes de la Raison et de la Justice, la Cité messianique sur laquelle

Israël régnera. « La puissance des juifs est en proportion inverse de celle des États qui les reçoivent, et c'est pourquoi instinctivement ils travaillent à ruiner la puissance de l'État, jusqu'à ce qu'ils arrivent à le rendre esclave et le dominer. » (Georges Batault : *Israël contre les Nations*, pp. 107-109 et 75)

Le messianisme juif qui se prétend d'esprit universel, n'est en fait, montre Batault, qu'*une forme déguisée d'impérialisme* : « L'universalisme se confond ici d'une manière absolue avec l'impérialisme : l'idéal qu'on propose c'est le panisraélisme, le panjudaïsme. Dans ce sens, on pourrait soutenir que le pangermanisme, par exemple, qui visait à soumettre le monde « pour son plus grand bien « , aux idéaux de la Kultur, est lui-aussi une doctrine à tendance universaliste. Mais cet universalisme-là, je le répète, c'est purement et simplement un impérialisme politique, social et religieux. » (Georges Batault : *Le Problème Juif*, p. 133)

Pour bien s'en assurer, continue Batault, il suffit de suivre le guide de la description des temps messianiques selon le Deutéro-Isaïe, par Isidore Loeb : « Les nations se réuniront pour aller porter leurs hommages au peuple de Dieu : toute la fortune des nations passera au peuple juif, elles marcheront derrière le peuple juif dans les chaînes comme des captifs et se prosterneront devant lui ; leurs rois élèveront ses fils, et leurs princesses seront les nourrices de ses enfants. Les juifs commanderont aux nations ; ils convoqueront des peuples qu'ils ne connaissent même pas, et les peuples qui ne les connaissent pas accourront vers eux. Les richesses de la mer et la fortune des nations viendront d'elles mêmes aux juifs. Le peuple et le royaume qui ne serviront pas Israël seront détruits... » (Isidore Loeb : *La littérature des pauvres dans la Bible ;* pp. 219-20) « Quant au résultat final de la révolution messianique, ce sera toujours le même : Dieu renversera les nations et les rois et fera triompher Israël et son Roi : les nations se convertiront au Judaïsme et obéiront à la Loi, ou bien elles seront détruites, et les juifs seront les maîtres du monde. « Le rêve internationaliste du juif est l'unification du monde par la loi juive sous la direction et la domination du peuple sacerdotal... un impérialisme généralisé. Cela n'empêche pas M. Loeb, comme MM. Darmesteter, Salomon Reinach ou Bernard Lazare et tant d'autres de considérer cette conception comme celle de la fraternité universelle. » (G. Batault : *Le Problème Juif*, pp. 133-35)

Imbus de ce rôle messianique, ils sont néanmoins incapables d'imposer leur volonté ouvertement sur les vieilles nations chrétiennes. On ne peut les ranger avec les chevaliers de la chevalerie médiévale, avec les Du Guesclin, Saint Louis, Saint François d'Assise ou Richard Cœur-de-Lion. Pourtant dans certains domaines, ils possèdent d'exceptionnelles qualités et capacités, comme le montre ce passage remarquable : « Leur impitoyable puissance d'analyse dit Elie Faure et leur irrésistible sarcasme ont agi comme du vitriol. « De Maïmonides à Charlie Chaplin, la trace est facile à suivre, bien que la circulation de l'esprit juif soit, pour ainsi dire, éthérée, et que sa puissance de désintégration n'a été perçue qu'après son passage... « Freud, Einstein, Marcel Proust et Charlie Chaplin ont ouvert en tous sens à l'intérieur de nous-mêmes de prodigieuses avenues, qui ont renversé les cloisons de l'édifice classique gréco-latin et catholique, au sein duquel le doute ardent de l'âme juive avait attendu cinq ou six siècles le moment opportun pour cette démolition. « Car il est un fait remarquable : c'est semble-t-il son rôle d'agent de scepticisme, qui a le premier émergé du complet silence qui enveloppait l'action de l'esprit juif au Moyen-âge, un silence que vinrent rompre quelques voix à partir de la Renaissance et que couvre aujourd'hui un puissant tumulte. Perdus dans les profondeurs de la masse des sociétés chrétiennes occidentales, qu'auraient donc pu faire d'autre les juifs, réduits en outre au silence pendant quinze siècles, sinon nier dans les limites et au sein de la hiérarchie imposée par ces sociétés nier le Christianisme par Montaigne, le cartésianisme par Spinoza, le capitalisme par Marx, le newtonisme par Einstein, et si l'on veut le kantisme par Freud dans l'attente que de cette négation même apparaisse petit à petit un nouvel édifice profondément marqué par un intellect depuis toujours formé à détourner le surnaturel de l'horizon de l'homme, et à rechercher, parmi les ruines de la moralité et de l'immoralité, les matériaux et les moyens d'un nouveau spiritualisme ? Malgré les raisons d'espoir qu'il accumula en silence, le juif pouvait-il être considéré autrement que comme un destructeur, armé du doute corrosif avec lequel Israël s'est toujours opposé à l'idéalisme sentimental de l'Europe depuis l'époque des Grecs ?

En vérité, ils ont tout mis en question à nouveau : métaphysique, psychologie, physique, biologie, les passions... » (Elie Faure : *La Question Juive*, p. 90) « La mission historique du juif a été clairement définie, peut-être pour tous les temps. Il sera le facteur principal de toute époque apocalyptique, comme il le fut à la fin de l'ancien monde et comme il l'est aujourd'hui, en la fin du monde chrétien que nous vivons. A ces moments là, les juifs seront toujours à l'avant-plan, à la fois pour ruiner le vieil édifice et pour marquer le terrain et les matériaux de la nouvelle structure qui doit le remplacer. C'est cette qualité dynamique qui est la marque de leur extraordinaire grandeur et, peut-être aussi comme on doit l'admettre, de leur visible impuissance. « Le juif détruit toutes les illusions anciennes, et, s'il prend comme St Paul primitivement, ou Karl Marx aujourd'hui une part plus grande que tout autre à la construction de la nouvelle illusion, précisément en raison de son éternelle soif de vérité qui survit à l'issue de toutes les batailles politiques ou religieuses, son destin est d'introduire dans cette illusion nouvelle le ver rongeur qui la minera à son tour. Le patriarche qui dans les temps anciens accepta de conduire la conscience humaine à travers les lumineuses étendues de la connaissance n'est pas prêt à déposer son formidable fardeau. » (Elie Faure, ibid. p.97 )

# IX – L'ANTISÉMITISME

Il peut sembler paradoxal à première vue que le peuple qui le premier répandit l'idée du Dieu unique d'où procède le Christianisme, et qui dans son histoire en tant que « Peuple de Dieu » compta tant de prophètes et d'hommes remarquables, ait fait l'objet d'un tel rejet permanent et général, et même de haine, connu sous le terme d'antisémitisme.

Tout au long de l'histoire de la confrontation du Judaïsme et du Christianisme, les juifs n'ont pas manqué d'attribuer au Christianisme la responsabilité de cette attitude. « L'antisémitisme chrétien », comme nous dit Jules Isaac, « du fait qu'il est soutenu par l'Église, porte un caractère officiel, systématique et cohérent, que l'antisémitisme païen antérieur n'a jamais eu. Il repose sur la théologie, et est nourri par elle... « Il diffère encore de l'antisémitisme païen, qui prend invariablement la forme d'une réaction spontanée, par exception seulement bien organisée et commandée, en ce qu'il poursuit un objectif très précis celui de rendre les juifs haïssables et il doit ses succès dans cette réalisation d'un plan d'action qui s'est avéré infiniment plus dommageable que celui de l'antisémitisme païen. » (Jules Isaac : *Genèse de l'Antisémitisme*, p. 129)

C'est également l'opinion de Joshua Jehouda qui écrit : « C'est la revendication chrétienne obstinée à être le seul héritier d'Israël qui propage l'antisémitisme. Ce scandale doit cesser tôt ou tard ; plus tôt ce sera, plus tôt le monde sera débarrassé du tissu de mensonges sous lequel l'antisémitisme se cache. » (Joshua Jehouda, *L'Antisémitisme, Miroir du monde*, p. 136)

Cependant pour ceux d'entre nous qui essaient de comprendre le Problème juif dans toute sa complexité à travers les âges, il serait vain de tenter de le réduire à une vue aussi simpliste, partiale et méprisante, car tous les historiens, qu'ils soient juifs ou non, s'accordent sur le fait que l'antisémitisme existait bien longtemps avant le Christianisme.

Aussi le Dr Roudinesco a-t-il pu écrire : « La haine du juif est très ancienne ; elle est apparue avant l'ère chrétienne, aussitôt que les israélites entrèrent en contact avec les autres peuples. L'anti-judaisme a fleuri sous tous les climats et à toutes les époques ; c'est le seul phénomène historique qui a résisté à l'usure du temps. « Le terme anti-Sémitisme est moderne et a une connotation éthique ».(A. Roudinesco : *Le Malheur d'Israël*, p. 11) « L'antisémitisme remonte à bien avant le Christianisme » dit le célèbre anthropologue français Vacher de Lapouge, et « quand on considère qu'il existait au moins quinze siècles avant l'ère actuelle, il est difficile de considérer l'agonie du Christ comme l'unique cause de la haine dont ils (les juifs)ont été l'objet de la part des chrétiens... » (Vacher de Lapouge : *Les Sélections sociales,* cours professé à l'université de Montpellier, 1888-89, pp. 465-67)

Effectivement nombre de sociologues considèrent que d'autres causes, inhérentes aux caractères des hébreux eux mêmes, sont à l'origine du phénomène de l'antisémitisme. C'est ce que démontrent les deux auteurs juifs Bernard Lazare et Elie Faure : « Une opinion aussi universelle que l'antisémitisme, ayant fleuri dans tous les lieux et dans tous temps, avant l'ère chrétienne et après, à Alexandrie, à Rome, à Antioche, en Arabie et en Perse, dans l'Europe du Moyen-âge et dans l'Europe moderne, en un mot dans toutes les parties du monde où il y a eu et où il y a des juifs, il m'a semblé, qu'une telle opinion ne pouvait être le résultat d'une fantaisie ou d'un caprice perpétuel, mais qu'il devait y avoir à son éclosion et à sa permanence des raisons profondes et sérieuses ». (Bernard Lazare : *L'Antisémitisme,* préface)

Partout où s'installèrent les juifs, après avoir cessé d'être une nation disposée à défendre sa liberté et son indépendance, on observe le développement de l'antisémitisme ou plutôt de l'anti-judaïsme, car le terme antisémitisme est un terme inadéquat, qui n'a que de nos jours sa raison d'être... « Si cette hostilité, cette répugnance envers les juifs n'était apparue qu'une seule fois, en un seul pays, il serait facile d'attribuer ce sentiment à des causes seulement locales. Mais cette race a été un objet de haine pour toutes les nations dans lesquelles elle a pu s'installer. Étant donné que les ennemis des juifs appartiennent à diverses races, se situèrent sur des territoires très éloignés les uns des autres, gouvernés sous des lois différentes et par des principes opposés, n'ayant pas les mêmes coutumes et étant d'esprits différents, ne pouvant donc à l'évidence avoir un même jugement sur un sujet quelconque, il s'en suit que les causes générales de l'antisémitisme ont nécessairement du toujours provenir d'Israël lui-même, et non de ceux qui s'opposèrent à lui. » (Bernard Lazare, ibid. p. 78) « Quelles vertus ou quels vices ont-ils valu à Israël cette inimitié universelle ? Pourquoi fut-il maltraité et haï identiquement et tour à tour par les habitants d'Alexandrie, par les Romains, par les Perses et les Arabes, par les Turcs et par les nations chrétiennes ? Parce que partout, jusqu'à ce jour compris, le juif est un être asocial.

« Pourquoi fut-il asocial ? Parce qu'il fut intolérant, et que son intolérance était à la fois politique et religieuse, ou plutôt parce qu'il tenait fermement à son propre système politique et à son culte religieux, à sa loi. » (ibid. p. 9) « La persécution antisémite, écrit Elie Faure, n'a jamais cessé. Elle provient de causes extérieures et pas seulement, comme trop souvent allégué, de l'action théocratique, de l'accusation qui précéda les juifs partout qu'ils avaient crucifié le Dieu qu'ils avaient donné à l'Europe et dont ils ne voulaient pas. Ils sont possédés par une angoisse éternelle, qui les aliène des autres peuples de la terre ; ils bouleversent leurs habitudes, dévastent leurs voies les plus éprouvées, et disloquent leurs structures morales anciennes... « Leur angoisse s'exprime par une insatisfaction constante, une récrimination obstinée, dans un besoin de convaincre qui les torture comme une démangeaison et ne leur fut donné que lorsqu'ils ne purent prétendre à la domination politique, et dans l'agitation intellectuelle, et par conséquent, ils ont été amenés à tout critiquer, à juger de tout, à médire de tout, ce qui automatiquement leur a attiré la double tyrannie de la persécution et de l'exil. Ceci ne date pas d'hier. Et cela ne date pas du Christ. Ils avaient tant exaspéré les Égyptiens qu'ils ont dur fuir en masse l'Égypte. Tant fatigué les Perses que ceux-ci les ont encouragés à rentrer chez eux. Les Romains, que n'intéressaient pas les problèmes moraux et dont la ferme tolérance assurait partout la paix religieuse, ont étouffé dans le sang de leurs gorges tranchées leurs réclamations furieuses et leurs anathèmes rageurs. Pilate leur a livré le Christ pour se débarrasser d'eux. « Disons le mot : ils ont embêté tout le monde. Mais là peut-être est leur grandeur. Ils ont refusé le silence et de se perdre dans les marais de la torpeur. Ils ont partout porté une obstination invincible à nier le milieu, que traînés de captivité en captivité, renvoyés d'exil en exil, cet entourage leur ait été imposé ou bien qu'ils l'aient choisi eux-mêmes librement. Et cette obstination ne finira pas, j'imagine, avant la disparition du dernier d'entre eux... Il n'est donc pas surprenant que, depuis les temps les plus reculés jusqu'aujourd'hui, les juifs aient éveillé partout une hostilité franche ou voilée, qui s'est exprimée pratiquement à tous les degrés, depuis l'antisémitisme purement spéculatif, jusqu'aux massacres les plus atroces... » (Elie Faure : *La Question Juive*)

Renan, que l'on peut difficilement décrire comme un homme habité d'un « complexe chrétien » ou comme mentalement dérangé en termes de psychiatrie moderne comme ce serait apparemment le cas selon Joshua Jehouda de tous ceux qui n'admirent pas le peuple juif (*L'Antisémitisme, Miroir du monde*, pp. 72-73 ), n'est pas moins explicite sur ce point : « La haine des juifs était en outre un sentiment si généralement répandu dans le monde antique qu'il n'y avait pas besoin de l'aiguillonner. Cette haine marque l'un des fossés de séparation qui ne pourra peut-être jamais être comblé dans l'espèce humaine. C'est dû à quelque chose de plus que la race. Ce ne peut être sans raison que ce pauvre Israël a passé sa vie en tant que peuple à être massacré. Quand tous les peuples et tous les âges vous ont persécuté, c'est qu'il doit y avoir un motif derrière tout cela. « Le juif, jusqu'à notre époque, s'est insinué partout en invoquant la protection de la loi commune, mais en réalité tout en restant en dehors de la loi commune. Il conservait son propre statut ; il voulait avoir les mêmes garanties que les autres, et en plus de cela ses propres exceptions et ses lois spéciales. Il désirait les avantages des nations sans être une nation et sans aider à porter le fardeau des nations. Aucun peuple n'a jamais pu tolérer cela. Les nations sont des créations militaires fondées et maintenues par l'épée ; elles sont l'œuvre des paysans et des soldats ; le juif n'a contribué en rien à les établir. C'est là que réside la grande imposture des prétentions d'Israël. L'étranger toléré peut être utile à un pays, mais seulement à condition que le pays ne se laisse pas envahir par l'étranger en question Il n'est pas juste de réclamer des droits d'héritage dans une maison que l'on n'a pas construite, comme ces oiseaux qui vont s'installer dans un nid qui n'est pas à eux, ou comme ces crustacés qui volent la coquille d'une autre espèce. » (Ernest Renan, *L'Antéchrist*, pp. 126-127)

L'antisémitisme et il faut noter que le mot « anti-Sémitisme » est à proprement parler incorrect en soi puisque de nombreux peuples sémites comme les Arabes ou les Égyptiens sont ou ont été « antisémites » au sens usuel du terme l'antisémitisme comme nous l'avons montré a existé depuis plus de trois mille ans sous bien des formes différentes :

1. Il y a eu de l'antisémitisme en Égypte comme le relate la Bible ;

2. Il y a eu de l'antisémitisme en Perse comme décrit dans le *livre d'Esther ;*
3. Il y a eu de l'antisémitisme en Grèce ;
4. il y a eu de l'antisémitisme à Alexandrie, avec à sa tête le célèbre controversiste Appio ;
5. Il y a eu de l'antisémitisme à Rome qui compta dans ses rangs quelques uns des fils les plus célèbres de la Ville éternelle : Cicéron, Tacite, Sénèque, Juvénal et d'autres : « Qu'il est glorieux pour l'antisémitisme de pouvoir inscrire à son tableau d'honneur les noms de Sénèque, Juvénal et Tacite... » écrit Jules Isaac dans sa *Genèse de l'Antisémitisme.*

Et il ajoute : « Tacite est de tous les temps sans conteste le plus noble fleuron de la couronne de l'antisémitisme. » (J. Isaac, Ibid. pp. 114-115). Il y a eu par conséquent une forme générale d'antisémitisme païen. L'antisémitisme religieux a été tout aussi diversifié. Le monde a connu :

1. L'antisémitisme zoroastrien ;
2. L'antisémitisme gnostique et manichéen ;
3. l'antisémitisme orthodoxe ;
4. l'antisémitisme musulman ;
5. l'antisémitisme protestant.

A propos du dernier cité, personne peut-être n'a utilisé un langage plus violent que Luther.

Mais parmi les protestants, l'adversaire le plus redoutable que la Synagogue ait jamais eu à affronter, d'après Massoutié, est John Andrew Eisenmenger (1654-1704) professeur de langues orientales à l'université d'Heidelberg. Car c'est à partir du livre de Eisenmenger « *Le Judaïsme démasqué* « que : « Les antisémites, en Allemagne et tour à tour dans d'autres pays, ont jusqu'à ce jour tiré la plupart de leurs armes contre la Synagogue...

« Eisenmenger s'est attaché à montrer surtout dans son œuvre combien Judaïsme et Christianisme divergent sur bien des points, ces deux religions qui, au départ, ne différaient entre elles que d'une ombre de sens. » (L. Massoutié : *Judaïsme et Hitlérisme,* pp. 138-39)

Mais peut être plus extraordinaire encore est le phénomène de l'antisémitisme politique et philosophique. Des pages d'histoire témoignent de :

1. l'antisémitisme rationaliste d'un Voltaire ;
2. l'antisémitisme socialiste avec Toussenel ;
3. l'antisémitisme racial avec Hitler ;
4. l'antisémitisme nationaliste et patriotique dans pratiquement tous les pays, et enfin
5. l'antisémitisme économique, également universel.

Et finalement, le plus incroyable de tous, nous sommes face à :

– l'antisémitisme soviétique.

En bref, tous les pays et toutes les époques ont tour a tour connu l'antisémitisme sous une forme ou sous une autre, quelquefois sous-jacent, quelquefois instauré par la loi, quelquefois encore explosant en éruptions sanglantes et furieuses. Et depuis trois mille ans, toutes les solutions possibles et imaginables ont été tentées pour essayer de résoudre le Problème juif :

1. la cœxistence pacifique ;
2. la conversion ;
3. la ségrégation et le ghetto ;
4. les expulsions ;
5. les pogroms ;
6. l'émancipation politique ;
7. l'assimilation ;

8. les mariages mixtes ;
9. le numerus clausus ;
10. l'éperon et l'étoile jaune ;

et enfin, les solutions les plus récentes essayées furent :

11. le racisme ;
12. le marxisme.

Ces diverses solutions se sont toutes avérées inefficaces.

Le Dr Roudinesco note : « L'antisémitisme est apparu dès le premier instant où les juifs entrèrent en contact avec le reste du monde ; il a persisté à travers les siècles jusqu'à nos jours. Il a résisté aux révolutions politiques, à la transformation sociale et à l'évolution mentale. Il demeure aussi actif aujourd'hui qu'il le fut dans le passé ; il a pris des formes diverses, en fonction des illusions particulières à chaque époque ; il changea souvent de nom, mais son caractère est resté le même. Il n'y a aucune raison d'espérer qu'il disparaisse. Si l'on mesure sa puissance au nombre de ses victimes, on est obligé de reconnaître qu'il s'est intensifié. Le carnage d'Alexandrie, les massacres du Moyen-âge, les pogroms russes et polonais sont insignifiants comparés aux exterminations récentes sous Hitler... « La Question Juive ne reste pas confinée dans l'ordre moral seulement, c'est un problème social et politique aux répercussions infinies. L'Affaire Dreyfus déchira et affaiblit la France. Sans l'antisémitisme, Hitler n'aurait pas triomphé en Allemagne, et la deuxième guerre mondiale, qui coûta la vie à soixante millions d'hommes, aurait pu être évitée. « Contre toute attente, l'émancipation légale, l'assimilation et le sang juif versé sur les champs de bataille se sont tous avérés inefficaces. L'antisémitisme a persisté et s'est intensifié. Le destin d'Israël demeure scellé dans le malheur. » (Dr A. Roudinesco : *Le Malheur d'Israël*, pp. 173, 177)

Les juifs tendent à se considérer comme les innocentes victimes de la haine du monde, mais la plupart des mesures défensives prises contre eux en Occident tout ce qu'ils regardent comme la manifestation des préjugés, de l'intolérance, de la haine et de l'antisémitisme ont été empruntées à la législation juive et retournées contre ses auteurs.

L'intolérance religieuse était inconnue dans les sociétés païennes : « Chaque peuple avait ses dieux particuliers et reconnaissait la souveraineté légitime des divinités étrangères sur les autres pays. » (Elie Benamozegh, *Israël et l'Humanité*, p. 21)

Les juifs seuls, dans l'Antiquité, professaient un exclusivisme religieux exempt de tout compromis, comme l'explique en détails Georges Batault dans le passage suivant : « Certaine histoire apologétique a fait trop longtemps prévaloir la notion que les païens détenaient le monopole de l'intolérance et de la persécution religieuse. Or rien n'est plus faux ; de cette assertion, l'érudition moderne et l'histoire impartiale ont fait pleine et entière justice. L'intolérance, procédant directement de l'exclusivisme religieux des israélites, est une invention juive et purement juive dont a hérité le Christianisme qui l'a transmise au monde moderne. « Le peuple élu apportait cependant avec lui quelque chose qui devait avoir dans le futur une destinée prestigieuse au sein du monde occidental : une conception rigoriste et forte de la divinité, et une foi orgueilleuse, inébranlable et fanatique en la toute puissance d'un Dieu autoritaire, exclusif et jaloux, et dans la toute vertu d'une loi minutieuse et chicanière. « Tandis que la civilisation alexandrine héritière à la fois de la Grèce et de toutes les civilisations méditerranéennes dispensait au monde, sous l'égide du génie militaire et politique d'Alexandre, les arts, les sciences et les plus hautes spéculations philosophiques, les juifs qui commençaient à se répandre dans cette sorte d'immense « inter-nation » que formait le monde hellénique lui faisaient don d'un monothéisme jaloux, d'un ritualisme exclusif et de l'intolérance religieuse. Notions inconnues jusqu'alors, mais dont la portée et l'influence seront plus tard sans égales....

« Le Judaïsme était non seulement une croyance exclusive qui contredisait aux croyances et aux sentiments si profonds de tolérance des païens, mais encore une loi exclusive et tyrannique qui contredisait à leurs usages, à leurs coutumes, à leurs mœurs, et particulièrement à leur sens si touchant de l'hospitalité... L'exclusivisme juif se traduisit dans le commerce journalier de la vie quotidienne par mille faits sensibles, par leur refus de manger avec les païens, de prendre part à leurs jeux, à leurs exercices, comme aussi de servir sous leurs étendards, par l'autonomie juridique, par les mariages séparés. « Partout où des colonies juives un peu nombreuses s'étaient établies, volontairement ou non, au milieu des populations grecques ou hellénisées, les juifs prenaient et gardaient fatalement une physionomie exotique. Ils avaient beau parler, écrire le grec, s'organiser à la grecque, leur solidarité étroite et leur isolement social et légal, dont la malignité s'exagérait la portée et les conséquences, les posaient et les opposaient vis à vis de la vie des Grecs et des Romains comme des étrangers « plus distants de nous », disait Philostrate, « que Suse, Bactre ou l'Inde «. « Aux esprits si ouverts, si compréhensifs et si tolérants des Anciens, l'exclusivisme juif apparaissait comme une monstruosité : l'intolérance, cette invention et cette vertu des juifs, leur était totalement incompréhensible. On concevait parfaitement à la période hellénistique l'existence d'un Dieu unique, adoré partout sous des noms et des attributs divers, mais on ne concevait pas que ce Dieu unique dût être précisément et exclusivement celui des juifs... « Contrairement à ce qu'on a trop souvent tendance à croire, ce que les juifs ont introduit dans le monde, ce n'est pas une conception internationale et universelle ou une conception métaphysique du monothéisme, qui découlait normalement de l'état politique du temps et des spéculations de la philosophie grecque, mais la conception du monothéisme exclusif de Jahvhé, le Dieu jaloux et tyrannique. « Par une ironie singulière du destin, lorsque par deux fois, avec le Christianisme d'abord, puis avec l'Islam plus tard, le Dieu exclusif et jaloux des Juifs triompha avec ses inséparables compagnons, l'intolérance et le fanatisme, il se retourna contre le peuple élu et vint ajouter à ses misères ». (Georges Batault : *Le Problème Juif*, pp. 60,63, 64,65,85)

L'intolérance, que les juifs accusent amèrement le Christianisme de pratiquer contre eux, s'enracine comme on va le voir dans des concepts essentiellement judaïques : « Nous pouvons voir maintenant comment les forces qui modèlent l'histoire juive au début du Moyen-âge débutèrent par deux paradoxes. Non seulement les juifs étaient les seuls non- chrétiens demeurant dans tout le monde chrétien, mais bizarrement ils vivaient libres, hors du système féodal, à l'époque où les gentils y étaient emprisonnés. « Pourquoi les juifs n'avaient-ils pas été convertis ou tués comme le furent les autres païens et incroyants ? Pourquoi avaient-ils obtenu une exemption spéciale ? Pourquoi l'Église les protégeait-elle ? « L'Église s'était mise d'elle-même dans cette impasse et ce paradoxe par l'effet de sa propre logique. Parce que la civilisation du Moyen-âge était d'orientation religieuse, il était important que les juifs se convertissent au Christianisme. « La conciliation fut tout d'abord offerte aux juifs, comme une incitation à leur faire accepter le Christianisme. Les juifs ne se convertirent pas... Le juif était un personnage ambivalent dans le monde occidental. On ne pouvait ni le convertir ni le tuer... Le juif fut par conséquent exclu du système féodal. « Certaines des lois instaurées contre les juifs au cours de ces siècles n'étaient pas des nouveautés. Elles étaient en fait établies sur le modèle des lois de l'Ancien Testament et des lois talmudiques à l'encontre des non-juifs. Les vieilles lois juives interdisaient à un non-juif de devenir roi d'Israël ou d'occuper un poste lui permettant de gouverner les juifs. Pour éviter un trop grand mélange entre juifs et grecs, la loi palestinienne interdisait à tout juif de vendre des terres à un non-juif. Les chrétiens mirent en vigueur des lois du même type contre les juifs. On ne peut pas les approuver ou les condamner selon les termes de la société d'aujourd'hui. Elles étaient l'expression de la société d'alors. » (Max I. Dimont : *Les Juifs, Dieu et l'Histoire*, pp. 218-219)

Prenons par exemple le cas de l'Inquisition, établie au XIII$_e$ siècle pour mettre fin à l'hérésie albigeoise.

Après la croisade contre les Albigeois qui fit un grand nombre de victimes : « La papauté s'alarma de ces tueries, interdit la chasse privée aux hérétiques (comme elle interdit plus tard la chasse locale aux juifs) et institua l'Inquisition (dérivé du latin inquisitio qui signifie une enquête) afin de déterminer si un accusé était bien effectivement hérétique. Pendant les premiers siècles de son existence, l'Inquisition n'avait pas le pouvoir de s'occuper des juifs, des musulmans ou autres incroyants, mais seulement des chrétiens.` « Comme l'Église abhorrait de verser le sang, il fut décidé que les coupables seraient brûlés. Curieusement, l'homme moderne considère avec horreur le fait de brûler quelqu'un pour ses croyances religieuses, mais ne voit cependant rien d'incongru à ce que quelqu'un soit pendu ou fusillé pour ses convictions politiques. Et tout aussi curieusement, le droit de tuer un hérétique provient de l'Ancien Testament lui-même, de *Deutéronome* XVII, 2-5 : « *S'il se trouve au milieu de toi... un homme ou une femme qui fasse ce qui est mal aux yeux du Seigneur ton Dieu en transgressant son Alliance, qui soit allé à d'autres dieux pour se prosterner devant eux... et que cela te soit rapporté... tu feras amener et homme ou cette femme... tu les lapideras jusqu'à ce qu'ils meurent* ». « Du fait que seuls les chrétiens pouvaient se rendre coupables d'hérésie aux yeux de l'Église, cette loi mosaïque avec la mise à jour de sa peine ne fut appliquée qu'à eux. D'où vint ce tour du sort qui donnait aux juifs une certaine sécurité de la part de l'Inquisition, alors que les chrétiens se condamnaient entre eux au bûcher ». (Max I. Dimont, ibid. pp.. 224-225)

Le Dr Roudinesco confirme également que la charge de l'intolérance est à partager entre les juifs et les chrétiens : « Ils étaient des monstres, ceux qui faisaient brûler vifs d'autres hommes parce qu'ils ne partageaient pas leur foi. La seule cause de plainte contre les juifs à cette époque était d'ordre religieux. Mais l'anti-judaïsme théologique du Moyen- âge est facile à comprendre. La tolérance religieuse n'existait pas. Les juifs étaient aussi intolérants que les chrétiens. Les premiers persécutaient leurs hérétiques, tout comme les chrétiens persécutaient les leurs. La Synagogue excommuniait tout aussi rigoureusement que l'Église ». (Dr A. Roudinesco : *Le Malheur d'Israël*, p. 40)

Ce fut encore la Synagogue qui la première imposa aux juifs l'obligation de porter une marque distinctive, et cependant, parmi les diverses mesures que l'Église a prises contre les juifs pour contrecarrer leur politique d'infiltration et de corruption, s'il y en a une contre laquelle ils ont toujours violemment protesté la considérant comme particulièrement diffamatoire, ce fut précisément cette obligation de porter une marque distinctive comme un éperon, un chapeau ou une étoile. Cette mesure qui fut imposée par le quatrième Concile de Latran en 1215, et renouvelée par les bulles d'Honorius III (1221), de Martin V (1425) de Paul IV (1566) et de Clément VII (1593) faisait simplement revivre une vieille coutume juive qui établissait que les juifs devaient se distinguer des autres peuples par le vêtement.

C'est ce que rappela Clément III lorsqu'il fit connaître la décision du Concile aux fidèles : « *Tout ce que nous avons à faire, dit-il, c'est de ramener à nouveau les juifs à l'observance des lois de Moïse leur enjoignant de se vêtir de manière distincte* «

St Thomas d'Aquin écrivant à la Duchesse de Brabant, fait le même commentaire sur cette décision : « C'est ce que leur propre loi leur commande, à savoir de porter des franges aux quatre coins de leurs manteaux, afin de se distinguer des autres peuples. » (Cité par Lovski dans *Antisémitisme et mystère d'Israël*, p. 199).

Venons-en enfin à la question de la race.

Les juifs protestèrent avec véhémence contre le régime racial d'Hitler ; or ils furent pourtant le premier peuple dans l'Histoire à exalter l'idée de race, se pensant comme appartenant à la « race élue ». Autrement dit, ils créèrent un concept de race, que les autres peuples, après l'avoir longtemps ignoré, leur empruntèrent jusqu'au point de le retourner contre eux.

Il convient de remarquer ici que les juifs sont le seul groupe ethnique qui ait, consciemment et fondamentalement, une conscience de race, du fait que leurs idées de race et de religion sont inextricablement associées.

« Les religions sémitiques ne sont que des déifications de la race » écrit Kadmi-Cohen dans *Nomades*.

Ce n'est donc pas sans une certaine ironie que nous constatons maintenant un déferlement de rage contre une politique qui fit revivre en Allemagne l'idée de race en la tournant contre ses inventeurs.

Dans la *Revue d'Histoire des Religions*, E. Dhorne écrivit en 1934 : « Le Judaïsme a puissamment contribué à implanter dans le monde le concept de race ou plus spécifiquement de souche, que l'on devra retracer jusqu'aux grands ancêtres et faire durer sans mélange à travers les âges. Les persécutions dont les juifs ont souffert dans les pays chrétiens tiennent en partie à la fusion de race et de religion qui fit distinguer les enfants d'Israël comme une catégorie spéciale et inassimilable de citoyens. Le racisme est une théorie dangereuse, mais reconnaissons qu'elle a été brandie par les sémites, longtemps avant de l'être par les ariens. » (E. Dhorne cité par Lovski op. cit. p 364)

Tous les écrivains juifs exaltent l'indestructibilité et la supériorité de leur race, qu'ils regardent comme destinée à exercer une grande influence sur toutes les autres. C'est ainsi que Disraéli, le premier ministre de Grande Bretagne écrivit : « A chaque génération, il faut qu'ils deviennent plus puissants et plus dangereux pour la société qui leur est hostile. Pensez-vous que la persécution tranquille et routinière du décoratif représentant d'une université anglaise puisse anéantir ceux qui ont déjoué les pharaons, Nabuchodonosor, Rome et l'époque féodale ?... Aucune loi pénale, aucune torture physique ne peut avoir pour effet qu'une race supérieure doive être absorbée dans une race inférieure ou être détruite par elle. Ce sont les races mélangées persécutrices qui disparaissent ; la race pure persécutée demeure. Et en ce moment, en dépit des siècles, de dizaines de siècles de dégradation, l'esprit juif exerce une vaste influence sur les affaires de l'Europe ». (Disraéli : *Coningsby*, pp. 226-27)

Dans *Notre Jeunesse*, Charles Péguy dresse un portrait très caractéristique de son ami Bernard Lazare, dans lequel le mot race revient comme le thème central, lourd de sens. Nous en avons pris l'extrait suivant : « Il n'y avait pas un seul instant où chacun de ses muscles et chacun de ses nerfs n'était tendu pour répondre à sa secrète mission. Jamais Il n'y eut un homme plus conscient de son rôle comme leader de sa race et de son peuple, ni plus responsable d'eux ; un homme perpétuellement empreint et sous-tendu par une inexpiable infortune. Pas un sentiment, pas une pensée, pas l'ombre d'une passion qui n'était bandée et gouvernée par un commandement vieux de cinquante siècles ; sur ses épaules voûtées, il portait tout un monde, toute une race, un monde de cinquante siècles sur son lourd dos courbé, et son cœur était consumé d'un feu, du feu de sa race et de son peuple ; son cœur était en feu, son esprit était passionné, et de ses lèvres prophétiques sortaient des charbons ardents. » (Charles Péguy, *Notre Jeunesse*, in *Œuvres en prose* 1909- 1914, p 560)

En 1936 l'auteur juif Kadmi-Cohen écrivit un livre intitulé *Nomades* pour glorifier et même déifier sa race qui, d'après lui, a réussi à préserver son unité et sa pureté à travers sa vie nomade. L'extrait ci-dessous a été tiré de cette œuvre : On ne peut ignorer... « l'extraordinaire et absurde persistance de la race Sémite et, à l'intérieur de cette race, la persistance de types physiques. Quelquefois, on reste frappé de la ressemblance de traits entre un juif qui a été complètement occidentalisé et le bédouin arabe, dont il est séparé par un intervalle de trois mille ans. « En outre, la perpétuité de certaines manières est significative. Des siècles de vie au milieu des peuples nordiques ou slaves n'ont pu faire perdre au juif sa frénésie, son besoin de gesticuler, ni son amour immodéré pour la cuisine si pimentée de la Méditerranée. « Les exemples de cette stabilité, si surprenante que l'on est obligé de l'appeler survie, sont si nombreux qu'ils englobent la totalité de la vie arabe et juive. « Il y a dans la destinée de la race, comme dans le caractère sémitique, une fixité, une stabilité et une immortalité qui, sont tout à fait frappantes... « Je suis ce que je suis, dit l'Éternel. L'Éternel, c'est la race. « Une dans sa substance, indifférenciée. Une dans le temps - stable -éternelle. » (Kadmi Cohen : *Nomades,* p.14)

« L'unité du concept sémitique s'explique premièrement et absolument par le caractère nomade du genre de vie des Sémites. Race de nomades, ils furent des bergers qui erraient de pâture en pâture, au lieu d'être des fermiers cultivant leurs champs. Cette empreinte leur est aussi indélébile qu'une marque découpée sur le tronc d'un arbre, car au fur et à mesure que le tronc grossit et grandit, la marque s'étire et se déforme, mais reste néanmoins repérable. » (p 115-116) « Il faut pleinement l'admettre, l'état nomade chez le Sémite n'a jamais eu un caractère transitoire ou celui d'un stade préparatoire à la vie sédentaire. Il prend sa source au plus profond du cœur sémite. » (ibid. p. 19) « Que la vie nomade en elle-même puisse être un facteur de préservation de la race et de sa pureté ethnique est concevable. Une tribu errante accepte par le fait même l'isolement, et en dépit ou à cause de ses migrations, elle demeure identique et fidèle à elle-même. (ibid. p. 25) « Aussi, le sang qui court dans ses veines a-t-il préservé en premier lieu sa pureté, et la succession des siècles ne servira qu'à renforcer la valeur de la race. « Les sémites et tout particulièrement les juifs fournissent la preuve naturelle et historique de ce phénomène. Nulle part le respect du sang n'a été prescrit avec une égale intransigeance... « L'histoire de ce peuple, telle qu'elle est rapportée dans la Bible, insiste constamment sur le danger à se mélanger avec les étrangers...et de nos jours, exactement comme il y a trente siècles, la vitalité de ce caractère racial est maintenue et peut se constater par la rareté des mariages mixtes entre juifs et non-juifs. « C'est donc autour de cet amour exclusif, et peut-on dire de cette jalousie de race, que se concentre le sens profond du Sémitisme et de son caractère idéal. Le peuple constitue une entité autonome et autogène, qui ne dépend d'aucun pays, qui n'accepte pas les lois en vigueur dans le pays où il réside et qui refuse énergiquement le métissage, aussi bénéficiaire soit-il. Sans aucun support matériel ou externe, il cultive uniquement sa propre unité... « Et c'est... cette formidable valeur ainsi conférée à la race qui, à son tour, explique le phénomène unique absolument sans exception que de tous les peuples innombrables, un seul, le peuple juif, a survécu de lui-même, et demeure depuis un temps immémorial en dépit de tout. » (Kadmi-Cohen, ibid. pp. 26-28)

Pratiquant d'eux-mêmes une forme exclusive d'apartheid racial, les juifs sont en même temps des opposants inconditionnels au concept de race lorsqu'il s'agit d'une idéologie rivale, comme celle des Allemands ou d'autres. Ils poussèrent fanatiquement à la guerre contre Hitler.

En termes à peine voilés, Léon Blum invita les démocraties à détruire l'idéologie raciale dans un article qui parut dans *Paris-Soir*, le 23 mars 1939 : « La réorganisation, la réconciliation et la coopération de tous les États qui dans le monde sont attachés à la liberté et à la paix, et la stimulation ou l'exaltation du système démocratique et en même temps la destruction systématique de l'idéologie raciste, telle est la tâche essentielle qui incombe aux grands mouvements d'opinion publique, sans lesquels les gouvernements seraient impuissants. »

# X – LA RÉVOLUTION MONDIALE

Six millions de morts, tel est le terrible chiffre que les organisations du Judaïsme ne cessent de clamer la face du monde ; c'est l'argument sans réplique dont elles se sont prévalues au Concile pour obtenir la révision de la Liturgie catholique.

*Le Monde* du 3 janvier 1965 publia à ce propos un article de Vladimir Jankélévitch, dont est extrait le passage suivant : « Ce crime sans nom est un crime véritablement infini, et plus on l'analyse, plus s'approfondit son inexprimable horreur. Nous-mêmes, qui devrions avoir tant de raisons de savoir, nous apprenons chaque jour du nouveau, quelque détail particulièrement révoltant, quelque torture d'une spéciale ingéniosité, quelque atrocité machiavélique dont on est obligé de dire que seul le sadisme allemand pouvait en être coupable. Il n'est pas surprenant qu'un crime sans fond produise une sorte de méditation sans fin. Les inventions inouïes de cruauté, les profondeurs de la plus diabolique perversité, les raffinements imaginables de la haine, tout cela nous laisse abasourdis et déroute l'esprit. Jamais on ne sondera les profondeurs du mystère de cette méchanceté gratuite. « A proprement parler, ce massacre grandiose n'est plus à l'échelle humaine, comme ne le sont non plus les splendeurs de l'astronomie et les années lumière... Devant l'infini, toutes les dimensions finies tendent à s'égaler, avec ce résultat que la punition devient presque une question indifférente ; ce qui est arrivé est littéralement inexpiable. Nous ne savons même pas qui blâmer et qui accuser... « Ce massacre méthodique, scientifique et administratif de six millions de juifs n'est pas seulement un méfait en soi, c'est un crime dont tout un peuple est responsable... « Ce qui est survenu est unique dans l'Histoire, et sans nul doute ne se répétera jamais, car rien de semblable n'avait été vu depuis le commencement du monde ; le jour viendra où nous ne serons même plus capables de l'expliquer «

Comme on le constate d'après ce qui précède, les juifs récusent furieusement toute idée de responsabilité collective en ce qui les concerne, mais n'hésitent pas à tenir le peuple allemand pour collectivement responsable des torts fait à Israël sous le régime d'Hitler.

Cependant il apparaît maintenant que l'on ne peut accepter ce nombre de six millions.

Un écrivain français, Paul Rassinier, a fait une étude très pénétrante de cette question, qu'il a exposée en quatre gros volumes intitulés : « *Le Mensonge d'Ulysse* », « *Ulysse trahi par les siens* «, « *Le Véritable procès Eichmann ou les vainqueurs incorrigible*s «, et « *Le Drame des Juifs européens* «.

Rassinier appartient à l'aile gauche socialiste et est un agnostique qui a été lui même déporté à Buchenwald ; il ne peut donc être soupçonné de sympathie envers le National-Socialisme. Nous donnons à l'Annexe II le résumé des travaux et des conclusions de l'auteur.

Depuis la dernière guerre, le monde a été inondé d'un torrent de littérature en majeure partie irraisonnée et en même temps violemment et axiomatiquement hostile à l'Allemagne d'Hitler, à propos de laquelle tous désirent découvrir honnêtement et calmement la vérité et la regarder en face, aussi désagréable que cela puisse être, aussi différente soit-elle aussi de ce qu'on la fait être de manière préconçue, et qui apparaît avoir été proclamé à tous vents. « *La première loi de l'Histoire* «, *écrivit le grand Pontife Léon XIII*, « *c'est de ne pas dire ce qui est faux, et ensuite de ne pas craindre de dire ce qui est vrai* ». Il est donc utile à ce stade de rappeler quelques simples faits à propos de la dernière guerre, qui ne sont pas aussi connus ni remémorés que d'autres.

D'abord, l'Allemagne de Hitler n'a pas attaqué seulement les juifs. Si l'on compte toutes les pertes subies pendant la guerre, il y eut plus de déportés, plus de prisonniers de guerre et plus de morts non-juifs que de juifs.

Lorsque la guerre éclata, il y avait environ 300.000 juifs français et 170.000 juifs étrangers en France. Moins de 100.000 furent déportés, dont une majorité furent des juifs étrangers. Nous reconnaissons qu'il s'agit d'un nombre très élevé, mais nous sommes néanmoins très loin, du nombre légendaire de 6 millions.

D'un autre coté, à la Libération, environ 105.000 Français furent assassinés par d'autres Français au nom de la Résistance ; 95 pour cent d'entre eux étaient de braves gens, dont la seule « faute » fut d'avoir été anticommunistes et de ne pas avoir été pro-gaullistes. Personne ne semble s'en soucier. La conscience universelle ne s'intéresse qu'aux victimes juives.

Paul Serant a décrit les purges qui eurent lieu en France et dans d'autres pays européens après la Libération, et qui en France continuèrent pendant des années : « Aussitôt que les commissions commencèrent à sortir de prison ceux à qui rien ne pouvait être reproché, le peuple commença à réclamer que la purge fût maintenue. « Ils n'étaient pas tous communistes. Ce fut dans un journal au lectorat essentiellement conservateur, *l'Ordre*, que M Julien Benda exigea l'application la plus sévère d'une purge, contre ceux qui commençaient à parler de clémence. Dans son opinion, le gouvernement doit accepter d'être le gouvernement d'un parti, le parti patriote. Peu importe que tous les Français n'y soient pas représentés, car ceux qui ne sont pas patriotes ne doivent pas compter. Et voici sa raison pour leur refuser l'apaisement : « Il est parfaitement faux de maintenir que la réconciliation du type pour laquelle vous prêchez soit vitale pour une nation. Le gouvernement russe est le gouvernement du parti unique des patriotes, et il extermina sans pitié la classe des citoyens qui, il y a trente ans, elle-même espéra et œuvra pour la victoire de l'ennemi. On ne peut pas vraiment dire que la nation Russe n'ait plus d'existence à la suite de cela... » « On ne pouvait pas être plus concis ni plus précis. » (Paul Serant *Les Vaincus de la Libération*, p. 234)

Les Alliés eux mêmes portent de lourdes responsabilités.

Prenons le cas par exemple de la remise aux Soviétiques de toute l'armée de Vlassov par les autorités anglo-américaines. Dans leur zone d'occupation, les Américains étaient parfaitement libres de faire ce qu'ils voulaient, et ils devaient savoir qu'ils livraient ainsi ces hommes à une mort certaine.

Rappelons les faits : A l'issue de l'invasion de la Russie par l'armée allemande, des milliers d'officiers et de soldats russes désertèrent et se rendirent en masse aux Allemands pour combattre avec eux contre la tyrannie de Staline.

L'un d'eux, le général Vlassov, précédemment commandant de la 2ème Armée soviétique, un héros national très populaire dans l'armée, fut placé par le commandement allemand à la tête des diverses unités russes ainsi formées pour combattre et libérer leur pays du joug soviétique.

Une première armée Vlassov, unité d'élite forte de 40.000 hommes commandée par le colonel Boudnichenko, occupa Prague, remplaçant les unités SS. allemandes. A l'approche des troupes russes, cette division se retira en direction des armées américaines qui étaient entrées en Tchécoslovaquie et qui les obligèrent à rendre leurs armes. Quand les troupes américaines se retirèrent, la division en question se retrouva encerclée par des troupes soviétiques.

Beaucoup de ces hommes se suicidèrent, et le reste furent fait prisonniers ; leurs officiers furent fusillés, et les sous-officiers et les hommes envoyés en camps de concentration. Mais auparavant, beaucoup furent utilisés par Béria aux fins de propagande. Ils furent empilés menottés dans des camions, avec des affiches sur le dos portant cette inscription : « Voici le sort que les Américains réservent à ceux qui mettent leur confiance en eux », et ils les envoyèrent ainsi parader sur le front d'unité en unité. Peu d'entre eux survécurent.

Une deuxième division Vlassov, commandée par le général Meandrov, fut internée par les Américains à Platting en Bavière ; en février et mars 1946, ils furent livrés aux Soviétiques de la plus abominable façon. Réveillés à l'aube, ces hommes furent parqués comme des animaux, conduits en groupes à la gare et entassés dans des wagons à bestiaux à coups de crosses, pendant que beuglait une musique de jazz pour couvrir leurs cris. Beaucoup se suicidèrent, et seuls quelques uns réussirent à s'échapper.

Les unités de cavalerie sous les ordres de Vlassov formaient un corps autonome et se trouvaient en Italie au moment de l'effondrement allemand. En route vers la Bavière pour rejoindre Vlassov, ils furent arrêtés à Linz par les autorités anglaises, qui invitèrent les chefs cosaques à un dîner officiel. Parmi eux figuraient le général prince Berkovitch Tcherkassy, le général Krasnov, son neveu le colonel Sermione Krasnov et d'autres. Lorsqu'ils se présentèrent, en tenue de soirée, ils furent arrêtés par les Britanniques, qui les envoyèrent à Berlin et les remirent aux Soviétiques. Ils furent tous pendus.

Le général Vlassov lui même fut capturé par une unité soviétique et pendu à Moscou. Les Américains livrèrent également aux Soviétiques le général Troukhine, l'adjoint de Vlassov, et le général Malychine son chef d'État Major et plusieurs autres de ses officiers de haut rang.

Deux des émissaires de Vlassov, qu'il avait envoyés pour négocier l'internement de ses troupes en Allemagne de l'Ouest et qui avaient obtenu des sauf-conduits des Américains, furent néanmoins arrêtés à leur arrivée et emprisonnés. Le capitaine Lapide refusa de se suicider et fut remis aux Soviétiques. Le capitaine Bykadorov fut relâché.

Les Américains continuèrent de livrer les restes des unités Vlassov peu à peu jusqu'en juin 1947. A cette date un important détachement Vlassov fut embarqué sur un navire à destination de la Russie, non sans avoir au préalable mené un véritable combat avec les Américains.

Il n'y eut pas de rapatriement forcé dans la zone française d'occupation. Mais sous le premier gouvernement gaulliste, les services de sécurité du gouvernement soviétique furent autorisés à établir un camp à Beauregard, où d'ex-citoyens soviétiques furent internés et d'où ils furent rapatriés de force en Union Soviétique. Bien plus, ce détachement reçut carte blanche pour opérer ouvertement en plein Paris même, heureusement pour une courte période de temps ; plusieurs fois ses agents pénétrèrent dans les appartements d'anciens émigrés et enlevèrent d'anciens sujets soviétiques qui refusaient d'être rapatriés et y avaient trouvé refuge. Entre mars et avril 1946, le lieutenant Laptchinski, un jeune russe, fut enlevé dans l'appartement du comte Ivan Tolstoï, le petit-fils du grand écrivain, qui l'avait abrité.

En 1947 le camp de Beauregard fut fermé.

Et après la mort de Staline, les survivants de l'armée Vlassov furent finalement libérés des camps de concentration russes.

Tournons-nous vers la Russie Soviétique.

Le nombre des victimes du terrorisme marxiste y atteint des proportions apocalyptiques. En Russie et tout autant dans les pays satellites, il y a eu des millions de morts de toutes catégories : par assassinat, par famine, par les tirs lors des batailles de rues, et par les massacres de la Tchéka... et dix millions de personnes furent déportées. Jusqu'à une date assez récente, on estimait que les camps de déportés politiques, en particulier ceux dans l'extrême nord de la Sibérie, avaient rassemblé jusqu'à 15 millions de prisonniers, dont beaucoup moururent de misère, d'épuisement et de maladie. Il suffit de rappeler la déportation sans pitié des paysans koulaks russes qui avaient été hostiles à la collectivisation. « Selon Margaret Buber-Neumann, Navareno Scarioli le communiste italien qui s'enfuit à Moscou en 1925 et qui fit l'expérience des camps de concentration russes de 1937 à 1954, en fit une description dans le magazine romain *Vita* du 23 novembre 1961, qui dépasse en horreur tout ce qui a pu être écrit par les survivants des camps allemands, même les histoires les plus incroyables ». (Rassinier, *Le Véritable procès Eichmann*, pp. 9 -10)

Sous le titre « **Une revue yougoslave dit que l'URSS commit le crime de génocide avant Hitler** », *Le Monde* du 7 février 1965 analysa un rapport de Mr Mihajlov, un diplômé de l'Université de Zadar en Dalmatie, rapport écrit suite à un voyage qu'il avait effectué l'été précédent en Union Soviétique et qui fut publié par la revue littéraire *Delo*, dont on a extrait le passage suivant : « ...Ce texte va être une cause de trouble. Il consiste en une série de réflexions et de notes sur les camps de concentration en Union Soviétique dans lesquels jusqu'en 1956-57, entre huit et douze millions de personnes furent internées.... « La grande majorité de ceux qui furent réhabilités et qui ont eu la chance de survivre ne veulent plus garder le silence plus longtemps, écrit Mr Mihajlov... « Un autre passage... traite des « camps de la mort ». Il est symptomatique, écrit Mr Mihajlov que la presse soviétique évoque de moins en moins les camps nazis et évite de les comparer avec les siens. Le premier camp de la mort ne fut pas organisé par les Allemands, mais par les Soviétiques ; il commença d'être « opérationnel » en 1921 à Holmogor près d'Arkangelsk. Il fonctionna « avec succès « pendant des années. « Rappelant la terreur qui sévit les premières années après la Révolution et l'exécution sans procès de 120.000 prisonniers en Crimée de 1920 à 21, Mr Mihajlov fait état d'une certaine Vera Grebjacov, également connue sous le surnom de Dora, dont on se souvient encore là-bas. Elle « opéra « à Odessa et a la réputation d'avoir tué de sa propre main et torturé 700 prisonniers. « Hitler ne fut pas le premier à commettre le crime de génocide, dit l'auteur du rapport. A la veille de la seconde guerre mondiale, les populations habitant le long des frontières de la Turquie et de l'Irak furent déportées dans le nord de la Sibérie, où n'étant pas accoutumées au froid elles moururent comme des mouches. » (*Le Monde*, 7 février 1965, en première page)

Au cours de la dernière guerre, un million et demi de personnes de Pologne et d'Ukraine furent déportées par l'Union Soviétique : « Interrogé à Nuremberg le 21 mars 1946 par le Procureur soviétique le général Rudenko, le maréchal Goering répliqua qu'un million de personnes de Pologne et d'Ukraine avaient été déportées des territoires occupés par l'Union Soviétique et emmenées vers l'Est et l'Extrême-Est. », mais il ne fut pas autorisé à citer ses sources ni à continuer. » (*Procès de Nuremberg -Compte-rendu des débats*, vol. IX, p. 673) « Le premier gouvernement polonais réfugié à Londres a cependant publié un document d'après lequel le nombre de Polonais déportés se situait entre 1.000.000 et 1.600.000, dont 400.000 moururent pendant le trajet ; parmi les morts il y eut 77. 834 enfants sur les 144.000 enfants déportés selon l'information fournie par la Croix-Rouge américaine... Les Russes étendirent le procédé aux États Baltes, d'où ils déportèrent 60.940 Estoniens, 60.000 Lettons et 70.000 Lituaniens... » (Rassinier : *Le Véritable procès Eichmann*, p. 44)

En plus, 12.000 officiers de l'armée polonaise furent massacrés comme un seul homme par les Russes ; 4. 000 de leurs cadavres furent identifiés dans des fosses communes de la forêt de Katyn. Sur les 100.000 prisonniers allemands capturés à Stalingrad, 5.000 seulement revinrent vivants. Les autres moururent dans les camps.

Entre le 1. juillet 1945 et le 1er janvier 1947, environ 7.300.000 personnes furent renvoyées de Silésie en Allemagne par les Russes, selon Rassinier (ibid., p. 107). Entassées dans des wagons à bestiaux, elles furent laissées sans nourriture pendant les quatre ou cinq jours du voyage. Dans la *Revue des Deux Mondes* du 15 mai 1952, Mr Jean de Pange indiqua que plus de 4 millions d'entre elles périrent.

Des scènes hideuses de massacres et de violences accompagnèrent la prise de Berlin et l'invasion de l'Allemagne par les armées soviétiques, car sur le front de l'Est, ce fut une véritable guerre d'extermination, menée des deux côtés avec une atroce sauvagerie.

Finalement, il faut se garder d'oublier aussi la répression sanglante du soulèvement populaire de 1956 en Hongrie.

Jusqu'à la mort de Staline, la terreur a toujours été un élément essentiel du régime soviétique, et au royaume du terrorisme révolutionnaire et dans le développement du marxisme comme doctrine révolutionnaire les noms de remarquables leaders juifs viennent immédiatement à l'esprit : comme Karl Marx, Lasalle, Kautsky, Liebknecht, Rosa Luxembourg et d'autres. C'est une forme moderne de messianisme juif, toujours prêt à tout renverser.

Au sujet de Marx, voici ce que Bernard Lazare en dit dans son célèbre livre « *L'Antisémitisme* « : « Ce descendant d'une longue lignée de rabbins et de docteurs hérita de toute la force logique de ses ancêtres, splendides facultés. Il fut un talmudiste lucide et clair, que n'embarrassèrent pas les minuties niaises de la pratique, un talmudiste qui fit de la sociologie et appliqua ses facultés natives d'exégète à la critique de l'économie politique. Il fut animé de ce vieux matérialisme hébraïque qui rêva perpétuellement d'un paradis réalisé sur la terre, et repoussa toujours la lointaine et problématique espérance d'un éden après la mort ; mais il ne fut pas qu'un logicien, il fut aussi un révolté, un agitateur, un âpre polémiste, et il prit son talent pour le sarcasme et l'invective là où Heine l'avait pris : aux sources juives. » (B. Lazare, p 315-316)

Voici d'autre part ce qu'en écrit Rabi dans son *Anatomie du Judaïsme français :* « Il y a toujours un peuple élu dans la vision marxiste, mais dorénavant c'est le prolétariat. Il y aura des catastrophes, comme les prophètes l'avaient prédit, mais celles-ci sont les résultats normaux de l'inévitable lutte des classes. Il y a aussi une finalité dans le processus historique, sa destinée est scellée, la victoire est inexorable, le prolétariat vit et combat dans le sens de l'histoire, et l'histoire, sinon Dieu, est du côté du prolétariat. Avec Marx, le socialisme devint une version sécularisée du messianisme juif. L'idée était née en Palestine et elle s'était maintenant enracinée à Moscou et Pékin. » (Rabi, op. cit. p. 250)

Le passage suivant est tiré de l'écrivain révolutionnaire juif A. Rosenberg, qui fut un leader du Parti Communiste allemand entre 1917 et 1927. Ce texte est d'une importance capitale, car il révèle la nature essentiellement révolutionnaire et destructrice du Marxisme, camouflée derrière le slogan de la libération du prolétariat. « Ce ne fut pas une irrésistible conscience de la nécessité de libérer le prolétariat de la faim et de la misère qui amena Marx à considérer la révolution comme l'unique moyen d'atteindre ce but. Sa démarche ne partit pas du prolétariat pour aboutir à la révolution. En fait, il prit la voie d'une démarche directement inverse... ce fut la recherche d'un moyen pour parvenir à la révolution qui fit découvrir à Marx le prolétariat. (Arthur Rosenberg : *Histoire du Bolchevisme*, p.3) « En 1848-49, Marx et Engels publièrent à Cologne le *Neue Rheinische Zeitung* comme un organe d'expression de la démocratie. Il s'avéra être le plus audacieux et le plus influent des journaux à la disposition de la démocratie allemande... « Ce n'était pas un journal pour travailleurs au sens usuel du terme. En effet, les divers intérêts professionnels et de classe des travailleurs étaient traités dans ses pages avec parcimonie... » (Arthur Rosenberg, ibid. p. 12) « L'Organisation du Parti était considérée par Marx et Engels simplement comme un moyen, grâce auquel ils pouvaient mieux influencer la classe laborieuse dans son ensemble... « Le 13 février 1851, Engels exprima ouvertement cette conception dans une lettre à Marx. Voici ce qu'il lui écrivait : « *N'avons nous pas prétendu que Krethi Prethi était notre Parti, bien que nous n'ayons pas de parti, et que ceux que nous reconnaissions au moins officiellement comme membres de notre parti ne comprirent pas l'ABC de notre mouvement ? Qu'avons-nous à faire avec un Parti qui n'est rien d'autre qu'un troupeau d'ânes, et qui ne jure par nous que parce que ses membres nous considèrent comme leurs égaux ?* »... « On discerne clairement d'après ce texte « ajoutait Rosenberg » combien à cette époque le Marxisme était présenté dans les classes de travailleurs comme quelque chose qui leur était étranger. » (Arthur Rosenberg, ibid. p. 14-15)

Semblablement, les principaux leaders de la Russie Soviétique jusqu'à l'arrivée de Staline comme dictateur, étaient de la même race énigmatique : « Je désire sincèrement éviter d'écrire une seule ligne qui puisse risquer d'enflammer une blessure purulente » écrivait Sarolea en 1924, « mais il ne sert à rien de nier que la blessure purulente est là... que les juifs ont joué un rôle dirigeant dans le soulèvement bolcheviste et jouent toujours un rôle dirigeant dans le Gouvernement bolcheviste ; c'est une proposition indéniable pour quiconque a pris la peine d'étudier de première main les affaires de la Russie. Je suis tout à fait prêt à admettre que les dirigeants juifs ne représentent qu'une infime fraction. Mais il n'en reste pas moins que ces quelques dirigeants juifs sont les maîtres de la Russie, exactement comme les quinze-cents fonctionnaires anglo-indiens sont les maîtres de l'Inde. De la part de tout voyageur en Russie, nier ce fait serait nier l'évidence de ses propres sens. » (Charles Saroléa : *Impressions of Soviet Russia*, p. 158-59)

Leur dictature s'abattit, non seulement sur la Russie, mais sur tous les pays d'Europe Centrale, où le bolchevisme tenta de s'implanter au moyen d'une terreur sanglante : sous Bela Kun et Szamuelly à Budapest ; avec Liebknecht et Rosa Luxembourg à Berlin, et avec Kurt Eisner et Max Lieven à Munich.

Il faut noter ici que leurs actes ont parfaitement répondu à leurs paroles, et pour preuve, nous publions ci dessous des citations de quatre des plus éminents théoriciens juifs du terrorisme bolchevique : Karl Marx, Engels, Léon Trotski et Neumann.

Commençons par un passage de Marx écrit deux ans seulement avant sa mort, qui met en relief très clairement ses idées sur la dictature et la violence.

Dans une lettre à la social démocrate hollandaise Domela Niewenhuis, Marx écrivit le 22 février 1881 : « Un gouvernement socialiste ne peut se mettre à la tête d'un pays si les conditions adéquates n'existent pas pour lui permettre de prendre immédiatement les mesures nécessaires pour terrifier la bourgeoisie, et accomplir ainsi le premier pas en vue du déploiement de sa politique « (*Pravda,* 14 mars 1928, citée par Léon de Poncins dans *Le Plan communiste d'insurrection armée,* p.17)

Voici maintenant le jugement d'Engels sur la Commune : « La Révolution est indubitablement la chose la plus autoritaire du monde. La Révolution est un acte dans lequel une portion de la population impose sa volonté sur les autres avec des fusils, des baïonnettes, des canons, et autres moyens excessivement autoritaires. Et le parti qui a gagné est nécessairement obligé de maintenir sa loi au moyen de la crainte que ses armes inspirent aux réactionnaires. Si la Commune de Paris n'avait pas compté sur le peuple armé contre la bourgeoisie, se serait-elle maintenue plus de vingt quatre heures ? Ne sommes-nous pas au contraire justifiés de reprocher à la Commune d'avoir trop peu employé cette autorité ? » (p.20) « Aussi longtemps que le prolétariat aura besoin de l'État, il en aura besoin, non pour la liberté, mais pour supprimer ses opposants. » (Engels cité par Lénine dans *La Révolution prolétarienne et Kautsky le renégat*, p. 24)

Trotsky pour sa part a écrit un livre entier pour justifier la terreur rouge, sous le titre « *Défense du Terrorisme* », dont nous avons extrait ce qui suit : « L'homme qui répudie le terrorisme par principe, c'est à dire qui répudie les mesures de suppression et d'intimidation à l'égard d'une contre-révolution résolue et armée, doit rejeter toute idée de suprématie politique de la classe des travailleurs et de sa dictature révolutionnaire. L'homme qui répudie la dictature du prolétariat, répudie la révolution socialiste et creuse la tombe du Socialisme... (op. cit., pp. 23-24 ) « La Terreur Rouge est une arme utilisée contre une classe destinée à la destruction et qui refuse de périr. Si la Terreur Blanche ne peut que retarder la montée historique du prolétariat, la Terreur Rouge hâte la destruction de la bourgeoisie. Hâter cette destruction une pure question d'accélération est à certaines périodes d'une importance décisive. Sans la Terreur Rouge, la bourgeoisie russe, ensemble avec la bourgeoisie mondiale, nous étranglerait bien longtemps avant l'avènement de la Révolution en Europe. Il faut être aveugle pour ne pas le voir, ou bien être un menteur pour le nier. « L'homme qui reconnaît précisément l'importance historique révolutionnaire de l'existence du système soviétique doit aussi approuver la Terreur Rouge... (pp. 60-61) « A propos des destructions dont on accuse la Commune et dont on accuse maintenant le gouvernement soviétique, Marx parle d'un « épisode inévitable et relativement insignifiant dans la lutte titanesque du nouvel ordre naissant avec l'ancien qui s'effondre ». Destruction et cruauté sont inévitables dans toute guerre. Seuls des sycophantes peuvent les appeler des crimes, « dans cette guerre des esclaves contre leurs oppresseurs, la seule guerre de l'histoire qui soit juste » (Marx). (Léon Trotsky, « *Défense du Terrorisme* « , p. 89)

N'oublions pas que Trotsky décrit ainsi comme des sycophantes ceux qu'horrifièrent les crimes de génocide commis par les soviets sur leurs paysans.

Pour finir, mentionnons Neumann qui sous le nom de plume de Neuberg écrivit un épais volume intitulé « *L'Insurrection armée* « pour servir de manuel d'application du terrorisme révolutionnaire, livre dont un résumé parut en 1939 dans l'ouvrage de Léon de Poncins « *Le Plan communiste d'insurrection armée.* »

En 1927, Neumann qui était considéré comme un expert dans l'art de l'insurrection fut envoyé par Moscou en Chine, avec Borodine et Galen (le général Blucher) qui étaient tous deux juifs, pour organiser les soulèvements communistes de Shanghai et de Canton. L'insurrection fut écrasée dans le sang par Tchang-Kai-Tchek, et la plupart des leaders communistes furent exécutés. Seul Mao-Tsé-Tung et deux ou trois des chefs actuels de la Chine communiste échappèrent au massacre et entreprirent la fameuse retraite de la « longue marche » pour échapper aux troupes lancées à leur poursuite. Neumann, Borodin et Galen s'envolèrent pour Moscou, et après cet échec, le nom de Neumann resta dans l'histoire comme celui du « boucher de Canton ». Plus tard, il prit part en tant que délégué soviétique à la guerre civile d'Espagne, et finalement ils disparurent tous les trois exécutés par Staline lors du célèbre procès de Moscou.

Lorsque les armées soviétiques commencèrent à envahir l'Allemagne de l'Est dans leur marche en direction de Berlin, le célèbre journaliste juif Ilya Ehrenbourg proclama à tous vents : « Tuez, Tuez ! Dans la race allemande il n'y a que le mal ; pas un parmi les vivants, pas un parmi ceux à naître qui ne soit l'incarnation du mal ! Suivez les préceptes du camarade Staline et anéantissez la bête fasciste une fois pour toutes dans son repaire ! Employez la force et brisez l'orgueil de race des femmes germaniques. Prenez-les comme votre légitime butin. Tuez ! En déferlant en avant, tuez, vaillants soldats de l'Armée Rouge ! » Cité par l'Amiral Doenitz dans : *Mémoires, quarante ans et vingt-et-un jours*, p. 431)

Ils ne furent pas seulement les théoriciens de la terreur rouge, ils en furent les principaux agents de mise en œuvre : « Malheureusement, non seulement les hommes de race juive ont joué un rôle très important dans le début de la révolution bolcheviste et dans son développement, mais ils ont été aussi les acteurs en chef dans un certain nombre des pires crimes de cette révolution. Dans les annales du terrorisme, quatre noms qui se distinguent de façon particulièrement sinistre Yankel Yourovski, le monstre qui tua les douze membres de la famille impériale dans les caves de la maison Elpatinski à Yekaterinenbourg, y compris les quatre fillettes du Tsar ; Mose Uritski le premier exécuteur en chef de la Tchéka ; Bela Kun, le boucher de Budapest et de la Crimée ; Djerdjinski, l'actuel inquisiteur général de la Tcheka. Pas un de ces quatre noms est celui d'un Russe. L'un est un Polonais, les trois autres s'avèrent être des juifs ». (Sarolea : *Impressions of Soviet Russia*, pp. 160-161)

Et Sarolea concluait par ces mots prophétiques : « Nous ne pouvons qu'admettre simplement le fait que la révolution bolcheviste a été largement conçue par des hommes appartenant à la race juive. Nous devons accepter le fait supplémentaire que les exactions commises par ces hommes ont soulevé de violentes passions vindicatives dans les cœurs du peuple russe... (p. 159) « La fièvre bolchevique s'éteindra d'elle-même, mais la passion antisémite croîtra au fur et à mesure que régressera le bolchevisme. Des signes de la tempête qui vient sont visibles dans toute l'Europe centrale... A quoi ne doit-on pas s'attendre alors en Russie ? Car la passion antisémite n'y est pas seulement incomparablement plus grande que dans tout autre pays, mais elle affecte des masses beaucoup plus importantes. » (Sarolea ibid. p.166)

A propos de la révolution espagnole, les documents publiés dans le *Rapport officiel du Gouvernement Portugais au Comité de Non-Intervention* fournissent une vivante illustration du *Plan communiste d'insurrection armée* ; les lignes suivantes en sont extraites : « ... dans sa session du 27 février, le Kominterm consacra spécialement son attention à la bolchevisation de l'Espagne. Pour diriger le travail des communistes dans la péninsule, cette organisation envoya deux techniciens, tous deux bien connus des révolutionnaires : Bela Kun et Losovski. On leur donna d'importants moyens financiers, avec l'ordre d'atteindre les objectifs communistes... « L'agitateur Bela Kun et ses camarades Losovski, Janson, Riedal Priamo (ou Primakoff), Berzine et Neumann arrivèrent à Barcelone en mars et se mirent au travail sans délai... « La vue de leur œuvre doit remplir de satisfaction les organisateurs de la Révolution espagnole ». L'Espagne est une mer de sang. Les immenses richesses, les chefs d'œuvres que tout l'or du monde ne pourra reconstruire et les reliques historiques qui formaient un patrimoine commun à de nombreux pays ont été sacrifiés et perdus à jamais. Un nombre important de ce qui compta parmi les plus hautes réalisations morales, artistiques et intellectuelles gisent ensevelis dans le silence éternel de la mort. « Tous les points du programme établi quelques mois plus tôt par le Kominterm ont été réalisés sur le territoire soumis au gouvernement de Madrid. S'ils n'ont pu être mis à exécution dans la totalité du pays, c'est que la réaction nationale ne l'a pas permis. « Tout avait été prévu à distance et méthodiquement exécuté ».

Enfin, les chefs des régimes soviétiques mis en place par Moscou après la guerre dans les pays satellites furent des juifs : Rakosi en Hongrie, Anna Pauker en Roumanie, Slanski en Tchécoslovaquie, et Jacob Berman en Pologne.

Car, comme l'expliqua Arthur Bliss Lane, ancien ambassadeur des États-Unis en Pologne (1944-47) : «... L'antisémitisme croissant, admis même par nos sources juives, était causé par la grande impopularité des juifs occupant les positions clés du gouvernement. Il s'agissait de Minc, Bermann, Olszewski (dont le nom réel était réputé être Specht), Radkiewicz et Spychalski. Nos amis juifs disaient que, même les juifs en Pologne avaient peu de considération pour le gouvernement, et qu'ils ressentaient l'implication de ce que les juifs de ce gouvernement représentaient leur peuple. J'informais le Département d'État que, selon les rapports que je recevais, j'étais porté à croire qu'il y avait un profond ressentiment à l'intérieur de la milice contre les juifs, parce que la police de Sécurité, sous les ordres de Radkiewicz, dominait la milice et l'armée, et qu'un général russe, Kiziewicz, dirigeait la Police de Sécurité Intérieure (K.B.W.). On savait en outre que l'U.B et le K.W.B. comptaient parmi leurs membres de nombreux juifs d'origine russe ». (Arthur.B. Lane, ambassadeur des USA en Pologne de 1944 à 47 : *Je vis la Pologne trahie*, pp. 250-251)

Depuis lors, en Russie et dans les pays satellites, ils furent progressivement éliminés de leurs positions dirigeantes et remplacés par des Russes et des autochtones.[6] Mais avant leur éviction, les chefs de la terrible police secrète furent souvent d'origine juive. L'écrivain juif Fejtö, un converti

---

[6] NDT : Il s'agit là d'une erreur de L. de Poncins, trompé par les pseudonymes pris par les juifs de la Nomenklatura soviétique et des satellites précisément pour induire en erreur sur leur identité ! Certains postes ministériels secondaires et de hauts fonctionnaires étaient certes laissés à des communistes non-juifs, mais sûrs pour eux.

d'origine hongroise écrit dans son excellent ouvrage *Les Juifs et l'Antisémitisme dans les Pays Communistes* : « Le plus haut placé des communistes juifs au service de la terreur fut Jacob Bermann... » (p. 71) et parlant de la Hongrie, il nous dit : « Entre 1945 et 1948... la population ne sembla pas attacher beaucoup d'attention au fait que les plus hauts rangs dans le régime étaient essentiellement constitués de juifs (Rakosi, Gero, Revai, Vas, Antal, Apro, Georges Lukacs et autres...). Le pays commença seulement à s'en rendre compte après 1948, date à laquelle le communisme changea d'aspect et devint de plus en plus sectaire et oppressif dans ses mesures policières. Plusieurs agents notoires de cette oppression, notamment Gabor Peter, le Beria hongrois, Mihaly Farkas ministre de la Défense et son fils Vladimir, qui fut le bourreau le plus en vue de la police politique, étaient pareillement d'origine juive. Un bon nombre de juifs hongrois prévoyaient déjà avec terreur que le peuple, rendu enragé par le régime de pénurie et de terreur qu'était devenue la démocratie populaire, finirait par se soulever contre ses tourmenteurs. Cette fois encore, comme en 1919 à la chute de Bela Kun, les juifs semblaient prédestinés à devoir payer le prix d'un régime dont certains d'entre eux apparaissaient être les principaux bénéficiaires. » (Fejtö, op. cit., p. 93)

Au cours de ce siècle, il y eut nombre de crimes politiques qui stupéfièrent le monde, et dont des hommes de race juive furent les principaux instigateurs. Voici quelques-uns des cas les plus connus :

Entre 1905 et 1917 en Russie, il y eut une série incessante de crimes politiques dont tombèrent victimes quelques uns des plus hauts dignitaires du régime tsariste, parmi lesquels l'oncle du tsar le Grand duc Serge, le premier ministre Plehve, Stolypine et d'autres. Les deux principaux leaders des organisations terroristes responsables de ces meurtres furent les révolutionnaires juifs Guershouni et Azef, en collaboration avec Silberberg, Max Schweitzer et

Routenberg. En 1907 une bombe fut jetée dans la banque d'État à Tiflis tuant nombre de gardes cosaques, et une somme d'argent très importante y fut volée pour servir à financer les agents bolcheviques. L'année suivante, on arrêta à Paris l'un des principaux organisateurs, Meyer Genoch Moisewitch Wallach, alias Finkelstein, qui fut inculpé de d'avoir été lié au vol de 250.000 roubles à la banque de Tiflis. Il fut expulsé de France et alla en Angleterre, où il vécut sous les noms d'emprunt de Buchmann et de Harrison, et lorsqu'éclata la première guerre mondiale il s'activa à empêcher la mobilisation parmi les juifs de l'East-End de Londres. Aidé de deux autres juifs révolutionnaires venus de Moscou, Holtzmann et Fineberg, il fut impliqué dans la diffusion de littérature séditieuse pour le compte de l'Allemagne. Après la révolution bolchevique en 1917, il devint ensuite ambassadeur soviétique à la Cour de St James à Londres sous le nom de Maxime Litvinoff. Plus tard il devint président du Conseil de la Ligue des Nations.

L'assassinat après la guerre du comte Stephen Tiza, le premier ministre de Hongrie, fut commis à l'instigation de trois terroristes juifs : Keri, Frenyes et Pogany.

Le comte Stürgkh, premier ministre d'Autriche, fut assassiné par le juif socialiste Adler, le fils du chef du parti démocratique socialiste autrichien. Hetman Petlioura fut assassiné à Paris par le communiste juif Schwartzbart. En 1938 le diplomate allemand Von Rath fut assassiné à Paris par le jeune juif Grynzpan.

Le haut-commissaire britannique au Caire, Lord Moyne, fut assassiné par des terroristes juifs.

Le dynamitage de l'hôtel King David à Jérusalem qui tua un grand nombre d'officiers britanniques fut perpétré par une organisation secrète juive.

Le comte Bernadotte de Suède, plénipotentiaire des Nations Unies et le colonel Sérot, de France, tombèrent tous deux victimes d'assassins juifs.

Finalement dans les années récentes, il y a eu le meurtre de Lee H. Oswald, l'assassin de Président Kennedy, par Jack Rubinstein.

Qui sème le vent récolte la tempête. Quand on lâche la bride à la terreur révolutionnaire sur le monde, il ne faut pas être surpris si l'on en tombe à son tour la victime un jour. C'est la justice immanente de l'Histoire.

Quand le terrorisme s'exerce dans le sens révolutionnaire, il est décrit dans les manuels scolaires comme représentant « *le sens de l'Histoire* », et lorsque ce sont des juifs qui le dirigent, il s'agit *d'une expérience sociale « large, humaine et généreuse «* en dépit des millions de morts que cela implique.

Mais quand la violence révolutionnaire se retourne contre ses instigateurs et que les victimes sont juives, alors cela devient « un cancer morbide de la civilisation », *une forme sadique de la haine anti-juive* « et *une rétrogradation de l'humanité vers l'âge sombre de l'obscurantisme médiéval ».* Les juifs deviennent *les innocentes victimes de la barbarie antisémite et les martyrs de l'humanité.*

# XI – ÉTERNEL ANTAGONISME

L'irréductible antagonisme avec lequel le Judaïsme s'est toujours opposé au Christianisme depuis deux mille ans est la clef et le principal ressort de la subversion moderne une position qui, comme nous avons essayé de le montrer par des citations de docteurs et d'universitaires juifs respectés et érudits, bien loin d'être absurde comme il pourrait sembler à première vue, est très compréhensible lorsque l'on saisit qu'elle découle tout naturellement de l'esprit et de la pensée judaïques.

Car, comme nous le dit Darmesteter : « Le juif se fit le champion de la raison contre le monde mythique de l'esprit... durant la nuit intellectuelle du Moyen-âge... et il comprit comme personne comment découvrir les points faibles de sa doctrine.... Il fut le docteur de l'incrédulité ». (Darmesteter, cité par André Spire dans *Quelques Juifs,* p. 233).

La venue du Christ fut une catastrophe pour le peuple juif, spécialement pour ses leaders. Jusqu'alors, eux, eux seuls, avaient été les Fils de l'Alliance ; ils avaient été ses seuls grand-prêtres et bénéficiaires. Les puissants empires qui les entouraient, ou bien ignoraient, ou bien traitaient avec mépris la population obscure et peu nombreuse d'Israël.

Dans sa *Genèse de l'Antisémitisme,* Jules Isaac décrit ce que les Grecs et les Romains pensaient d'Israël. Après un temps : « Le monde grec devint plus attentif à cette nation israélite qu'il avait regardée jusqu'alors comme insignifiante... un peuple singulier, manquant de tout ce qui, aux yeux des Grecs, donnait à la vie humaine sens, gaieté et beauté, manquant de toute marque visible de civilisation ou d'œuvres d'art, fanatiquement pieux, mais d'une foi obscure dont les dieux abstraits ne pouvaient être représentés par le ciseau du sculpteur et adorés en images. Et pourtant, cette non-entité de peuple revendiquait tout : il s'élevait face à la radieuse Hellade ; bien plus, il osait lui prêcher et se poser comme le maître de la prière et l'Élu de la Divinité. Quelle étonnante incongruité et quelle exaspérante folie. L'antijudaisme engendré dans certains cercles grecs fut d'abord une réaction face à ces prétentions considérées comme intolérables et outrageantes, un réflexe de self-estime outragée compliqué de méfiance, d'ignorance et de malentendu. Il était destiné à se répandre dans toute la longueur et la largeur de ce monde, qui avait été plus ou moins amené sous l'autorité des Hellènes ; mais originellement et essentiellement, ce ne fut qu'un aspect du violent antagonisme qui venait de s'élever en Palestine entre les Judéens et les Grecs, une guerre d'extermination mutuelle comme l'a dit le Père Lagrange, qui devait s'étendre bien au delà des frontières de la Palestine, s'envenimer et ultérieurement exploser en de nouveaux conflits sanglants, au cours desquels le coté des massacreurs et celui des massacrés changea souvent, selon le côté du plus fort qui avait le dessus, et que chacun des opposants s'efforçait de tout son possible de monter un nouveau pogrom ». (B. Lazare, Op. cit. p. 70)

Les Romains adoptèrent la même attitude : « C'était une chose inouïe pour eux que la Pax Romana, l'ordre romain et la religion impériale qui en était le symbole puissent être disputés et ébranlés par une poignée d'agitateurs orientaux indécents et superstitieux. « La querelle redoubla de fureur, uniquement parce que les Judéens ne voulurent pas abandonner le combat « écrivit Tacite. Les gredins. Cette juste colère s'enfle à travers tout Tacite. » (B. Lazare, Op. cit., pp. 120 -121)

Mais Israël n'attacha aucune importance à ce que les païens pouvaient penser ou dire. Il ne sentit pas concerné, la critique provenant de l'extérieur. Cela ne toucha ni la cohésion intérieure d'Israël, ni son immense fierté, ni son inébranlable croyance en un avenir impérial. « Le petit peuple d'Israël, tel qu'il apparaît dans les conceptions des prophètes, devient le nombril du monde. Tous les événements heureux ou contraires sont suscités par Jahvhé son Dieu, et tous se rapportent à lui. Israël devient le centre de l'univers et le centre de l'histoire. Rien n'a existé, rien n'existe ou n'existera qu'en fonction de ses destinées. Cette vie de mysticisme prophétique, d'une si naïve vanité et d'un si frénétique orgueil, aboutit à un véritable impérialisme religieux. Selon les prophètes, Israël, par la grâce de Jahvhé son Dieu, est destiné à gouverner le monde ; lorsque le peuple de serviteurs de Jahvhé se conformera aux exigences divines, les temps viendront où Israël régnera sur toute la terre. » (G. Batault : *Le Problème juif,* pp. 69-70)

Mais soudain, voilà que s'éleva parmi eux un prophète homme ou Dieu qui était effectivement de la descendance royale de David, et aussi le Fils de l'Alliance, l'héritier de la Promesse. Il affirma qu'il avait été envoyé du Ciel par Dieu, son Père, pour accomplir et compléter la promesse de l'Alliance.

« *Je ne suis pas venu pour abolir la Loi, mais pour l'accomplir* « (*Matthieu*, chap. v, 17).

Et pour preuve de sa mission, il accomplit un nombre inouï de merveilles ; les multitudes subjuguées le suivirent. « Mais et c'est le point le plus sérieux au sujet sa mission il interpréta la Promesse dans un sens nouveau et entièrement différent qui menaça de renverser et de détruire tout entier le fier édifice judaïque, en le rendant spirituel et universel. « La réalisation de la Promesse était transférée du niveau matériel au niveau spirituel ; elle débordait les limites nationales et cessait d'être réservée aux juifs comme seuls bénéficiaires, mais s'étendait pour inclure le monde entier.

« La notion d'une patrie céleste, commune à toutes les âmes, se substituait à la Jérusalem des juifs ; il ne s'agissait plus de l'épanouissement d'une race ni du triomphe d'une nation établie ; le peuple élu était rabaissé au niveau d'un peuple quelconque parmi les peuples. A cela, ni l'orgueil, ni le nationalisme religieux des juifs ne pouvaient consentir ; c'était contraire à la Loi et aux Prophètes, et contraire aux promesses du messianisme. Les temps devaient venir de la soumission des royaumes à Israël. » (Georges Batault, Op. cit. p. 91)

Les chefs des prêtres et les pharisiens ne pouvant tolérer un tel blasphème et un tel empiétement sur leurs privilèges, livrèrent le dangereux agitateur aux Romains afin de s'en débarrasser, et le firent mettre à mort.

Mais le Christ ressuscita, et son enseignement se répandit comme une traînée de poudre à travers l'ancien monde. Ses disciples furent dénoncés aux autorités romaines comme des agitateurs contre l'empereur et furent poursuivis, livrés en nourriture aux bêtes, suppliciés et crucifiés. Pourtant cette vague ne cessa de s'accroître, pénétra les hautes sphères du pouvoir impérial, et soudain le monde bascula en faveur de l'Église du Christ : « Le 28 octobre 312 après Jésus-Christ, eut lieu la bataille du pont de Milvius. Constantin y fut victorieux de Maxence, qui, croit-on, se noya dans les eaux du Tibre. « Une seule bataille suffit pour changer la face du monde et son expression religieuse... « La victoire de Constantin est considérée à juste titre comme le point de départ d'une nouvelle ère, celle de l'Empire chrétien. Il est exact que son résultat immédiat semble avoir été l'établissement de l'égalité et de la liberté de foi (en 313)... A partir de ce moment, pour des raisons qui n'ont pas été entièrement élucidées, le victorieux Constantin unit son destin à celui de l'Église du Christ, et cette dernière avait donc gagné la partie. L'Église conquit et garda la faveur impériale ; elle prit une position privilégiée dans l'État et commença son ascension vers des hauteurs encore plus grandes et plus périlleuses, où l'Église fut étroitement liée à l'État et, autrement dit, devint une Église d'État. Une grande et surprenante révolution, déplorée par certains et glorifiée par d'autres, l'une des plus importantes révolutions dans l'Histoire, dont le règne de Constantin ne fut qu'un prélude, car celle-ci n'atteignit son complet achèvement qu'au cours de l'extraordinaire et chaotique quatrième siècle. Mais le succès inouï de l'Église devait amener dans son sillage le malheur de la Synagogue, pour laquelle le quatrième siècle fut une époque fatale, marquant le début d'un avenir d'angoisse, de souci et de catastrophes «. (Jules Isaac, *Genèse de l'Antisémitisme,* pp. 155-56)

Les juifs n'acceptèrent pas alors et n'acceptent toujours pas maintenant cette défaite. La rupture entre Judaïsme et Christianisme est totale. C'est *une position d'inflexible antagonisme mutuel.*

On ne peut guère l'exposer plus clairement que ne le fait le converti juif Fejtö dans ce remarquable passage : « Si le juif a raison, le Christianisme n'est qu'une illusion. « Si le Christianisme a raison, le juif est dans le plus favorable des cas un anachronisme l'image de quelque chose qui n'existe plus. « Le Christianisme, pour le juif, signifie la renonciation à un monopole et à l'interprétation nationaliste, pour ne pas dire raciale, de « l'élection » ; cela signifie s'ouvrir à la fraternisation humaine et en même temps dire un grand « Amen « à Dieu et à tout ce que Dieu décide ; cela signifie accepter la souffrance et la mort, et cela signifie de renoncer à sa propre fierté, à son amour de soi et à sa méfiance. « Je ne connais pas d'autre peuple qui ait été soumis à une épreuve aussi difficile par le Christianisme. « Pour aucun autre peuple, le changement en faveur du Christianisme n'a signifié, à court ou long terme, la disparition du peuple lui-même en tant que tel. Les traditions religieuses d'aucun autre peuple, que la foi dans le Christ leur imposait d'abandonner, n'étaient aussi intimement liées à toutes les conditions de leur existence civile. « Pour les autres peuples de l'Empire romain, la religion était en effet une « superstructure « ou un embellissement. Elle pouvait être remplacée sans ébranler l'édifice. Mais pour le juif, la religion était l'infrastructure, la raison d'être, la base de son existence. Cependant les Apôtres les invitèrent à vendre tous leurs biens, car le Ciel était proche et les portes de l'au-delà grandes ouvertes. Les juifs dirent : non, ce n'est pas vrai que Dieu exige cela de moi. Prouvez-le moi. Et à ce point là, nous touchons l'autre raison (ou prétexte) qui justifie les juifs dans leur « non » au Christ c'est que cela ne correspondait pas à l'idée qu'à tort ou à raison les juifs avaient développé du Messie et de son salut ». (François Fejtö : *Dieu et son Juif,* pp. 34 et 190-92) « En se proclamant le véritable » Israël » l'Israël selon « l'esprit » et non selon la chair périssable la théologie chrétienne se propose de remplacer définitivement Israël. Malheureusement Israël n'a pas disparu et n'entend pas le faire ». (J. Jehouda, *L'Antisémitisme, Miroir du monde,* p. 50)

L'irrémédiable différence tient à Jésus : « En admettant son existence historique, pour les juifs il ne fut ni Dieu, ni le Fils de Dieu. La plus extrême concession que les juifs puissent faire fut exprimée par Maurice Klauzner, d'après lequel « Jésus, qui dit-il ne fut ni le Messie, ni un Prophète, ni un législateur, ni le fondateur d'une religion, ni tauna, ni rabbin, ni pharisien, est considéré par la nation juive comme un grand moraliste et un grand artiste dans l'emploi des paraboles...Le jour où il aura été dégagé de ses histoires de miracles et de mysticisme, le Livre des Moralités de Jésus deviendra l'un des plus précieux joyaux de la littérature juive de tous les temps ».

« Le Christianisme se préoccupe essentiellement du salut individuel de l'homme. Le Judaïsme envisage seulement le salut de la maison d'Israël, qui seul peut permettre le salut des soixante-dix nations de l'univers. Depuis des siècles, ceci a été l'objectif constant des talmudistes et des cabalistes. Ils ont un but fondamental : maintenir une communauté dont dépend le salut du monde entier. C'est seulement en vertu de son rite qu'il est permis au juif de s'intégrer à sa communauté. » (Rabi : *Anatomie du Judaïsme français*, pp. 203-204) « Les étapes par lesquelles la foi chrétienne a conquis son indépendance devaient la conduire rapidement et inévitablement à une guerre sans merci contre l'Israël « selon la chair », la nouvelle Église se proclamant le véritable Israël de Dieu et le seul Israël « selon l'esprit ». Mais réalisa-t-on bien la gravité d'une telle revendication ? Il s'agissait de quelque chose de bien pire qu'une diffamation du peuple juif, c'était tenter de lui dérober son étincelle de vie, son feu sacré et l'on pourrait même dire son âme ; et même pire encore tellement sont liés l'un à l'autre l'élément spirituel et l'élément temporel, c'était essayer de lui enlever sa place au soleil, son statut privilégié dans l'Empire ». (Jules Isaac, *Genèse de l'antisémitisme*, p.150)

Le Christianisme fut sur la voie ascendante pendant quinze siècles, et durant toute la période médiévale, le Judaïsme fut impuissant à influencer les destinées des nations. Profitant de la tolérance des autorités et de la protection des Papes, il ne pouvait que survivre, attendant une opportunité pour pénétrer la structure monolithique chrétienne. Il regarde cette période comme un temps d'obscurantisme et de barbarie, car Israël tend à juger le monde par rapport à lui, se considérant comme le sel de la terre et la mesure de toutes choses.

Puis, avec la Renaissance et la Réforme, l'unité de la Foi se brisa. Le Judaïsme s'avança dans la brèche ainsi ouverte, et, dès lors, pesa de tout son poids derrière chacun des mouvements qui affaiblirent et déstabilisèrent le Christianisme : la Renaissance, la Réforme, la Révolution de 1789, et le Marxisme.

Tout au cours de cette période nous dit Darmesteter : « Le juif se fit le champion de la raison contre le monde mythique de l'esprit. C'est avec lui que la pensée trouva refuge durant la nuit intellectuelle du Moyen-âge. Provoqué par l'Église qui chercha à le persuader, après avoir en vain cherché à la convertir par la force, il la sapa par l'ironie et l'intelligence de ses arguments, et il comprit mieux que personne comment trouver les points vulnérables de sa doctrine. Il avait à sa disposition pour cette recherche, outre la sagesse des saintes Écritures, l'esprit redoutable des opprimés. *Il est le docteur de l'incrédule ; tous les révoltés de l'esprit sont venus à lui, dans l'ombre ou à ciel ouvert.* Il a été à l'œuvre dans l'immense atelier de blasphèmes du grand empereur Frédéric et des princes de Souabe ou d'Aragon. C'est lui qui forgea tout cet arsenal meurtrier de raisonnements et d'ironie qu'il transmit aux sceptiques de la Renaissance, aux libertins du grand siècle ; tel sarcasme d'un Voltaire, par exemple, n'était que l'écho d'un mot murmuré six siècles auparavant dans l'ombre du ghetto, ou plus tôt encore (chez les contre-Évangélistes des premier et second siècle) au temps de Celse et d'Origène, tout à fait au berceau de la religion du Christ. » (Darmesteter, cité par A. Spire dans *Quelques juifs*, p. 233)

Bernard Lazare pour sa part dépeint l'action des juifs et des chrétiens au XVIIIe siècle : « De même, dans tout le terrible anti-Christianisme du XVIIIe siècle, il importerait d'examiner quel fut l'apport, je ne dis pas du juif, mais de l'esprit juif. Il ne faut pas oublier qu'au XVIIe siècle, des érudits comme Wagenseil, comme Bartolocci, comme Buxtdorf, comme Wolf firent sortir de l'oubli de vieux livres de polémique hébraïques, ceux qui attaquaient la Trinité, l'Incarnation, tous les dogmes et tous les symboles, avec l'âpreté judaïque et la subtilité que possédèrent ces incomparables logiciens que forma le Talmud. Non seulement ils publièrent les traités dogmatiques et critiques, les *Nizzachon* et les *Chizuk Emuna*, mais encore ils traduisirent des libelles blasphématoires, les « vies de Jésus » comme le *Toledot Jeshu*, et le XVIIIe siècle répéta sur Jésus et sur la Vierge les fables et les légendes outrageantes inventées par les pharisiens du IIe siècle, qu'on retrouve à la fois dans Voltaire et dans Parny, et dont l'ironie rationaliste âcre et positive revit dans Heine, dans Boerne et dans Disraéli ; comme la puissance de raisonnement des docteurs renaît dans Karl Marx, et comme la fougue libertaire des révoltés hébraïques dans l'enthousiaste Ferdinand Lasalle. » (Bernard Lazare, *L'Antisémitisme*, pp. 306-307)

D'après Jehouda : « La Renaissance, la Réformation et la Révolution (de 1789) constituent trois tentatives pour rectifier la pensée chrétienne en l'amenant au diapason du développement progressif de la raison et de la science. « Lorsque la théologie dogmatique commença à relâcher son contrôle oppressif sur la conscience humaine, les juifs commencèrent à respirer plus librement... « *Les trois brèches ouvertes dans la forteresse décrépite de l'obscurantisme chrétien* s'étendent globalement sur cinq siècles, au cours desquels les juifs restaient considérés comme les parias de l'Histoire... « Si les juifs demeuraient encore à l'écart de toute l'activité sociale et intellectuelle des peuples chrétiens, néanmoins, et malgré l'ostracisme auquel ils étaient soumis, leur pensée joua un rôle prépondérant bien que méconnu dans la Renaissance, la Réformation et la Révolution qui portent toutes trois, bien qu'indirectement, l'impression de sa marque... et ce n'est certainement pas par hasard que ces tentatives (de rectifier la mentalité chrétienne) furent inspirées par l'étude assidue de sources juives, à une époque où les juifs continuaient d'être regardés avec suspicion et défiance. » (J. Jehouda : *L'Antisémitisme miroir du monde*, pp. 161-162)

Jehouda fournit l'exemple concret de la part jouée par des prosélytes juifs comme Pic de la Mirandole et Jean Reuchlin dans cette transformation du monde chrétien : Pic de la Mirandole, qui mourut à Florence en 1494, était un hébraïsant qui se consacra à l'étude de la Cabale sous la direction de maîtres juifs comme Jehuda Abravanel : « C'était dans la demeure princière de Pic de la Mirandole que les érudits juifs avaient l'habitude de se réunir... La découverte de la Cabale juive qu'il fit partager à divers chrétiens éclairés fit beaucoup plus que le retour aux sources grecques pour l'extraordinaire floraison spirituelle connue comme la Renaissance. « Environ un demi-siècle plus tard, la réhabilitation du Talmud devait conduire à la Réformation... Pic de la Mirandole avait compris que l'indispensable purification du dogme chrétien ne pourrait s'effectuer qu'après une étude approfondie de l'authentique Cabale juive. » (J. Jehouda, ibid. p 164) « Avec la Réformation qui éclata en Allemagne cinquante ans après la Renaissance, l'universalité de l'Église fut détruite. Un nouvel âge commença. « La Renaissance n'avait pas réussi à purifier le dogme chrétien, et la Réformation finit à l'évidence par rendre encore plus compliqué « le problème » du Christianisme. On peut la résumer comme la question posée de comment surmonter son dualisme fondamental, sa double et contradictoire origine à Jérusalem et à Athènes, à qui succéda Rome. C'est certes un fait bien connu que la Réformation fut accomplie par Luther (1483-1546), Calvin (1509-1564) et Zwingli (14841531), mais on sait moins que précédemment Jean Reuchlin (1455-1531), disciple de Pic de la Mirandole, ébranla la conscience chrétienne dès 1494, en suggérant « qu'il n'y avait rien de plus élevé que la sagesse hébraïque. « Et lorsqu'en 1509 un renégat juif, Joseph Pfefferkorn, fit saisir *le Talmud* et obtint, après plusieurs tentatives antérieures, la claire condamnation de ce compendium collectif qui contient un millénaire de sagesse juive, Jean Reuchlin n'hésita pas à s'exposer lui-même à toutes les menaces et à tous les dangers pour défendre devant l'Empereur et le Pape l'extraordinaire valeur du *Talmud*, dont il avait sondé le véritable sens. « Reuchlin se fit l'avocat d'un retour aux sources juives ainsi qu'aux textes anciens. Finalement, il eut gain de cause contre le converti Pfefferkorn qui demandait ouvertement la destruction du *Talmud*. » « Devenait apparent à propos de juifs et du Talmud le nouvel esprit qui devait révolutionner toute l'Europe », écrivit à ce propos l'historien Graetz. « Cependant la Réformation, qui fit connaître le texte pur et simple de la Bible, s'avéra encore plus incapable que la Renaissance de purifier le Christianisme de son antisémitisme congénital. On est stupéfait de découvrir qu'il y eut autant de protestants antisémites que de catholiques. La Réformation s'étant mise dans une impasse adopta le principe du fidéisme, excluant par conséquent toute possibilité de rationaliser sa foi... » « La Réformation elle même se soumit à l'irrésistible attraction du « miracle grec » qui divise la pensée en la séparant de la foi, et adopta, bien qu'insensiblement, le laïcisme païen qui prépare le terrain à l'athéisme. « La Révolution française marqua le début de l'athéisme dans l'histoire des peuples chrétiens, et, ouvertement antireligieuse, elle continue à travers l'influence du communisme russe à apporter sa puissante contribution à la déchristianisation du monde chrétien... « La troisième tentative pour modifier la position chrétienne après l'échec du Christianisme réformé à s'unir, prit place sous l'impulsion de la Révolution française. « Bien que la Révolution française et la révolution russe qui la suivit libérèrent les juifs dans le domaine social et politique, elles tinrent toutes deux la religion monothéiste d'Israël dans le même mépris que la théologie chrétienne... « Le laïcisme, auquel la Révolution donna naissance, confère au juif sa dignité en tant qu'homme, mais la théologie chrétienne n'a pas encore aboli son mépris à son égard. Ceci explique l'attitude ambivalente du monde moderne en ce qui concerne le juif, et les explosions successives d'antisémitisme.... « Aussi l'antisémitisme, perpétuelle démangeaison du Catholicisme, reste toujours rebelle, même après ces trois tentatives pour en purifier le dogme chrétien. Nonobstant ces purgations successives, le Christianisme demeure fermement lié à son dogmatisme mythique, qui engendre inévitablement l'antisémitisme.

L'affirmation que le Christianisme offre au Judaïsme la dernière phase de son avenir spirituel devra finalement être repensée de fond en comble, dans l'intérêt du Christianisme lui-même et donc dans celui de la civilisation occidentale... « Quiconque scrute le sens de l'histoire universelle afin de la comprendre comme un tout, découvre que, depuis l'Antiquité jusqu'à ce jour, elle a été pénétrée et de plus en plus façonnée par deux courants contraires, connus sous différents noms : le Messianisme et l'antisémitisme.... « Mais le sens profond de l'histoire, qui demeure inaltéré à chaque époque, est celle d'une lutte ouverte ou voilée entre les forces œuvrant pour l'avancement de l'humanité et celles qui s'accrochent aux intérêts coagulés, obstinément déterminées à les maintenir à l'existence au détriment de ce qui doit advenir. « Car le Messianisme et l'antisémitisme constituent les deux pôles du progrès de l'humanité ». L'antisémitisme est le pole négatif du Messianisme... » (Joshua Jehouda, ibid. p. 186)

Aujourd'hui l'attaque se renouvelle sous la bannière de l'œcuménisme, et la guerre est menée jusqu'à l'intérieur de l'Église elle même. Avec le soutien des partis progressistes, les leaders spirituels du Judaïsme mondial demandent que soit reconsidérée la doctrine traditionnelle de l'Église sur le Judaïsme, comme nous l'avons montré aux trois premiers chapitres de cet ouvrage.

On nous dit que la réconciliation est possible et désirable : nous sommes les premiers d'accord sur le caractère désirable, mais il est beaucoup plus difficile de défendre la proposition qu'elle soit possible. Pour les tenants de la foi judaïque imprégnée du *Talmud*, la réconciliation, comme nous l'avons montré, ne signifie rien d'autre que l'abandon par le Christianisme en sa totalité de ce qui constitue l'essence de sa doctrine, et son retour au Judaïsme, alors que celui-ci pour sa part n'entend rien céder et maintient fermement ses positions intransigeantes.

Tous les penseurs juifs, les rabbins et les leaders du Judaïsme sont unanimes sur ce point. Il suffit d'écouter ce que dit André Spire, à propos de Darmesteter : « Au delà de toute confession, au dessus de tout dogme, il (le juif) est resté ancré à l'esprit des Écritures. Par un tour original de sa pensée, il incorpore dans le Judaïsme les caractéristiques les plus attirantes du Christianisme, et, ramenant l'Église à la Synagogue, il réconcilie la fille avec la mère dans une Jérusalem idéale. Mais c'est à la fille, comme il se doit, de reconnaître ses torts et de confesser ses erreurs ». (André Spire : *Quelques juifs*, p. 255)

Joshua Jehouda écrit pour sa part : « Un prophète moderne s'exclama un jour : « Honte et malédiction à vous peuples chrétiens, si vous persistez obstinément à étouffer la tradition monothéiste d'Israël. Car sans renouveau du Messianisme monothéiste, il n'y a pas d'espoir de salut pour vous et pour le reste du monde « (Joshua Jehouda, *Antisémitisme, miroir du monde*, p. 349)

Rabi fait le commentaire suivant : « Ce n'est pas la Croix qui réparera le schisme entre le peuple juif et le reste des nations, comme le croit Lovsky. Cela ne deviendra possible que lorsque le monde acceptera l'idée juive de filiation commune. Nul besoin pour l'homme de chercher une autre morale, ni pour l'histoire une autre fin. » (Rabi : *Anatomie du Judaïsme français*, p. 186)[7]

Elie Benamozegh, l'un des penseurs juifs des plus éminents, connu comme « le Platon du Judaïsme italien », écrivit une importante introduction à son ouvrage *Israël et l'humanité*, qui résume parfaitement la pensée juive sur le

---

[7] NDT On notera que Wojtyla avec son programme de Sinaï 2000 répond exactement aux vœux de Rabi !

sujet et dont nous voulons rendre compte brièvement ici. Après avoir décrit la crise religieuse dans le monde, Elie Benamozegh pense que la seule manière de la résoudre est d'atteindre l'unité religieuse, et il examine sous quelles conditions un tel accord pourrait être obtenu. Dans les vues de ce rabbin, fervent cabaliste, la religion du futur ne pourrait être le rationalisme, qui, sorti du seul esprit humain, n'appréhende que les objets changeants et intelligibles. Pour la religion, l'acte d'adoration et de foi en l'Absolu surpasse nos sens et nos facultés, et implique une vérité fondée sur la Révélation. Seules les religions issues de la Bible et de la tradition, le Judaïsme, le Christianisme et l'Islam remplissent ces conditions. Mais parmi celles-ci, le Judaïsme occupe une position prééminente. Premier né des enfants de Dieu, gardien du messianisme, c'est à Israël qu'appartient de droit la fonction sacerdotale dans la grande famille des nations, car dans l'Antiquité, l'aîné : « ...fut le prêtre de la famille qui transmit les ordres du père et prit sa place en son absence ». Il eut la charge du sacré, il célébra pour la famille, il les enseigna, il leur donna sa bénédiction. En reconnaissance de ses services, il reçut une double part de l'héritage paternel et la consécration ou l'imposition des mains... Telle était la conception juive du monde. Dans le Ciel, un seul Dieu père de tous les hommes ; et sur terre une seule famille de peuples, parmi lesquels Israël est l'aîné chargé de la fonction sacerdotale d'enseignement et d'administration de la vraie religion de l'humanité ». (E. Benamozegh : *Israël et l'humanité,* p.40)

Aussi (pour Benamozegh), le Judaïsme doit-il redevenir la religion de la race humaine, et la conception juive du monde doit prévaloir sur toutes les autres. Issu de l'Hébraïsme, le Christianisme doit retourner à la tradition plus ancienne et authentiquement divine qui l'a formé. Le nombre excessif de sectes chrétiennes ; ses erreurs, ses discordes et l'obscurité de ses dogmes ne correspondent plus aux exigences des temps modernes. Pour continuer d'exister, il doit se réformer de ses défauts en acceptant l'idée que le Judaïsme repose sur l'homme et sur la société, et en revenant à la foi primitive en Dieu et en sa Révélation. C'est à cette condition qu'il préservera son caractère messianique, qu'il s'unira avec le Judaïsme afin d'assurer l'avenir religieux de l'humanité, et qu'il restera la religion des Gentils. « La réconciliation rêvée par les premiers chrétiens comme condition de la Parousie ou la venue finale de Jésus, le retour des juifs dans le sein de l'Église, sans lequel toutes les communions chrétiennes en sont d'accord l'œuvre de la Rédemption reste incomplète, ce retour nous disons qu'il aura lieu, mais pas en vérité comme on l'attend, mais de la seule manière authentique, logique et durable possible, et surtout de la seule et unique façon où elle puisse bénéficier à la race humaine. Ce sera la réunion entre la religion des Hébreux et celles qui en sont issues, et... le retour du cœur des enfants à leurs pères ». (E. Benamozegh, ibid., p. 48)

La défense de la position chrétienne traditionnelle rédigée en réponse à ces critiques et avec laquelle nous voulons conclure ce chapitre, nous la tirons du livre *Le Malheur d'Israël*, de l'écrivain juif le Dr Roudinesco : « La persistance jusqu'à ce jour de cette petite communauté, malgré une persécution et des souffrances inouïes, a été décrite comme le miracle juif. Leur survie n'est pas un miracle, au mieux on pourrait l'appeler un malheur. Le vrai miracle juif est la conquête spirituelle de l'humanité par le Christianisme. La mission du peuple élu est terminée depuis longtemps. Ceux des juifs qui espèrent compléter le Christianisme un jour par un messianisme renouvelé ignorent les loi fondamentales de l'évolution de l'humanité ». (Dr Roudinesco, opus cit., pp. 197-98)

# XII – Portrait d'un Juif

En 1962, un écrivain juif tunisien, A Memmi, qui avait vécu depuis de nombreuses années en France, publia un livre intitulé *Portrait d'un Juif*.

Cet ouvrage est très instructif, car il présente en effet un portrait dépeignant le plus clairement qui soit les réactions d'un juif confronté à la vieille civilisation chrétienne d'un pays comme la France, réaction typique, non seulement pour la France, mais pour toute nation chrétienne.

L'inconfort et l'appréhension de Memmi, dès qu'il est question de quoi que ce soit concernant le passé de la France, est frappant dans le passage suivant, qui confirme et résume de manière remarquable les points que nous avons exposés dans les chapitres précédents de la deuxième partie de cet ouvrage. « Plus de Gaulois, je vous en prie. Assez des Celtes, des anciens Romains et des conquérants arabes ! Car alors je me sens nu et seul ; mes propres ancêtres ne furent ni Gaulois, ni Celtes, ni Slaves, ni anciens Romains, ni Arabes ou Turcs...

« Je n'ai jamais été capable de dire « Nous » en référence à ces origines historiques-là, dont mes concitoyens s'enorgueillissent pour leur propre compte. Je n'ai jamais entendu un autre juif dire « Nous », sans sourciller, sans le soupçonner d'une bévue par inadvertance, de suffisance ou d'un lapsus. » (A Memmi : *Portrait d'un Juif*, p.199)

Ainsi, il y a bien un antagonisme racial et national entre les juifs et les nations, mais plus profondément encore, il y a un antagonisme religieux : « Lorsque, il y a plusieurs années, je quittais la Tunisie pour venir en France, je savais que je quittais un pays musulman, mais je ne compris pas que je m'en allais dans un pays catholique ». Quelques semaines suffirent pour que ce fait se grave en moi... « Je découvris vite que la réalité française est un mélange inextricable de libéralisme et de Catholicisme, de cléricalisme et en même temps d'anticléricalisme...mais le commun arrière-plan chrétien est partout, quelque fois plus ou moins enfoui, d'autres fois plus ou moins évident...

« La France demeure un pays profondément catholique, comme l'Amérique est un pays protestant... « Quand je voyage à l'intérieur du pays, que me montre-t-on avec une fierté justifiée ? Qu'est-ce que je demande moi-même à voir spontanément, parce que je sais qu'elles méritent d'être vues, sinon les églises, chapelles, baptistères, statues de la Vierge, objets de piété et quelques rares autres choses ? J'ai vérifié l'exactitude de ces descriptions chez des écrivains orthodoxes : les villages sont groupés autour de leurs églises, de leurs clochers, que l'on peut apercevoir de loin, et qui semblent réellement les protéger. « Est-ce seulement en France cela ? En aucun cas. Je fus stupéfait, outragé, et finalement amusé lorsque je lus dans les journaux la déclaration solennelle de Togliatti, le leader des communistes italiens, encourageant et bénissant « les communiants communistes «. Je sais bien que ce n'était qu'une question de stratégie, mais s'il doit y avoir stratégie, c'est qu'il y a une réalité dont il faut s'évader. Et la réalité du peuple italien est profondément catholique. Tout comme la réalité polonaise, la réalité espagnole, etc. « Ma situation religieuse résulte moins du degré de ma religion profonde que du fait que je n'appartiens pas à la religion des hommes au milieu desquels je vis, que je suis un juif parmi des non-juifs. Et ceci implique aussi que mes enfants, ma famille, mes amis se trouvent souvent dans la même situation. Je suis toujours d'une certaine façon en dehors du monde religieux, de la culture et de la société à laquelle d'autre part j'appartiens. « La loi des pays chrétiens est une loi d'inspiration chrétienne à peine déguisée et souvent proclamée ; la loi des pays musulmans est une loi musulmane, admise en tant que telle et ouvertement reconnue... « La religion des non-juifs est en fait partout, dans la rue comme dans les institutions, dans les vitrines et dans les journaux, dans les monuments, dans les conversations, dans l'air lui même : l'art, la morale et la philosophie sont chrétiens, comme le sont le droit et la géographie. La tradition philosophique enseignée à l'école, les grands motifs de la peinture et de la sculpture sont autant imprégnés de Christianisme que les lois sur le mariage et le divorce. « Quand j'étais sur la Riviera l'an dernier, je m'amusais à noter les villages portant des noms de saints : St Tropez, Ste Maxime, St Raphael, St Aygulf. Leur nombre est surprenant. Il en est de même précisément pour les stations de métro. Ma première irritation contre Paris, ville que je chéris pour tant d'autres aspects, eut une base religieuse, si je me souviens bien. Exerçant une partie de la journée un métier misérable, je restais éveillé tard le soir pour faire mes études. Chaque matin j'étais réveillé et à mon exaspération plusieurs fois de suite par des cloches sonnant à toute volée et durant un long moment, puis s'arrêtant un certain temps, et revenant à la charge juste au moment où je me remettais à sommeiller ! En vérité, je vivais dans un petit hôtel à quelques pas d'une église, mais dans cette ville, vous êtes toujours à deux pas d'une église...Ces cloches appelaient les hommes aux tâches qu'ils partagent avec d'autres et étaient aussi le symbole de leur origine ; en même temps, pour moi, elles sonnaient le signal de mon exclusion de leur communauté. J'étais dans un pays catholique ; tout le monde doit trouver normales et peut-être agréables ces cloches matinales, sauf moi, et ceux qui comme moi en étaient embarrassés et ennuyés. Révolte sans espoir cependant : les non-juifs que cela n'ennuyait pas, ni peut être non plus n'éveillait pas, représentaient le grand nombre et le pouvoir. Tout ce qui se rapporte à eux, tout ce qu'ils approuvent, est licite. Ces cloches sont simplement l'écho familier de leur âme commune... » (A Memmi, op cit. p.184-188)

« Les chrétiens réalisent-ils ce que le nom de Jésus, leur Dieu, peut signifier pour un juif ? Pour un chrétien, même un athée, il évoque ou du moins a évoqué à un moment donné un être infiniment bon, qui s'offre lui même comme le Bien, qui désire au moins maintenir la flamme de toutes les philosophies passées et de toute la morale. Pour le chrétien resté encore croyant, Jésus résume et remplit la meilleure part de lui-même. Le chrétien qui a cessé de croire ne prend plus cet idéal au sérieux ; il se peut même qu'il s'en indigne, qu'il accuse les prêtres d'incompétence ou même de tromperie ; mais, tout en le dénonçant comme une illusion, il ne met généralement pas en doute la grandeur et la beauté de cette illusion. Mais pour le juif qui croit encore et professe sa religion, le Christianisme est la plus grande imposture théologique et métaphysique de l'Histoire ; c'est un scandale spirituel, une subversion et un blasphème. Pour tous les juifs, même athées, le nom de Jésus est un symbole de terreur, de cette terreur qui est restée suspendue sur leurs têtes pendant des siècles et qui peut à tout moment exploser de nouveau en catastrophes, dont ils ne sauront ni la cause, ni comment les prévenir. Ce nom est une partie de l'accusation, absurde et délirante, mais si efficace et cruelle, qui rend la vie sociale presque invivable. Ce nom est en fait devenu l'un des signes, l'un des noms de l'immense appareil qui environne le juif, le condamne et l'exclut. J'espère que mes amis chrétiens me pardonneront. Pour mieux me faire mieux comprendre, qu'il me soit permis de dire que pour les Juifs, leur Dieu est, d'une certaine façon le diable, si, comme ils le disent, le diable est le symbole et l'essence de tout le mal sur terre, mauvais et tout-puissant, incompréhensible et acharné à broyer les malheureux humains sans recours. « Un jour, à Tunis, un juif idiot (nous en avons toujours eu un certain nombre qui hantaient les cimetières et les réunions de la communauté) en voyant passer un enterrement chrétien fut soudain saisi d'une rage incontrôlable. Un couteau à la main, il se précipita sur le cortège funèbre qui s'éparpilla dans toutes les directions. Mais sans faire aucunement attention à cette foule hurlant de terreur, le fou alla droit à l'acolyte qui portait la croix... il lui arracha la croix des mains, la jeta par terre et la piétina furieusement. « Je ne compris son geste que plus tard. L'anxiété s'exprime comme elle peut ; l'idiot réagit à sa façon à notre commun malaise, face à ce monde de croix, de prêtres et d'églises, à ces symboles concentrés d'hostilité, à l'étrangeté de ce monde qui nous environne, dès que nous sortons des limites étroites du ghetto... » (A. Memmi, ibid. p 190) « Je suis maintenant persuadé que l'histoire des peuples, leur expérience collective est une histoire religieuse ; qu'elle n'est pas seulement marquée par la religion, mais vécue et exprimée par la religion. C'est l'une de nos plus grandes et désastreuses naïvetés d'avoir cru, comme nos gauchistes, à la fin des religions. Ce fut une grande erreur dans nos efforts pour comprendre le passé des nations, d'essayer de minimiser la part jouée par la religion. Il n'y avait ni à s'en réjouir, ni à le déplorer, mais seulement à noter son extraordinaire importance et à en tenir compte... » (A. Memmi, p.190) « Pendant la semaine de Noël, les discours scientifiques ou politiques à la radio et à la télévision commencent tous par l'invocation : « En ces jours où les cœurs de tous les hommes sont comme celui d'un petit enfant... » De tous les hommes ? Certainement pas le mien ; je n'appartiens pas à cette communion.

« L'un des premiers gestes du général De Gaulle en prenant le pouvoir fut une adresse au Pape, lui demandant de bénir la France et les Français. Le juif fait-il partie de cette France ? Si oui, aimerait-il que son pays soit béni par le Pape, et lui même avec ? En réalité, le chef de l'État agissait comme si le juif n'existait pas. Et il est vrai qu'il compte bien peu, qu'il n'ose pas même compter sur lui-même : autrement permettrait-il au chef de l'État, son représentant ; d'en appeler à l'Église en son nom ? « Le nonce papal est le doyen du corps diplomatique : de quel droit, sinon par la prééminence admise de la religion catholique, qui n'est pas la mienne.... « Je réalise en disant cela combien peu convaincante, combien ridicule, peut sembler ma rébellion, et combien exorbitante ma demande. Prétendrais-je imposer ma loi à la majorité ? « N'est-il pas normal pour une nation de vivre selon les désirs, les coutumes et les mythes du plus grand nombre de ses citoyens ? Parfaitement normal, je l'admets immédiatement. Je ne vois pas comment elle pourrait vivre autrement... » (A Memmi, ibid. p. 190-91)

« Ce qui n'est pas normal dans tout ceci est ma vie, différente pour cette raison dans le sein de la nation. Le juif est quelqu'un qui n'appartient pas à la religion des autres. Je désire simplement attirer l'attention sur la différence et sur les conséquences dont j'ai fait l'expérience, et qui ne font pas partie de cette normalité. Il est clair que je dois vivre une religion qui n'est pas la mienne, une religion qui règle et qui donne son rythme à toute la vie collective. Je dois prendre des vacances à Pâques et non à la pâque juive. Ne me dites pas que de nombreux citoyens non-juifs condamnent aussi cette contamination. Leur condamnation est toute théorique : leur vie quotidienne est ordonnée par la religion commune, qui est au moins leur religion, et qui ne produit aucun déchirement chez eux ». L'ennui avec vous « dit un de mes amis non-juif à demi sérieusement, c'est que vous n'avez jamais été un chrétien.... » (A. Memmi ibid. p. 193)

« J'ai écrit ailleurs que, lorsque nous étions adolescents puis plus tard jeunes hommes, nous nous refusions à prendre au sérieux la persistance des nations. Nous vivions dans une attente enthousiaste d'un nouvel âge, tel que le monde n'en a jamais connu auparavant, dont pensions-nous on pouvait déjà déceler les signes : la mort (qui avait effectivement commencé) des religions, des familles et des nations. Nous n'avions que colère, mépris et ironie pour les durs à cuire de l'Histoire qui s'accrochaient à ces résidus. Aujourd'hui, je vois mieux pourquoi nous développions tant d'énergie à cultiver ces espérances. Certainement la nature généreuse et ardente des adolescents, qui les conduit à se libérer eux-mêmes et le monde de toutes les entraves, est particulièrement accueillante aux idéologies révolutionnaires. Mais en plus, nous étions des juifs. Je suis convaincu que cela avait beaucoup de rapports avec la vigueur de nos choix. Outre notre désir d'être acceptés par les familles, les religions et les nations des non-juifs qui nous rejetaient et nous tenaient dans l'isolement parce que nous étions juifs, nous rêvions à ne plus faire qu'un avec tous les hommes, et par là, à devenir enfin des hommes comme les autres.

« Malheureusement, soit que nous nous étions illusionnés, soit que nous soyons retombés depuis dans une période de régression, ou encore parce que nous avons vieilli, je dois admettre que ces résidus étaient aussi entêtés que des mauvaises herbes, et persistèrent à demeurer les structures fondamentales de la vie des nations, des aspects essentiels de leur existence collective. La période d'après guerre a vu une évidente résurgence religieuse qui propulsa au pouvoir les partis orthodoxes partout en Europe. Parce qu'ils avaient compris cette situation, les communistes qui gardent toujours le doigt sur le pouls des nations, exaltaient les premiers communiants catholiques, tendaient la main aux chrétiens et se désignaient eux-mêmes comme patriotes et nationalistes. Les socialistes n'eurent même pas besoin d'avoirs recours à la tricherie...

« Selon toutes apparence, nous étions voués aux religions et aux nations, et pour longtemps. Une fois encore, je ne prétends pas juger, mais énoncer de simples faits. « Qu'allait-il advenir de nous, de nos espoirs d'adolescents ? Ce que nous ressentions confusément, ce que nous essayions de supprimer en rejetant la société de cette époque, je ne peux ni ne veux le tenir secret plus longtemps. L'état religieux des nations étant ce qu'il est, et les nations étant ce qu'elles sont, le juif se trouve lui-même, dans une certaine mesure, en dehors de la communauté nationale... (A. Memmi, ibid. p. 195-196)

« L'histoire du pays dans lequel je vis est pour moi une histoire d'emprunt. Comment pourrais-je ressentir que Jeanne d'Arc est un symbole pour moi ? Entendrais-je avec elle les voix religieuses et patriotiques ? Oui, la religion là encore ! Mais montrez-moi donc comment séparer la tradition nationale de la tradition religieuse... Il m'est impossible de m'identifier sérieusement avec le passé d'une nation quelconque. » (A. Memmi, ibid. p. 197-198)

Alors, puisque les juifs ne sont pas de notre race, n'étant « *ni des Gaulois, ni des Celtes, ni des Slaves, ni des Romains* ». (Memmi)

Puisque nos traditions nationales leur sont complètement étrangères.

Puisque notre Chevalerie et l'histoire passée de son code d'honneur et de sacrifice de soi est regardé par eux comme une époque détestable.

Puisque notre Religion est pour eux « *un blasphème, un scandale spirituel et une subversion.* » (Memmi)

Puisque notre Dieu est aux yeux des juifs « *en un sens, le diable, c'est à dire le symbole du mal sur terre, qui rend la vie sociale presqu'invivable* ». (Memmi)

Puisque les Évangélistes sont, d'après Jules Isaac, *des menteurs et des pervertisseurs de la foi.*

Puisque nos grands saints et nos Pères de l'Église sont, toujours selon Jules Isaac, *de grossiers pamphlétaires, des théologiens venimeux pleins de haine, des tortionnaires et des précurseurs d'Hitler et de Streicher, responsables lointains d'Auschwitz.*

Puisque nos cathédrales gothiques sont, selon le mot d'Henri Heine « *les plus terribles forteresses de nos ennemis* »

Puisqu'ils s'offensent de nos villages et de nos stations de métro qui portent des noms de saints.

Puisque les cloches de nos églises blessent les oreilles juives. Puisqu'à leurs yeux il est inadmissible que :

Le Président de la république assiste à une cérémonie religieuse catholique dans le cadre de ses fonctions officielles (ou à une cérémonie protestante dans un pays protestant)

Que le Pape bénisse notre pays

Que le Nonce papal soit le doyen du corps diplomatique en vertu justement du fait qu'il est le nonce. Puisqu'ils trouvent intolérable que les fêtes chrétiennes et non les fêtes juives règlent les vacances et le calendrier.

Puisqu'ils désirent de toutes leurs forces voir l'agonie et la mort des religions, des nations et des familles du moins celles des autres, car la religion juive, les familles juives et la nation juive préservent leur caractère intouchable.

Et puisqu'en France, ils constituent une minorité d'à peine un demi-million de personnes dans un pays de cinquante millions d'habitants, et de même dans tous les autres pays du monde excepté Israël....

On est alors naturellement conduit à se demander s'il est alors légitime, utile, sage et opportun que des juifs dans notre pays soient ou aient été : Ministres, Ambassadeurs, Membres de l'Académie française, Chanceliers de la Légion d'honneur, Recteurs d'universités et Inspecteurs de l'Enseignement public, Conservateurs de la Bibliothèque nationale, Chefs de la police et du Service de Renseignement, Juges d'instruction, Directeurs de banques nationales, Directeurs de grandes entreprises industrielles nationales : dans l'automobile, l'aéronautique, etc. Directeurs de théâtres nationaux, Auteurs de manuels scolaires sur l'Histoire de France, ...et de même en ce qui concerne les autres pays du monde.

Après avoir lu les œuvres de Henri Heine, de Bernard Lazare, de J. Darmesteter, de Kadmi-Cohen, de Ludwig Lewisohn, d'Émile Ludwig, de Walther Rathenau, d'Alfred Nossig, de Léon Blum, de Joshua Jehouda, d'Edmond Fleg, d'Elie Benamozegh, d'André Spire, d'Elie Faure, de Jules Isaac, de Rabi, de Max I. Dimont et de A. Memmi, on est inévitablement porté à conclure qu'il est parfaitement légitime et louable de la part des juifs de défendre et de maintenir leurs traditions et de vivre dans les pays occidentaux sans être importunés ni persécutés. Mais il reste inadmissible qu'il leur soit permis de profiter de cette attitude tolérante pour saper, désintégrer et finalement détruire nos propres traditions religieuses, nationales et culturelles.

Ils taxent « d'antisémitisme » toute réaction contre eux, mais ce sont en réalité des mesures de défense pour protéger la communauté, la nôtre, contre une influence étrangère d'autant plus dangereuse qu'elle opère au cœur de nos institutions, protégée par l'abus frauduleux du terme de citoyenneté et se faisant désigner comme française en France, anglaise en Angleterre, allemande en Allemagne et ainsi de suite...

On pourrait même aller jusqu'à se demander s'il est légitime, sage et compatible avec le respect que l'Église a toujours professé vis à vis des Saintes Écritures, qu'une Assemblée d'Évêques venus du monde entier à Rome pour se réunir en Concile recherche l'avis d'un écrivain juif, Jules Isaac, en vue de « *rectifier et purifier* » *l'enseignement chrétien traditionnel* à propos du Judaïsme. Jules Isaac, à propos duquel l'un de ses coreligionnaires, Rabi a écrit : « Son *Jésus et Israël*, publié en 1948, est l'arme de guerre la plus spécifique contre une doctrine chrétienne particulièrement nuisible. » (Rabi : *Anatomie du Judaïsme français*, p. 183)

Mais si l'on doit en juger d'après le vote du Concile de novembre 1964, les desiderata de Jules Isaac, des B'naï B'rith et du Congrès Juif Mondial ont pesé plus lourd dans l'esprit de 1500 évêques et Pères conciliaires que les Évangélistes, St-Augustin, St-Jean Chrysostome, St-Grégoire le Grand, et pratiquement tous les docteurs de l'Église et tous les Papes qui élaborèrent la doctrine dénoncée aujourd'hui par Jules Isaac et les autres comme particulièrement nocive.

# IIIÈME PARTIE

# LA SOLUTION DU CONCILE

Au Concile rabbinique (orthodoxe) d'Amérique suivi par neuf cents rabbins représentant un million et demi de juifs des USA et du Canada, le rabbin et dr. Joseph B. Soloveitchik, professeur de Talmud à l'université Yeshiva, déclara devant l'assemblée des rabbins : « Nous sommes opposés à tout débat public, dialogue ou symposium concernant les aspects doctrinaux, dogmatiques ou rituels de notre foi. « Il ne peut y avoir de compréhension mutuelle sur ces questions, car juifs et chrétiens utiliseront des catégories différentes et se meuvent dans des cadres d'évaluation et de références incommensurables. « Nous croyons à notre Créateur, nous sommes engagés envers Lui d'une manière spécifique, et nous nous garderons de mettre en question, défendre, présenter des excuses, analyser ou rationaliser notre foi, dans des dialogues centrés sur ces sujets privés, qui expriment notre relation personnelle avec le Dieu d'Israël. » (*Jewish Chronicle* 28 janvier 1966, p.40)

# XIII – LE VOTE DU VATICAN

La quatrième et dernière session du Concile s'ouvrit le 14 septembre 1965, et le schéma sur la Question Juive le *Schéma sur les Religions non-chrétiennes* fut de nouveau soumis aux Pères conciliaires les 14 et 15 octobre.

Après que le pape eut refusé de promulguer le vote obtenu en novembre 1964, le texte original avait été profondément remanié par la commission conciliaire en charge de la préparation du schéma. Le nouveau texte soumis à l'approbation du Concile était nettement moins favorable aux exigences juives et plus acceptable aux consciences conservatrices ; il contenait cependant un certain nombre d'ambiguïtés qui pouvaient s'interpréter comme promettant une révision prudente, mais tout de même une révision, de l'attitude traditionnelle catholique envers le Judaïsme, attitude qui était restée inchangée pendant quinze siècles.

Nous étudierons plus loin le nouveau texte, qui règle la position de l'Église aujourd'hui en ce qui concerne le Judaïsme contemporain, mais commençons par une rapide esquisse de ce vote historique.

La grande bataille sur la question juive commença début octobre 1965 et prit tout de suite un tour extrêmement violent. En novembre 1964, la minorité conservatrice avait été prise complètement par surprise, mais, entre-temps, elle avait eu le temps de prendre la mesure de la situation, et réalisant l'extrême gravité de ce vote pour l'Église, elle combattit énergiquement la coalition juive-catholique, qui était à même de disposer d'une presse presqu'entièrement à son service.

En faveur du schéma était en première ligne le cardinal Bea, le P. Congar, théologien, et des journaux comme *Le Monde* (H. Fesquet)et *Le Figaro* (Abbé Laurentin).

Deux archevêques et un évêque dirigeaient l'opposition conservatrice : Mgr de Proença-Sigaud archevêque de Diamantina au Brésil, Mgr M. Lefebvre supérieur général de la Congrégation des Pères Spiritains, et Mgr Carli, évêque de Segni en Italie.

La lutte fut menée avec une énergie implacable ; elle s'étendit rapidement jusqu'à l'intérieur du Concile et fut répercutée dans les colonnes de la presse française. Les extraits de presse suivants montrent l'âpreté de la bataille et l'importance capitale des enjeux.

Le 14 octobre 1965, le quotidien *France-Soir*, dont le directeur était Pierre Lazareff, lançait la campagne avec le pavé suivant sous le titre : « Des tracts antisémites distribués au Concile »

Un tract signé Léon de Poncins d'inspiration antisémite et conçu en français a été envoyé à un nombre assez important de Pères du Concile. Jeudi et vendredi, le Concile doit rendre son vote final sur le texte des relations avec les non -chrétiens et en particulier avec les juifs ».

Le 15 octobre dans *Le Figaro*, l'abbé Laurentin écrivit plusieurs colonnes sur le vote en question sous le titre : « Les Juifs et le déicide « . Il ydisait : »*Rome 14 octobre »*. Le vote sur la question des juifs et du déicide a dominé le Concile ces huit derniers jours. Le premier scrutin a eu lieu ce matin, et le résultat ne sera pas connu avant demain. Mais c'est une question complexe et brûlante. Il y a eu une inondation de propagande. Trois documents vigoureusement antisémites ont été distribués libéralement aux Pères, dans l'ordre suivant : « 1. Le premier est un pamphlet de Léon de Poncins imprimé en italien « *Le problème des juifs au Concile* ». Voici sa thèse : « Le texte sur les juifs voté l'an dernier est l'œuvre d'évêques progressistes ou ignorants, qui ont entériné les thèmes de la haine judaïque contre les chrétiens. C'est la raison pour laquelle le Souverain Pontife refusa de le ratifier. Ceci explique les profondes modifications apportées dans le nouveau texte qui fait l'objet du scrutin d'aujourd'hui »

Le second pamphlet, également imprimé en italien, est l'œuvre de Eduardo di Zaga. Sa thèse est que « la Déclaration en faveur des hébreux favorise le racisme pro-sémite et attaque les droits légitimes des chrétiens à se défendre contre l'hégémonie juive ».

Enfin ils ont reçu il y a deux jours des directives de vote de la part du *Coetus Internationalis Patrum,* l'organisme de la minorité du Concile, qui demande le « non placet » pour l'ensemble du Schéma et la question concernant les juifs. Mgr Carli évêque de Segni, l'un de ses trois signataires et directeurs, avait publié en février 1965 dans *La Palestra del Clero,* la grande revue du clergé italien, un long article qui soutenait la thèse suivante : « Au temps de Jésus, le peuple juif entendu au sens religieux, c'est à dire comme le groupe professant la religion de Moïse, fut collectivement responsable du crime de déicide. Bien que ses leaders suivis d'un petit nombre de gens aient seuls consommé le crime, le Judaïsme des temps ultérieurs partage objectivement la responsabilité de ce déicide. »

L'abbé Laurentin consacrait ensuite plusieurs colonnes aux modifications introduites dans le schéma entre 1964 et 65. D'après lui, les Pères de la tendance progressiste regrettaient amèrement les coupures faites dans le texte de l'année précédente, et il concluait ainsi : « A l'évidence, la situation est pleine d'ambiguïtés. D'un coté, le Cardinal (Bea)a fait droit aux principales demandes des Arabes comme à celles du groupe dont le porte-parole est Mgr Carli et qui a exprimé des vues hostiles aux juifs. De l'autre, il assure fermement que l'intention et le sens du texte demeurent inchangés. Il serait difficile de nier qu'il y a là un hiatus entre le double objectif du cardinal et de son secrétariat. On ne peut nier non plus que, dans la situation dans laquelle ils se sont trouvés, il était pratiquement impossible de résoudre cette distorsion. Le problème soumis aux Pères était en un certain sens inextricable. »

Le 17 octobre, les nouvelles du vote du Concile prenaient toute la première page du *Monde,* et en voici un extrait :

FINALEMENT ADOPTÉE PAR LE CONCILE La Déclaration sur les Juifs suscite la satisfaction, mais non sans certaines réserves.

« La Déclaration sur les juifs, inclue dans le *Schéma sur les Religions non-chrétiennes,* a été finalement adoptée mercredi par le Concile. Comme *Le Monde* l'annonçait dans sa dernière édition d'hier soir, le scrutin sur le texte, auquel prirent part 2 023 Pères, a donné les résultats suivants : 1.763 placet, 250 non placet et 10 abstentions. « Les milieux israéliens et l'American Jewish Comittee de même que les milieux chrétiens attachés à la cause de la réconciliation avec les juifs expriment leur satisfaction, tempérée de regrets que le texte ait été finalement adouci à plusieurs égards. D'un autre coté, le grand rabbin Kaplan a déploré le fait que le terme « déicide » comme applicable aux juifs n'ait pas été explicitement condamné. « Néanmoins la majorité des réactions sont que maintenant que le texte a été adopté et il doit encore être promulgué par le Pape il sera jugé à ses fruits, c'est à dire par la manière dont il se traduira dans l'enseignement religieux et par l'attitude des milieux catholiques en ce qui concerne les juifs. « Aucune réaction n'avait encore été reçue samedi en fin de matinée des pays Arabes, à l'exception d'une critique du patriarche orthodoxe d'Antioche ».

*De notre envoyé spécial Henri Fesquet. Rome 16 octobre* ». Le vote de la Déclaration sur les juifs met fin à un nombre incroyable d'avances, de visites, de lettres, de tracts, de pamphlets et de pressions dont le Secrétariat pour l'Unité a été assailli pendant plus de trois ans. Quand on connaîtra le détail de ces différentes tentatives pour frustrer ou amoindrir le sens de la déclaration conciliaire, on restera stupéfait devant tant de passion, d'aberration, de haine, en un mot d'ignorance et de stupidité. « D'un autre coté, plusieurs regretteront avec raison que la dernière version du texte présenté par le Secrétariat pour l'Unité ait quelque peu perdu de son mordant. Il est particulièrement triste que les raisons réelles pour lesquelles ces modifications furent faites ont été plus ou moins masquées derrière des motifs pieux. La diplomatie romaine a une fois de plus triomphé de la franchise. Beaucoup de Pères en ont dit autant. Mais il faut se souvenir que cette déclaration, telle qu'approuvée par le vote, a sauvé l'essentiel. Les observateurs qui à l'intersession avaient répandu les rumeurs les plus alarmistes ont été cruellement démentis. Vatican II a réalisé grosso modo le vœu de Jean XXIII, en censurant sévèrement l'antisémitisme. L'Église a implicitement reconnu ses fautes passées en la matière, qui ont été lourdes, durables et nombreuses. La nouvelle mentalité œcuménique a surmonté les préjugés du passé. Sous ce rapport, le vote de vendredi inaugure une page nouvelle, dans l'histoire des relations entre Rome et les juifs. « Jusqu'au dernier jour, les catholiques antisémites s'efforcèrent ensemble de museler le Concile. Nous avons déjà attiré l'attention sur le pamphlet en italien de Mr di Zaga. Un autre de la plume du Français Léon de Poncins, accuse les évêques qui approuvèrent le texte de l'an dernier d'être « ignorants (de la nature de leurs actes).

## UNE DÉCLARATION DIGNE D'UN ANTIPAPE

Mais il faut par dessus tout mentionner le tract de quatre pages que reçurent les évêques. Il est précédé d'un paragraphe aussi long qu'étrange : « *Aucun Concile ni aucun Pape ne peut condamner Jésus, l'Église Catholique, Apostolique et Romaine, ses pontifes (le tract donne la liste de quinze Papes « antisémites », de Nicolas I au XIII<sub>e</sub> siècle à Léon XIII) et ses illustres Conciles. Mais la Déclaration sur les juifs contient implicitement une telle condamnation, et pour cette très bonne raison elle devrait être rejetée* ».

Le 22 octobre, un long article faisait presque toute le première page du quotidien du soir *Paris-Presse*. Il était beaucoup plus objectif que ceux parus dans *Le Figaro* et surtout que ceux publiés dans *Le Monde*, et en dépit de ces longueurs, nous en citons d'importants extraits. L'auteur de l'article était bien informé, puisqu'en fait le Saint Père promulgua le Schéma sur les Religions non-chrétiennes (inchangé) le 18 octobre, bien que la date avait été primitivement fixée pour la fin novembre. Nous citons ci-dessous l'article de *Paris-Presse* : L'AFFAIRE DES TRACTS ANTISÉMITES AU CONCILE oblige le Pape à promulguer le Schéma sur les Religions Non-Chrétiennes plus tôt que prévu.

Violente campagne de couloirs visant le cardinal Bea. (De notre envoyé spécial Charles Raymondon) *Cité du Vatican, 21 octobre.* » Le Pape a décidé de promulguer le 28 octobre le Schéma sur les Religions Non-Chrétiennes, c'est à dire le schéma qui traite essentiellement des relations entre les juifs et l'Église. Il entend ainsi mettre un terme à une campagne antisémite, qui a atteint un volume extraordinaire au sein du Concile et qui s'accompagnait de graves insinuations contre le cardinal Bea. « C'est un événement d'une signification considérable et qui a rendu la semaine très agitée au Concile, lequel en principe est tenu à l'obligation de silence et au seul travail en commissions. « Vendredi dernier, le Pape Paul avait annoncé que quatre textes seulement seraient promulgués avant la Toussaint. Mais le même jour eut lieu le vote sur le schéma le plus controversé, celui en question. Il révéla une assez forte minorité absolument opposée à ce schéma : 250

Pères dont 245 refusèrent totalement le passage sur les juifs, en excluant toute question de le modifier ou de le remplacer.[8] « Comme lors des sessions précédentes aucun document n'avait été promulgué avec plus de dix pour cent d'opposants, personne ne croyait vendredi ou même encore samedi que la Déclaration sur les Religions Non-Chrétiennes serait promulguée avant le 18 novembre au plus tôt.

« Pourtant dimanche, de sa fenêtre surplombant la place Saint Pierre, le Pape précipita- t-il les choses... Pourquoi ?

## DES TERMES INACCEPTABLES

« Il est probable qu'un élément nouveau a fait agir le Souverain Pontife. Il ne faut pas tenter de trouver l'explication dans la liste de ses visiteurs entre temps. Que Paul VI ait été influencé ou pas, il est hautement probable qu'il devait craindre un possible choc en retour, et que, par un acte rapide d'autorité bien dans sa manière, il a voulu mettre fin à cette campagne d'opinion, aussi dangereuse qu'équivoque. « Les critiques du projet actuel de Déclaration sur les Juifs sont fortes. D'un coté, il y a l'objection soulevée par le monde arabe : que les intentions politiques juives sont derrière ce changement (ce qui expliquerait pourquoi on a ajouté finalement des chapitres à fins d'équilibre, sur l'Islam, puis sur le Bouddhisme, puis de nouveau sur les autres religions ). Les patriarches orientaux s'étaient unanimement exprimés l'an dernier : « Nous ne voulons même pas parler de cette Déclaration dont les termes sont pour nous pratiquement inacceptables. » Par les voies diplomatiques, les États Arabes avaient très clairement menacé le Pape de représailles contre

---

[8] Cette opposition fut par conséquent beaucoup plus forte en 1965 qu'en 1964, puisqu'en dépit d'une indiscutable amélioration du texte, le nombre d'opposants s'accrut de 99 à 250. Note de l'auteur

les Églises d'Orient, leurs missions et leurs écoles. Le président Soekarno représentant les gouvernements musulmans avait rendu visite au Pape et lui avait dit la même chose. Enfin le pape avait reçu des lettres des hiérarchies catholiques d'Orient, l'informant de la réaction scandalisée de leurs fidèles. Ils laissaient entrevoir un risque de schisme de la part de ces Églises pour lesquelles la fidélité à Rome avait tant coûté dans l'histoire.

## LA MINORITÉ

« Contrastant avec l'opposition de l'Orient qui s'explique par des motifs d'opportunité et de justice politique, les accusations s'élevant du reste de la Chrétienté sont beaucoup plus sérieuses, même si elles ne sont représentatives que d'une petite minorité. Elles se posent en effet, et d'une manière beaucoup plus fâcheuse, au niveau doctrinal. Elles affirment démontrer, avec les références aux autorités et aux documents, qu'il existe une contradiction ignominieuse entre ce que le Concile propose de dire au sujet des juifs, et la Sainte Écriture, les Pères de l'Église, les Conciles précédents et les Papes les plus éminents. « Mais ils vont plus loin encore. Plus ou moins indirectement, ils insinuent à l'encontre du cardinal Bea, qui est le principal responsable de ce texte, le soupçon de simonie. La simonie est l'un des crimes les plus graves qui ont empoisonné l'histoire de l'Église, un crime qui, avait dit récemment le Pape au correspondant du *Corriere della Sera*, avait complètement disparu aujourd'hui. Ce terme vient des *Actes des Apôtres*, où il est écrit que Simon le Magicien proposa de l'argent à St Pierre pour recevoir de lui des pouvoirs spirituels. Être coupable de simonie, c'est trafiquer les choses saintes : les sacrements, les nominations ecclésiastiques ou les transformations de la doctrine elle-même, le tout contre de l'argent. « Or le cardinal Bea est accusé d'avoir accepté de l'argent des Juifs pour les besoins de son Secrétariat pour l'Unité. (Les voyages nécessaires à ses contacts avec les

Orthodoxes et les Protestants sont évidemment coûteux). Il est accusé d'avoir imprudemment promis en échange une déclaration qui serait, en ce qui concerne l'Église, l'épilogue du procès de Nuremberg : à savoir qu'elle demanderait pardon aux juifs pour toutes les persécutions que la doctrine chrétienne leur a causé au cours des siècles (juifs déicides, peuple maudit par Dieu, etc). « C'est une dénonciation sans preuves. Il est probable que si le cardinal publiait ses comptes et leurs sources, le silence se ferait immédiatement. Mais il est inconcevable qu'un homme dans une position aussi élevée s'abaisse à une telle discussion. « Mais l'extrait suivant, tiré d'un tract en espagnol diffusé dans les couloirs du Concile donnera une idée de la violence des accusations qui furent lancées il y a deux ans, en provenance d'un pays latino-américain : « *Nous sommes prêts à prendre les mesures nécessaires pour sauver l'Église d'une telle ignominie. Nous en appelons aux Pères Conciliaires qui n'ont pas cédé aux pressions juives ou qui ne se sont pas vendus à l'or juif... pour repousser la perfide déclaration.* ».

« Le document est signé de vingt-huit organisations des États-Unis, d'Espagne, de France, du Portugal, d'Allemagne, d'Autriche, de six pays latino-américains, de Jordanie et d'Italie. Cependant plusieurs des leaders de ces organisations, notamment de quatre des cinq françaises citées, ont récusé dans les vingt-quatre heures en avoir été signataires.

Dans son édition du 21 octobre, *Le Monde,* qui avait déjà précédemment attiré l'attention sur ce document, annonça qu'il s'agissait d'un faux, du moins en ce qui concerne les signatures. Note de l'auteur «Toute l'affaire constitue un incroyable guêpier. il est impossible ici de voir le fond de cette passionnante, claire et terrible « Question Juive », car l'histoire l'a teinte couleur de sang. Ce que nous venons d'en évoquer peut seulement servir à donner une idée de l'importance que présente la décision du Pape : jetant toute son autorité dans la balance, il est libre de modifier le texte lui-même avant sa décision finale, afin de se rallier l'opposition, une possibilité que l'on ne saurait écarter ».

Nous allons maintenant comparer les textes de 1964 et 1965 et examiner les points essentiels du Schéma, qui sont : la question du déicide, la responsabilité collective du peuple juif pour la mort du Christ, et l'antisémitisme et la persécution.

Le texte de 1964 « *déplorait et condamnait la haine et les mauvais traitements (*vexationem*) à l'encontre des juifs* », mais le texte final de 1965 « *condamne toutes les persécutions contre tous les hommes, quels qu'ils soient* » et « *déplore les manifestations d'antisémitisme* ».

Voici les propres termes du dernier texte : « *L'Église condamne toutes les persécutions de tous hommes, quels qu'ils soient ; elle se souvient de son héritage commun avec les Juifs, et agissant non pas pour de quelconques motifs politiques mais bien plutôt dans un esprit d'amour évangélique, elle déplore toute haine, persécutions et autres manifestations d'antisémitisme, au cours de quelque période et de la part de qui que ce fut.* » (*De Ecclesiae :*-Déclaration sur les Relations de l'Église avec les Religions non-chrétiennes, CTS, 1966, p 7)

Le texte de 1964 était très dangereux, inacceptable d'après les conservateurs, lorsqu'examiné à la lumière des exigences juives dont le porte-parole était Jules Isaac. Il plaçait l'Église en position d'accusée, coupable depuis deux mille ans du crime permanent, injustifiable et inexpiable d'antisémitisme. Il mettait en question la bonne foi et la véracité des Évangélistes, de St Jean et de St Matthieu en particulier ; il discréditait l'enseignement des Pères de l'Église et les grands docteurs de la Papauté en les dépeignant sous des couleurs détestables ; en bref, il menaçait de démolir ces vrais bastions de la doctrine catholique.

Nous convenons bien volontiers et sommes même certains que les 1651 Pères conciliaires qui votèrent ce texte n'étaient pas conscients de ce que ce vote impliquait, car une enquête préliminaire m'a convaincu qu'une vaste majorité des Pères du Concile n'avaient lu aucun des livres de Jules Isaac, de Joshua Jehouda et autres, dont les demandes soutenues par les grandes organisations juives mondiales B'nai B'rith, Congrès Juif Mondial, American Jewish Comittee, Alliance Israélite Universelle constituaient la base du schéma qui leur avait été soumis. Toute l'affaire avait été ourdie en secret avec une suprême habileté par le cardinal Bea, Jules Isaac et un petit groupe de progressistes et de leaders juifs,[9] dont l'opposition au Catholicisme traditionnel s'était voilé sous l'apparence de la charité chrétienne, de l'unité œcuménique et du lien biblique commun. Nous avons révélé la manœuvre au premier chapitre de ce livre, et n'avons pas l'intention de nous répéter ici sauf pour remarquer qu'elle fut bien près de réussir. En fait elle avait réussi, mais le Pape s'y opposa in extremis, refusa de promulguer le vote de 1964 et renvoya le texte en commission de travail.

Revenons au texte de 1965, qui formule la doctrine officielle de l'Église.

Quelle fut la réaction des pays arabes ? Ils avaient très violemment réagi au texte de 1964.

Au cours d'une interview par *Le Figaro,* parue dans son édition du 25 octobre, le Patriarche Maximos IV, lui-même d'origine arabe, révéla leur réaction au texte de 1965 : « Maximos IV étant d'origine arabe, je lui demandais : « Quelle est la réaction des pays arabes à la Déclaration du Concile sur les juifs ?

---

[9] D'après le P Weigel S.J. professeur d'Histoire ecclésiastique au Woodstock College, Maryland, et qui est membre de la Rédaction de la revue *America,* la déclaration condamnant l'antisémitisme acceptée par le Cardinal Bea en 1964 lui avait été suggérée par Zacharia Schuster, le président de l'American Jewish Committee.

Voici sa réponse : « Au vu des notables amendements introduits dans le nouveau texte de cette Déclaration, la réaction des pays arabes a été plutôt neutre cette fois. Les nouveaux amendements éviteront l'exploitation politique en faveur du Sionisme universel et de l'État d'Israël, car c'est maintenant un texte purement religieux. « L'antisémitisme n'est pas arabe, car les Arabes sont des sémites. La réaction défavorable et souvent violente de la propagande sioniste à la publication du nouveau texte montre que les milieux sionistes cherchaient à obtenir davantage qu'un appel à l'oubli du passé et à la charité universelle. Ils voulaient une déclaration de tendance politique. Et cela, le Concile ne pouvait que leur refuser. Quant au reste, nous sommes les premiers à demander la charité chrétienne sur tous les peuples, sans distinction de race ni de religion. Mais la justice chrétienne nous oblige également à revendiquer les droits des opprimés, des spoliés et des réfugiés injustement chassés de leurs maisons et condamnés à vivre de la charité internationale. Si nous réprouvons les persécutions contre les juifs, nous devons également réprouver les persécutions et les injustices causées par les juifs ».[10] « Aussi, puisque le texte du Concile ne peut plus être utilisé à des fins politiques en faveur du Sionisme, l'opposition des peuples musulmans n'a plus de base «

Passant au contenu des différents textes, venons-en à la question du déicide. Un premier texte élaboré en 1963 déclarait que *c'est une erreur et une injustice (injuria) de désigner le peuple juif comme déicide*. Le texte de 1965 supprima ce passage ; la question du déicide fut retirée de la discussion, et l'Église reste dans le statu quo.

---

[10] Plusieurs milliers d'Arabes furent brutalement chassés de Palestine par le gouvernement israélien, alors qu'ils avaient vécu là depuis des siècles, et ont du vivre depuis dans la misère, dans les camps de réfugiés. Note de l'auteur

En février 1965, Mgr Carli concluait un long article sur le sujet paru dans la revue italienne *Palestra del Clero* (du 15 février) par le passage suivant : « Nous devons maintenant tirer une conclusion générale de l'étude biblique qui précède. Celle-ci me semble pouvoir être résumée ainsi : pour des raisons textuelles ainsi que magistérielles, la thèse selon laquelle le Judaïsme devrait être considéré comme responsable du déicide et réprouvé et maudit par Dieu, dans le sens et à l'intérieur des limites présentées ci-dessus, reste légitimement défendable ou du moins légitimement probable ». « Pour cette raison, une prohibition du Concile qui tendrait à mettre fin à la discussion libre me semble de toute manière inopportune. Il serait certes plus en harmonie avec la nature du Concile et la pratique adoptée à propos des autres schémas de laisser ceci à l'étude et à la discussion des théologiens et des exégètes... « En tout cas, la charité coutumière et la prudence de l'Église devraient dicter quels sont les moyens et les occasions les plus convenables pour annoncer aux parties concernées une vérité qui, bien que déplaisante comme cela se comprend, ne mérite pas pour cette unique raison d'être tenue dans un silence absolu, si, comme beaucoup le pensent, elle se trouve effectivement dans le dépôt de la Révélation divine ».

Cette conclusion de Mgr Carli fut donc acceptée par la commission conciliaire, de par le retrait de la discussion de la motion sur le déicide.

Cette décision souleva la colère du Grand rabbin de France Joseph Kaplan. Interviewé sur *Europe N°1*, il déclara : « Je veux que l'on reconnaisse qu'en 1965 le terme déicide n'a plus de sens, et bien plus, qu'il a une résonance le schéma aurait du clairement proclamer que cette accusation ne devait plus être portée contre les juifs, parce qu'elle n'a pas de sens et qu'elle a une résonance odieuse. Mais le schéma n'en a pas fait mention. On peut percevoir la détermination ouverte de ceux qui modifièrent ce texte l'an dernier de ne pas laver les juifs de cette accusation de déicide, et cela est extrêmement sérieux ». (Reproduit par *Le Monde* du 17 octobre 1965)

De même, le Grand Rabbin de Rome Elio Toaff protesta violemment le 4 avril 1965, lorsque le Pape prononça un sermon sur la Passion, au cours duquel il dit : « C'est une page extrêmement solennelle et triste qui nous rappelle la rencontre de Jésus avec le peuple juif. Ce peuple était prédestiné à recevoir le Messie ; il l'avait attendu des milliers d'années et était pleinement absorbé dans cet espoir et cette certitude, mais à ce moment précis, c'est à dire quand le Christ vint et parla et qu'il se montra, non seulement ils ne le reconnurent pas, mais ils le combattirent, le calomnièrent, l'insultèrent et finalement le mirent à mort. (*Osservatore Romano* du 7 avril 1965)

Le Dr Toaff et le Dr Sergio Piperno, président des Communautés Juives Italiennes adressèrent alors le télégramme suivant au Vatican : « Les Juifs italiens expriment leur stupéfaction inquiète devant l'imputation faite au peuple hébreux de la mort de Jésus que contenait l'homélie du Souverain Pontife prononcée peu avant Pâques, à la paroisse de Notre Dame de Guadalupe et qu'a rapportée la presse Vaticane officielle, renouvelant ainsi l'accusation de déicide, source séculaire de tragiques injustices envers les juifs, que les solennelles affirmations de Vatican II semblaient terminer à jamais. » (*Il Messagero di Roma,* 8 avril 1965)

Le texte de 1964 absolvait pratiquement les juifs de toute responsabilité dans la mort du Christ.

Le texte de 1965 reconnaît formellement la responsabilité des leaders juifs et de ceux qui les suivirent, mais n'étend pas cette responsabilité à tout le peuple des juifs vivant à cette époque et moins encore au peuple juif d'aujourd'hui.

Voici le passage du texte se rapportant précisément à la question de la responsabilité collective d'Israël : « *Même si les autorités juives avec ceux qui les suivirent firent pression pour la mort du Christ (cf. Jean XIX, 6), ce qui lui fut infligé lors de sa Passion ne peut être imputé sans discrimination à tous les juifs vivant à cette époque ni aux juifs d'aujourd'hui. Bien que l'Église soit le nouveau Peuple de Dieu, les juifs ne doivent pas être présentés comme rejetés par Dieu ni maudits, comme si cela ressortait de la Sainte Écriture. Tous devront par conséquent prendre soin dans l'enseignement et la prédication de la Parole de Dieu à ne rien enseigner qui ne soit en complet accord avec la vérité de l'Évangile et l'esprit du Christ.* » (*De Ecclesiae*, ibid. pp. 6 -7)

Dans la version finale, par conséquent celle de 1965, le Concile ne suivit pas Jules Isaac sur ce point, car Jules Isaac nie la responsabilité des leaders du Judaïsme et la rejette entièrement sur les Romains, mais le Concile cède cependant sur un autre point, en absolvant le peuple des juifs de toute responsabilité dans la décision de ses leaders.

La motion de 1965 présentée au Concile est absolument conforme à la vérité historique telle qu'elle apparaît dans les récits des Évangélistes, à savoir que ce sont les leaders du Judaïsme et ceux qui les suivirent qui sont responsables de la mort du Christ. A proprement parler ; on peut dire que l'ensemble du peuple juif ne fut pas consulté et n'en porte pas la responsabilité directe ; mais la question de la responsabilité collective est très complexe. En fait, les décisions des leaders impliquent toujours la responsabilité collective des peuples, même si ces derniers n'ont pris aucune part à la décision, et en fin de compte ce sont les peuples qui en supportent les conséquences.

L'Histoire est remplie d'exemples de ce type. Prenez la dernière guerre, par exemple. Les leaders entourant Hitler ne consultèrent pas le peuple allemand pour faire éclater la guerre ni pour sa conduite, mais elle aboutit finalement à des bombardements meurtriers, à la destruction de villes entières, à l'invasion de leur pays, aux viols de milliers de femmes, à des déportations massives et à des millions de morts.

De même, Churchill ne consulta pas le peuple anglais avant d'impliquer son pays dans la guerre avec l'Allemagne. Est-ce que les principes juridiques acceptés par les peuples occidentaux reconnaissent la responsabilité collective dans la loi ? Oui, dans une certaine mesure, si l'on en juge par le Procès de Nuremberg.

En ce qui concerne le Judaïsme, la décision du Concile pose d'épineux problèmes : par exemple, nombre d'éminents docteurs de l'Église ont soutenu le principe de la responsabilité collective d'Israël.

Sur ce point, dans deux articles retentissants qu'il consacra au problème juif dans la revue italienne *Palestra del Clero* (du 15 février et du 1 mai 1965), Mgr Carli cita plusieurs autorités célèbres, et conclut l'un de ses articles en ces termes : « Peut-on appeler les juifs déicides ? « Il a été dit que l'on ne saurait parler de déicide, parce que selon l'étymologie Dieu ne peut être mis à mort. Mais il est facile de rétorquer que le meurtre de Jésus-Christ, vrai Fils de Dieu, mérite le terme de déicide selon la stricte (et exacte) terminologie théologique. « La question réelle est de savoir si la totalité du peuple juif doit être considérée ou non comme coupable du « déicide ». « La déclaration de 1964 dit « non » de manière formelle. « Cependant le grand nombre d'érudits et d'exégètes qui ont clairement mis en évidence dans l'Ancien Testament en dépit d'*Ezéchiel* XVII le principe de la responsabilité collective dans le bien comme dans le mal me semble juste. Toute l'histoire d'Israël est tissée selon une trame à double polarisation : d'un coté il y a Dieu avec ses dons et ses punitions collectives, et de l'autre il y a le peuple élu qui les accepte ou qui les refuse. La totalité du peuple est considérée comme responsable et subséquemment punie pour les fautes commises officiellement par ses leaders, même quand elles sont inconnues d'une grande partie du peuple. »

Des exemples d'une attitude semblable se trouvent dans le Nouveau Testament Mgr Carli en cite un grand nombre de passages très frappants que nous ne pouvons reproduire ici, puis il continue en ajoutant : « Sans la doctrine de la responsabilité collective, tout cela resterait un mystère indéchiffrable. « Pour conclure, je considère que l'ensemble du peuple juif à l'époque de Jésus, entendu au sens religieux, c'est à dire en tant que groupe professant la religion de Moïse, a été conjointement responsable du crime de déicide, bien que seuls les leaders, suivis d'un petit nombre de fidèles, ont matériellement commis le crime. « Ces leaders n'avaient évidemment pas été démocratiquement élus au suffrage universel, mais selon la législation et l'attitude d'esprit alors en vigueur, ils étaient considérés par Dieu Lui-même (cf. *Mat. XXIII*, 2) et par l'opinion publique comme les autorités religieuses légitimes, les responsables officiels des mesures qu'ils prirent au nom même de la religion. Or c'est bien par ces leaders que Jésus-Christ fut condamné à mort, et condamné précisément parce qu'il se proclamait Dieu (*Jean X*, 33 et *XIX*, 7), cela, bien qu'Il en eut donné suffisamment de preuves pour être crû (*Jean* xv, 14). « La sentence de condamnation fut prise par le Grand Conseil (*Jean* xi, 49 et seq.), c'est à dire par la plus haute instance de la religion juive, en référence à la Loi de Moïse (*Jean XIX*, 7), et en motivant la sentence comme une action pour la défense du peuple tout entier (*Jean* XI, 50) et de la religion elle même (*Matthieu* XXVI, 65). Ce fut le clergé d'Aaron, synthèse et principale expression de la politique théocratique et hiérocratique de l'Ancien Testament, qui condamna le Messie. On peut donc bien par conséquent attribuer le déicide au Judaïsme, considéré en tant que communauté religieuse. « En ce sens strictement limité, et en gardant à l'esprit la mentalité biblique, le Judaïsme des temps postérieurs à Notre-Seigneur partage objectivement aussi cette responsabilité collective du déicide, en ce que le

Judaïsme constitue la continuation libre et volontaire du Judaïsme de cette époque. « Un exemple tiré de l'Église aidera à faire comprendre le fait. Chaque fois qu'un Souverain Pontife et qu'un Concile œcuménique prennent une décision solennelle dans le cadre de leur autorité, bien qu'ils n'aient pas été élus selon le système démocratique par la communauté catholique, par leur décision cependant ils rendent co-responsable tout le Catholicisme et toute la communauté des fidèles dès ce moment et pour tous les siècles à venir. » (*Palestra del Clero*, 1er février 1965)

Prenons le plus célèbre des nombreux textes impliquant la responsabilité collective d'Israël, *l'Évangile de St Matthieu* : Par la trahison de Judas, Jésus avait été livré au chef des prêtres, et « ils tinrent conseil contre Jésus afin de le mettre à mort ». Enfin : « *Lorsqu'ils l'eurent lié, ils l'emmenèrent et le livrèrent à Ponce Pilate...et le gouverneur l'interrogea en disant « Es-tu le Roi des Juifs ? « Jésus lui répondit « Tu le dis ». Mais aux accusations des Princes des prêtres et des Anciens, il ne répondit rien. Alors Pilate lui dit : » N'entends-tu pas de combien de choses ils t'accusent ? » Mais il ne répondit sur aucun point, de sorte que le gouverneur était dans un grand étonnement. « A chaque fête de Pâques le gouverneur avait coutume de relâcher un prisonnier, celui que demandait la foule. Or ils avaient alors un prisonnier fameux, nommé Barabbas. Pilate ayant fait rassembler le peuple lui dit : » Lequel voulez vous que je vous libère, Barabbas ou Jésus qu'on appelle Christ ? « Car il savait que c'était par envie qu'ils avaient livré Jésus. Pendant qu'il siégeait à son tribunal, sa femme lui envoya dire : Qu'il n'y ait rien entre toi et ce juste, car j'ai été aujourd'hui fort tourmentée en songe à cause de lui. Mais les Princes des prêtres et les Anciens persuadèrent au peuple de demander Barabbas et de faire périr Jésus. Le gouverneur prenant la parole leur dit : » Lequel des deux voulez-vous que je vous délivre ? « Ils répondirent « Barabas ! Pilate leur dit « Que ferais-je donc de Jésus appelé Christ ? ». Ils dirent tous « Qu'il soit crucifié ! Et le gouverneur reprit « Quel mal a-t-il donc fait ? Mais ils criaient encore plus fort « Qu'il soit crucifié ! ». Pilate, voyant qu'il ne gagnait rien, mais que le tumulte allait croissant, prit de l'eau et se lava les mains devant le peuple en disant : » Je suis innocent du sang de ce juste ; à vous d'en répondre ». Tout le peuple répondit alors en disant : » Que son sang retombe sur nous et sur nos enfants ! » Alors il leur relâcha Barabbas, et après avoir fait battre Jésus de verges, il le livra pour être crucifié ».* (Matthieu, XXVII)

L'Évangile implique formellement la responsabilité collective du peuple juif pour la mort de Jésus.

Quelle attitude l'Église adoptera-t-elle sur ce point après le dernier Concile, et comment concilier ce dernier passage avec le schéma de 1965 ?

L'Église admettra-t-elle la thèse de Jules Isaac, qui prétend que St Matthieu fut un menteur, qu'il falsifia la vérité historique et inventa complètement cette scène dramatique à seule fin de la reprocher aux juifs, lui qui était de leur race ?

Ou au contraire, l'Église maintiendra-t-elle et défendra-t-elle la vérité historique des Évangiles ? Le Concile et le Saint Père ont déjà pris leur décision. Ils ont vigoureusement réaffirmé[11] la vérité des Évangiles. « *Un vote inextricable* », écrivit René Laurentin dans *Le Figaro* en évoquant la Question juive au Concile ». *Un incroyable guêpier* « comme écrivit *Paris-Presse* dans l'article que nous avons abondamment cité.

Le cardinal Tappouni, patriarche de l'Église catholique de rite oriental me dit à Rome au moment des discussions

---

[11] NDT : cet euphémisme poli ou vœu pieux reflétait le désir profond de L. de Poncins, qui ne pouvait imaginer en 1965 que Paul VI ni son prédécesseur, ni une immense majorité d'Evêques aient trahi, mais ce jugement ne correspondait en rien à la réalité, puisque comme on vient de le lire, ladite Déclaration disculpant les juifs en tant que peuple revenait en fait à nier le témoignage des écrivains juifs contemporains cités, et surtout celui des Apôtres et des Évangélistes, et bien évidemment l'enseignement bimillénaire des Pères de l'Église, des Papes et de la Sainte Liturgie... L'on a vu depuis où elle entraîne le clergé conciliaire et les fidèles qui l'ont suivi.

conciliaires : « Nous les Pères de l'Église d'Orient, nous avons clairement pris position. Nous avons déclaré une fois pour toutes que toute discussion sur le problème juif était inopportune. Je n'ai rien à ajouter ni à retirer à cette déclaration, car un mot en trop ou en moins sur cette question névralgique pourrait mener à un désastre. Les faits nous ont donné raison, et il n'en sortira aucun bien, ni pour les chrétiens ni pour les juifs ».

Le cardinal Tappouni avait probablement raison, mais de fait, la question avait été soulevée et elle ne pouvait plus être éludée.

Elle avait déjà entraîné pas mal de trouble dans le monde, comme Mgr Carli le remarque dans ses articles : « La *Déclaration sur les Religions non-chrétiennes...* a déchaîné une campagne de presse pleine d'indignation ; elle a entraîné des complications politiques et diplomatiques, et malheureusement, à l'Est, elle a servi d'excuse à certains pour abandonner le Catholicisme en faveur de l'Orthodoxie. Les Pères qui la soutiennent sont diffamés et accusés de s'être vendus au Judaïsme international, pendant que ceux qui, pour des raisons diverses, considèrent cette déclaration inopportune, ou du moins veulent la voir modifiée, sont étiquetés comme antisionistes et sont pratiquement tenus pour co-responsables des camps nazis ».

Jules Isaac proteste violemment dans ses œuvres contre le principe de la responsabilité collective d'Israël, et le rabbin Kaplan lui fait écho. Mais sur ce sujet de la responsabilité collective, les juifs se placent d'eux-mêmes dans une position fausse qui les rend très vulnérables. Ils repoussent furieusement toute idée de responsabilité collective lorsqu'eux-mêmes risquent d'en être déclarés coupables, mais ils insistent avec véhémence en sa faveur quand il leur est avantageux de le faire.

Au chapitre X de ce livre, nous avons cité un article de Vladimir Jankélévitch, importante personnalité en Israël. Dans *Le Monde* du 3 janvier 1965, parlant des victimes juives de Hitler, il écrivit : « Ce crime sans nom est un crime véritablement infini...dont on est obligé de dire que seul le sadisme allemand pouvait en être capable... Le massacre méthodique, scientifique et administratif de six millions de juifs n'est pas seulement un méfait en soi, c'est un crime pour lequel un peuple entier doit payer ».

Effectivement, le peuple allemand fut déclaré collectivement responsable à Nuremberg pour les mesures anti-juives d'Hitler, et chaque contribuable d'Allemagne Fédérale (pas ceux d'Allemagne de l'Est sous régime soviétique) paye un montant considérable chaque année à l'État d'Israël au titre de l'indemnisation pour les dommages subis par le Judaïsme international des mains d'Hitler.

On ne peut pas refuser le principe de la responsabilité collective quand il ne joue pas à votre avantage, et s'en réclamer dans le cas contraire. Il faut choisir l'un ou l'autre.[12] Si ce principe n'est pas admis et il semblerait que le Concile ait opté en faveur de la négative, on a du mal à comprendre comment Israël continue d'exiger un lourd tribut du peuple allemand.

De même, à cette lumière, le procès de Nuremberg perd en partie sa justification.

---

[12] NDT : Mais l'Israël Mondial est Le vainqueur de 1945, qui méprise souverainement l'opinion des goïms. On se reportera à ce que le Talmud leur enseigne sur les goïms en question...

## Un vote inextricable. Un incroyable guêpier.

Il y a un troisième point sur lequel il faut espérer que l'Église clarifie sa position après le vote du Concile, car il est susceptible de différentes interprétations et il a des conséquences très importantes : c'est le problème de l'antisémitisme et de la persécution. C'est un problème qui a été soulevé partout où un nombre appréciable de juifs ont résidé au cours des trois derniers millénaires.

Voici ce que dit le schéma adopté par le Concile : « *L'Église condamne toutes persécutions de tous hommes ; elle se souvient de son héritage commun avec les juifs, et agissant, non pour un quelconque mobile politique, mais bien plutôt selon un amour spirituel et évangélique, elle déplore toute haine, persécution et autres manifestations d'antisémitisme, à quelque période que ce fût, et quiconque en fût responsable.* » (*De Ecclesiae*, ibid. p.7)

C'est un texte qui semble bref, simple et irréfutable, sur lequel l'accord devrait être unanime ; l'Église a toujours réprouvé les persécutions, et ici le monde entier sera d'accord avec elle.

Il est cependant hérissé de difficultés et de problèmes complexes, et il est très souhaitable que l'Église explique quelle est dorénavant sa position. Antisémitisme et persécutions sont des termes capables de provoquer des émotions explosives.

Commençons par le terme *antisémitisme*. Qu'appelle-t-on exactement « *manifestations d'antisémitisme* » ?

Les idées sur l'antisémitisme varient du tout au tout, selon qu'on les examine du point de vue juif, ou du point de vue des non-juifs.

Aux yeux des juifs, toute mesure de défense et de protection contre la pénétration des idées et conceptions juives, contre les hérésies juives, contre le contrôle juif sur l'économie nationale, et en général toute mesure de défense des traditions nationales chrétiennes est une manifestation d'antisémitisme. Bien plus, de nombreux juifs considèrent que le simple fait d'énoncer l'existence d'un problème juif constitue une déclaration d'antisémitisme. « Leur idéal, dit Wickham Steed dans son remarquable ouvrage *The Hapsburg Monarchy*, semble être le maintien de leur influence comme un véritable *imperium in imperiis*. La dissimulation de leurs objectifs semble leur être devenue comme une seconde nature, et ils déplorent et combattent avec ténacité tout effort pour poser la Question juive franchement, sur la base de ses exacts mérites devant le monde ». (Op. cit. p. 179)

Prenons l'exemple concret de l'Église. Jules Isaac, comme nous l'avons abondamment montré au début de l'ouvrage, accuse tous les Pères de l'Église d'antisémitisme : St-Jean Chrysostome, St-Augustin, St-Agobard, le célèbre Pape St-Grégoire le Grand, etc. Il les traite de pervertisseurs de la Foi et de tortionnaires à cause de leur attitude envers le Judaïsme. Il les accuse d'avoir déchaîné la sauvagerie de la Bête, et d'être les véritables responsables de l'antisémitisme allemand et des chambres à gaz à Auschwitz. Il les juge même pires que Hitler, Streicher et autres, parce que leur système causa aux juifs une torture lente, les laissant en vie pour souffrir interminablement : « A partir de là nous percevons la différence radicale qui sépare le système chrétien d'avilissement de son imitateur moderne nazi ; aveugles et ignorants, ceux qui ne voient pas leurs mille connexions profondes : le dernier ne fut qu'un stade, un stade bref, précédant l'extermination de masse, le premier au contraire impliqua la survie, mais une survie honteuse, dans le mépris et la disgrâce, créé qu'il était pour durer, pour blesser et torturer lentement des millions de victimes innocentes. » (J. Isaac, *Genèse de l'Antisémitisme*, pp. 168-172)

Quelle sera l'attitude de l'Église post-conciliaire sur ce point ? Quel est le sens de la phrase : « *déplore toute manifestation d'antisémitisme à quelque période que ce fût et quel qu'en fût le responsable.* »

Est-ce que l'Église admet la thèse de Jules Isaac, et plaide coupable ?

Est-ce que des messes doivent être célébrées pour le repos de l'âme et le pardon de St Jean Chrysostome, de St Augustin, de St Grégoire le Grand et d'autres grands saints de la liturgie chrétienne coupables du crime d'antisémitisme ?

Leur enseignement doit-il être rectifié et purifié, suivant les injonctions de Jules Isaac ?

Doit-on purger les Évangiles des nombreux passages qui ont un relent d'antisémitisme ? « Peut-on écrit Mgr Carli peut-on légitimement faire assumer par l'Église Catholique en tant que telle une responsabilité aussi énorme, qui en ferait la plus cruelle et la plus vaste association de malfaiteurs qui ait jamais existé à la surface de la terre ? « Les juifs aujourd'hui ne se veulent plus responsables de quoi que ce soit de ce que le Christ a subi de la part de leurs ancêtres, auxquels ils accordent même désormais le bénéfice de la bonne foi ; mais ils exigent de l'Église Catholique d'aujourd'hui qu'elle se sente responsable et coupable pour tout ce que, d'après eux, les juifs ont souffert au cours des deux mille ans écoulés. » « Je ne pense pas que l'Église, même en dehors de la seule charité et humilité, puisse adopter officiellement une telle interprétation de l'Histoire. Du moins, elle ne devrait pas s'accuser d'une telle transgression, qui souille son image devant ses fils et le monde entier, avant d'avoir procédé à une investigation détaillée et impartiale, pour laquelle les quelques lignes du schéma conciliaire actuel ne peuvent suffire (ceci indépendamment de leur valeur de conclusion). « Personne n'entend nier, et tout le monde est prêt à regretter, qu'il ait pu y avoir, plus ou moins par ignorance ou quelquefois par mauvaise foi, des chrétiens à préjugés anti-juifs, de la même manière qu'une certaine littérature rabbinique juive insulta Jésus et la Vierge Marie, inspirant la haine et la malédiction contre les chrétiens. « Mais, bien plutôt que de s'engager dans des procès historiques et d'exiger réciproquement des aveux de culpabilité, il serait beaucoup plus utile à chacun de formuler d'exacts principes doctrinaux, de pratiquer l'estime et la charité, et ainsi de réduire les préjugés mutuels. En ce sens, on peut souscrire aux paroles du grand rabbin du Danemark : « Nous continuerons probablement à demeurer un signe de contradiction mutuelle, mais nous cesserons de nous dévorer l'un l'autre. » (cf. *Oekoumenikon*, 1$^{er}$ août 1963, p. 270)

Donc, à cette condition que « nous ne renions aucun de nos principes ».

Pour nous, catholiques, sans renier ni passer sous silence aucun des points contenus dans la Sainte Écriture ou dans la tradition divine et apostolique, « Entreprenons donc de travailler à un texte qui soit acceptable à tous « nos amis juifs », mais qui soit surtout acceptable à tous ceux qui aiment la vérité objective... « Quand bien même les deux mille ans d'histoire seraient remplis, comme le dit la thèse juive, des fautes morales de l'Église envers le peuple d'Israël, cela ne pourrait ni ne devrait rien changer aux termes de la question, telle qu'exprimée par la bouche de Jésus, de St Pierre, St Paul, etc... « La décision transmise par le schéma de 1964 coïncidait avec ce que les juifs proposent et espèrent. Qu'il me soit permis de douter qu'elle soit acceptable en regard de la vérité objective. » (Mgr Carli, *Palestro del Clero*, 1$^{er}$ mai 1965)

Et quelle est la position de l'Église vis à vis de la *persécution ?* Terme que les juifs associent toujours avec le mot antisémitisme.

*L'Église réprouve toutes formes de persécutions, de quelque coté qu'elles proviennent.* De nouveau tout le monde sera d'accord, mais à la condition que soit clarifiée la phrase « *quelque fût la période et quiconque en fût responsable* ».

A entendre et à lire les auteurs juifs, on pourrait croire qu'eux seuls sont victimes de persécutions dans le monde. Dans le monde moderne, seule la persécution anti-juive réveille la conscience démocratique. Or il y a beaucoup de victimes de persécutions dans l'histoire du monde, et elles ne sont pas seulement juives.

Dans la revue *Palestra del Clero* du 15 février 1965, Mgr Carli écrivit fort justement : « Certainement personne ne doit condamner davantage la haine et la persécution qu'un catholique, tout particulièrement quand le motif est racial ou religieux. Mais il semble à certains pour le moins étrange que dans un document conciliaire, seuls les maux souffert par des juifs « dans le passé ou de nos jours » sont expressément condamnés, comme si d'autres n'avaient pas existé et n'existent pas encore aujourd'hui qui méritent tout autant condamnation. Nous pensons au massacre des Arméniens, et aux génocides et innombrables massacres perpétrés sous la bannière du communisme marxiste ».

Et Mgr Carli ajoutait : « En ce qui concerne la persécution des juifs, certainement ni l'empereur romain Claude, ni le chancelier allemand Hitler, pour ne prendre que le premier et le dernier des persécuteurs antisémites au cours de l'ère chrétienne, ne s'inspiraient de principes religieux. »

Pour finir, et puisque que nous parlons de persécution, il nous faut aussi mentionner celles dont le peuple juif fut lui même l'auteur et le responsable, car eux, qui se posent toujours comme d'innocentes victimes crucifiées, sont de terribles persécuteurs quand ils ont le dessus. Nous avons traité ce sujet au chapitre X de ce livre, et nous ne répéterons pas ce que nous y avons mentionné.

Dans un ouvrage écrit en 1921 et intitulé *Le Problème Juif*, Georges Batault déclare : « L'attitude que prennent quantité de juifs et qui consiste à attribuer le phénomène séculaire de l'antisémitisme uniquement aux sentiments les plus bas et à la plus crasse ignorance est absolument intenable. Il est parfaitement enfantin de vouloir perpétuellement opposer le bon mouton juif, tout bêlant et confit en dévote douceur, au méchant loup non-juif altéré de sang et hurlant de jalousie féroce. Il faudrait vraiment que l'on renonçât à cette philosophie de l'Histoire pour images d'Épinal, de même qu'au procédé qui consiste à qualifier tout uniment de « pogromistes » ceux qui se risquent à traiter du problème juif dans un esprit qui n'est pas celui de l'apologie délirante. » (Georges Batault : *Le Problème Juif,* Paris 1921)

L'expérience suivante donne un exemple récent de cet état d'esprit.

En octobre 1965, j'allais à Rome, et je remis à plus de deux mille Pères du Concile ainsi qu'à un certain nombre de personnalités éminentes un pamphlet intitulé *Le Problème juif face au Concile,* dont les deux tiers étaient imprimés en italien et le reste en français. Il contenait un bref historique du rôle de Jules Isaac dans la préparation du schéma conciliaire sur la question juive, et un sommaire de ses thèses et de celles d'autres maîtres de la pensée juive contemporaine sur le sujet des relations entre le Judaïsme et le Christianisme. Il n'était ni abusif ni insultant, n'étant qu'un exposé de textes que je m'étais borné à présenter de manière claire et cohérente. Car je considérais qu'il était essentiel pour les Pères du Concile d'avoir connaissance de ces textes, puisqu'ils formaient le fondement sur lequel les Pères étaient appelés à voter. Une enquête préliminaire m'avait rapidement convaincu de l'ignorance de pratiquement tous les Pères du Concile, à la fois de ces textes et de l'importance du rôle de Jules Isaac. Contrairement à Jules Isaac, à Henri Fesquet du *Monde* et à d'autres laïcs qui exercèrent une grande influence au Concile, je n'émis aucun conseil ni aucune directive, mais simplement je présentais certaines informations, en ajoutant : « La décision reste maintenant aux Pères du Concile, et c'est eux qui en porteront la responsabilité ».

Plusieurs grands journaux en France, sous la conduite du *Monde*, attirèrent l'attention sur mon intervention et sur la distribution de mes pamphlets. Tous avec une phraséologie déplaisante m'accusèrent « d'antisémitisme ».

Dans son édition du 17 octobre, parlant « du nombre incroyable d'avances, de visites, de lettres, de tracts, de pamphlets et de pressions dont le Secrétariat pour l'unité avait été assailli (à propos de la Déclaration sur les juifs), *Le Monde* déclara : « *on restera abasourdi de tant de passion, d'aberration, de haine, et en un mot de tant d'ignorance et de stupidité* ». Comme mon nom avait été clairement mentionné un peu plus haut dans l'article, cette critique m'était évidemment destinée, critique où, à l'évidence, la passion, l'aberration, la haine, l'ignorance et la stupidité n'avaient aucune part.

L'une de mes relations envoya mon pamphlet à un prêtre que je ne connaissais pas, directeur d'une école catholique et prédicateur renommé, et il reçut en réponse la lettre suivante : « *Je vous retourne ci inclus le désolant pamphlet de Mr de Poncins, qui montre si peu de pitié à l'égard d'Israël, si peu de charité et une interprétation si étriquée de l'Histoire. Ces éternelles bribes de Joshua Jehouda sont très irritantes. Mr de Poncins imagine-t-il que Mgr de Provenchères et les Pères du Concile ignoreraient que les Juifs et les Musulmans rejettent farouchement l'Incarnation ? Est-ce là tout ce dont il s'agit ?*

« *Lorsque le texte du Concile paraîtra dans la presse, vous verrez. C'est, d'un mot, l'œuvre du cardinal Bea, un Jésuite et un exégète de quatre-vingts ans qui a voyagé et qui a lu, et qui indubitablement a un grand amour des hommes et un grand sens de la justice. C'est ce motif et non pas l'ignorance qui l'ont poussé à soutenir ce Schéma, et d'après lequel, guidés par le Saint-Esprit, les quelques deux mille Pères du Concile voteront.* »

Ainsi au regard de ce prêtre éminent, ce ne sont pas Jules Isaac et les autres qui sont les auteurs d'une provocation en attaquant la doctrine des Pères de l'Église, c'est moi qui suis le provocateur pour les avoir cités et fait connaître. Mais il ne fait aucun doute que le fait d'avoir révélé ces textes fatals a été extrêmement gênant pour le succès de la manœuvre juive et progressiste, et s'ils avaient pu être publiés plus tôt, ils auraient été encore plus efficaces.

La conclusion est tout à fait évidente : ces « antisémites » qui utilisent une arme terrible, les propres textes des auteurs juifs, doivent à tout prix être réduits au silence. C'est ce que dit l'abbé Laurentin dans *Le Figaro* du 15 octobre 1965 : « Le texte de 1965 est-il suffisant pour déraciner l'antisémitisme chrétien, qui s'est exprimé si vigoureusement ces derniers mois ? ».

En d'autres termes, l'un des objectifs du texte de 1964 était *d'imposer silence aux « antisémites »*. Mais, bien qu'admirablement préparée, la manœuvre ne réussit pas ou seulement en partie, car le texte de 1965 ne laisse la voie ouverte qu'à des possibilités réduites en ce domaine.

De l'autre coté, aucune restriction d'aucune sorte ne pèse sur les auteurs juifs et leurs alliés.

En toute impunité, Jules Isaac peut écrire de longs ouvrages, republiés récemment, dans lesquels il traite les Évangélistes de menteurs, les Pères de l'Église et les grands saints de grossiers pamphlétaires, pervertisseurs de la foi et tortionnaires, et dans lesquels il en appelle à l'Église à reconnaître, abjurer et faire amende honorable de ses torts criminels à l'encontre des juifs. Des évêques comme Mgr de Provenchères expriment publiquement leur estime, leur respect et leur affection pour lui. Mgr Gerlier, archevêque de Lyon, écrit une louangeuse préface pour un livre de l'abbé Toulat intitulé « *Juifs mes frères* « , dans lequel le rôle de Jules Isaac est exalté et glorifié. Mgr Liénart, cardinal et archevêque de Lille, patronne même les « Amitiés Judéo-chrétiennes » de Jules Isaac. Mais parce que j'ai simplement cité Jules Isaac, Joshua Jehouda et d'autres, je suis présenté comme un méprisable antisémite exemple type de passion, d'aberration, de haine d'ignorance et de stupidité, s'il faut en croire *Le Monde*.

Finalement le clergé progressiste réserve ses faveurs aux ennemis de la religion et déverse sarcasmes, mépris et hostilité sur ceux qui défendent leur propre tradition.

En ce qui concerne *la relation biblique commune avec le peuple juif*, cela est en effet indiscutable, mais il faut cependant se garder de pousser trop loin l'argument.

Le Nouveau Testament marque un grand tournant dans l'histoire de la pensée religieuse et une profonde rupture avec l'Ancien. La séparation n'a fait que s'agrandir au fil des siècles.

Le texte de 1965 déclare : « *Ce saint Concile rappelle le lien qui relie spirituellement le peuple du Nouveau Testament à la lignée d'Abraham. L'Église du Christ reconnaît que dans le plan de salut de Dieu, les commencements de sa propre élection et de sa foi se trouvent dans les Patriarches, Moïse et les Prophètes... L'Église ne peut par conséquent pas oublier que ce fut par ce peuple, avec lequel Dieu dans son ineffable miséricorde convint d'établir l'Ancienne Alliance, qu'elle a elle-même reçu la révélation de l'Ancien Testament. Elle tire sa nourriture de la racine de l'olivier franc, sur lequel les branches de l'olivier sauvage des Gentils ont été greffées* (cf. Romains XI, 17-24). *L'Église croit que le Christ, notre paix, a réconcilié les juifs avec les gentils par la Croix, et* *nous a uni tous deux en Lui (*Ephésiens II, 14-16)... *« La Sainte Ecriture est témoin que Jérusalem n'a pas connu le temps de sa visite* (cf. Luc XIX, 44). *Les juifs, dans leur grande majorité, n'ont pas accepté l'Évangile. Certains même se sont opposés à sa diffusion (*cf. Romains XI, 28). *Cependant, selon l'apôtre Paul, les juifs demeurent toujours très chers à Dieu à cause de leurs pères, car Dieu ne se repent pas des dons qu'Il fait ou des appels qu'Il lance* (cf. Romains XI 28-29). *Avec les Prophètes et le même apôtre Paul, l'Église attend le jour, connu de Dieu seul, où tous les peuples s'adresseront à Dieu d'une seule voix et le serviront d'un seul corps* (Sagesse III, 9 ; Isaie LXVI, 23 ; Psaumes LXV, 4 ; Romains XI, 11-32). *« Étant donné la grand héritage spirituel commun aux chrétiens et aux juifs, c'est la volonté de ce saint Concile d'instaurer et de recommander la connaissance et l'estime mutuelle, qui s'établiront à partir d'études bibliques et théologiques et de discussions fraternelles communes. »* (*De Ecclesiae*, ibid. pp. 5-6)

Dans son article dans *La Palestra del Clero* Mgr Carli expose clairement la doctrine catholique sur ce point : « A un certain moment de l'Histoire, Israël rompit l'Alliance avec Dieu, non pas tant pour avoir transgressé les commandements de Dieu ou en d'autres termes pour n'avoir pas rempli les conditions de l'Alliance (il avait si souvent commis ce péché, et Dieu le lui avait toujours pardonné) que parce qu'il avait refusé l'accomplissement de l'Alliance elle-même en refusant Jésus : car « le Christ est l'accomplissement de la Loi » (*Rom.* X, 4). Dès lors, il ne s'agissait plus des termes accidentels de l'Alliance, mais de sa propre substance. Automatiquement l'élection d'Israël fut annulée ; elle perdit son objet, et les privilèges qui y étaient attachés perdirent leur raison suffisante... Israël finit par s'institutionnaliser en quelque sorte dans une opposition globale, officielle et radicale au Christ et à sa doctrine, en dépit du grand « signe » de la Résurrection du Christ. « La religion Mosaïque, qui par une disposition révélée par Dieu devait aboutir au Christianisme pour y trouver son achèvement et sa perfection, tout au contraire refusa constamment d'adhérer au Christ, rejetant ainsi « la pierre angulaire » posée par Dieu. « Il ne s'agit pas seulement de sa renonciation pure et simple au plan de Dieu (ce qui est déjà une grave faute ), mais d'une opposition positive ; sous cet angle, la relation entre le Christianisme et le Judaïsme est bien pire qu'entre le Christianisme et les autres religions. Car Israël seul avait été choisi, avait reçu une vocation, des dons, une histoire, etc, très différents de tous les autres peuples de la terre : dans le plan de Dieu, Israël se rapportait entièrement et complètement au Christ et au Christianisme. Pour n'avoir pas réalisé de sa propre faute cette relation si essentielle, il s'est mis de lui même dans une situation de rejet objectif. Cette situation durera aussi longtemps que la religion judaïque dans le monde refusera de reconnaître et d'accepter officiellement Jésus-Christ. « A mon sens, la Sainte Écriture justifie cette interprétation, et la tradition patristique la confirme ».

La rupture entre l'Ancien Testament et le Nouveau n'a cessé d'augmenter, au fur et à mesure que la Torah ou Loi de Moïse fit place à l'influence croissante du *Talmud* comme source d'inspiration de la religion hébraïque.

Le juif moderne n'étudie pas la Loi de Moïse mais le Talmud, et entre l'Évangile et le Talmud il y a un antagonisme irréductible. Nous ne pouvons que rappeler au lecteur que nous avons traité cette question au chapitre V.

Cet antagonisme durera-t-il toujours ? Non, répond la doctrine catholique telle que formulée par St Paul, car à la fin des temps, l'ensemble du peuple juif se convertira : « A la fin des temps, la masse des juifs se sauvera ; cette assertion de St Paul est une partie essentielle de l'espérance chrétienne... Les dons de Dieu sont donnés de manière absolue, c'est à dire qu'une fois donnés ils ne sont plus jamais retirés ; mais pour ceux qui les refusent ou qui ne les utilisent pas au moment opportun, ils deviennent des articles de condamnation... « Cette position fut librement acceptée par Israël, et aussi longtemps qu'elle persistera, la condition objective de malédiction demeurera avec toutes ses conséquences. Mais on doit nier catégoriquement qu'une quelconque autorité humaine, qu'elle soit privée ou publique, puisse sous aucun prétexte ou en aucun droit exécuter la punition attachée au jugement divin : Dieu seul peut le faire, de la manière et à l'heure qu'Il choisit. » (Mgr Carli : *Palestra del Clero,* 15 février 1965)

Mais les maîtres du Judaïsme contemporain traitent cette croyance avec dérision et un hautain mépris. Nous avons illustré ce point en citant des passages particulièrement éclairants de Jehouda. Pour eux, ce n'est pas aux juifs à se convertir au Christianisme, qui à leurs yeux est « une religion bâtarde, une branche corrompue du Judaïsme », c'est aux chrétiens à revenir à Israël.

L'extrait récent suivant confirme et renforce cette opinion : « Soyons sans illusion : s'ils pensent qu'en nous disculpant, ils vont nous gagner plus facilement, ils se leurrent. Nous ne changerons pas. Nous devons être acceptés tels que nous sommes avec notre monothéisme absolu et indivisible, avec notre farouche désir de survivre en tant que communauté distincte, avec notre refus catégorique de toute autre « foi ». Nous ne voulons pas être convertis, nous nous considérons des adultes, capables de choisir notre propre voie par nous-mêmes. Et c'est ainsi que nous voulons être traités. Mais si votre religion vous oblige au prosélytisme, nous ne faisons pas d'objection. Simplement nous vous avertissons : vous perdrez votre temps. Nous resterons ce que nous sommes, et aucune ne force sur la terre où au ciel ne nous changera. Car nous sommes faits d'une substance aussi dure que le roc ; nous avons résisté à Dieu dans notre jeunesse et aux hommes dans notre maturité. Aussi nous pouvons attendre. C'est pour cette raison que la seule attitude valable pour un juif à propos du Concile œcuménique est celle d'une impassibilité polie. Restons silencieux et poursuivons notre œuvre propre en attendant avec sérénité. Car quels que puissent en être les résultats, nous devons poursuivre seuls notre inconcevable chemin ». (Alexandre Reiter, article « Les Juifs et le Concile », publié dans *La Terre Retrouvée*, 15 juin 1965)

La conclusion peut être tirée en quelques mots : elle ressort clairement des nombreux textes que nous avons cités d'auteurs juifs.

Un accord religieux entre les chrétiens occidentaux et les juifs de discipline talmudique sera très difficile à atteindre, car, comme le dit Mgr Carli parlant de la religion juive : « Ce n'est pas une question de renonciation pure et simple au plan de Dieu... mais d'opposition positive, et, sous cet angle, la relation entre le Christianisme et le Judaïsme est bien pire qu'entre le Christianisme et les autres religions ».

Les généreuses intentions ou les illusions du Concile se heurteront toujours à un obstacle majeur, l'intransigeance juive. Les juifs demandent tout, mais ne concèdent rien ; ils refusent de s'assimiler, ils refusent de se convertir. Loin de s'assimiler, ils judaïsent ; loin de se convertir, ils cherchent à imposer leurs convictions aux autres. « Le problème juif représente une énigme insoluble, vieille de plus de deux mille ans, et c'est encore aujourd'hui l'une des plus formidables questions posées à notre temps. » écrivait Georges Batault dans « *Le Problème Juif* ».

Ces mots prophétiques datent de 1921. En dépit de tant d'événements dramatiques survenus depuis, tant de désastres et de bouleversements mondiaux, ils sont encore d'actualité aujourd'hui en 1967. La preuve en est l'importance de la discussion sur la Question Juive à Vatican II.

# XIV – DES TRACTS CONTRE LE CONCILE

Tel est le titre d'un article paru à la page 164 du numéro spécial de l'*Osservatore della Domenica* sur le Concile Vatican II, daté du 6 mars 1966.

Ce numéro dans son ensemble présente l'histoire complète du Concile, et l'article en question paru sous la signature d'Ugo Apollonio, que nous reproduisons ci dessous, est consacré aux « pamphlets » sur la Question juive, qui avaient été largement distribués parmi les Pères conciliaires au cours des sessions. Dans le corps de l'article, mon nom est clairement épinglé et je suis violemment pris à partie.

Voici ce que dit cet article : « Le Concile Vatican II a été l'objet, comme on pouvait s'y attendre, des plus vives louanges et des pires critiques. On ne sera donc pas surpris de l'explosion de littérature anti-conciliaire, mais il est peut-être utile de la rappeler brièvement, même si ce n'est qu'à titre de curiosité. Malheureusement, nous n'avons pas assez d'espace pour examiner ici les quotidiens communistes et les périodiques qui fréquemment déformèrent dans chaque pays les intentions et les discussions des Pères du Concile, ni non plus pour traiter de la grande presse qui, en Italie et ailleurs, présenta souvent les travaux du Concile de manière partiale, à sens unique.

Aussi nous limiterons-nous à un certain type de livres et de pamphlets, limités en nombre et en qualité, dont la caractéristique commune suggère une commune source, au moins dans leur inspiration :

1. Ils provenaient tous de pays latins (en particulier de France, d'Espagne, et d'Amérique latine) ;
2. Ils reflétaient les idées de certains milieux catholiques ultra-conservateurs ;
3. Ils étaient tous anonymes ou signés de pseudonymes ; dans certains cas, ils se masquaient derrière des signatures qui se sont avérées imaginaires ou fausses ;
4. Ils ont été traduits en plusieurs langues (la traduction italienne est en général assez médiocre) ;
5. Ils furent en général expédiés par la poste directement aux Pères du Concile.

« En ce qui concerne leur teneur, il faut ajouter que beaucoup de ces publications se retranchaient derrière une suspecte préoccupation d'orthodoxie, prétexte à des attaques inconsidérées contre des cardinaux et des évêques, les accusant d'introduire des hérésies, de chercher à subvertir l'Église, de vendre l'Église pour des avantages terrestres, et ainsi de suite. Par ailleurs, d'autres sont clairement antisémites de ton et attaquent injustement nombre de représentants de l'Église.

« Le premier et le plus volumineux de ces documents autour duquel semblent graviter tous les autres pamphlets de moindre volume qui suivirent parut en août 1962, sous le pseudonyme de Maurice Pinay.[13] D'après l'introduction, cet

---

[13] NDT : Curieusement, le rédacteur de l'hebdomadaire du Vatican omit de mentionner le titre de ce prétendu « pamphlet » : Il s'agissait de « *Complotto contro la Chiesa* ». C'était un livre volumineux qui, bien qu'abrégé dans cette première édition pour des raisons d'urgence de production, était un ouvrage d'érudition.

Son édition définitive en espagnol en 1968 lui donnera plus de six cents pages. Il fut traduit et publié en allemand, en espagnol puis en anglais. Une version française vient enfin d'être publiée plus de trente ans après, en samizdat, sous le titre « *2000 ans de complots contre l'Église* ». Cet ouvrage retrace, avec les références historiques les plus précises, la longue suite des complots du Judaïsme contre l'Église, ses intrigues et crimes sanguinaires contre les chrétiens au cours des siècles, en même temps que la

ouvrage annonçait de « terribles révélations », alors qu'il contient en réalité un méli-mélo d'accusations gratuites et illogiques contre les Pères du Concile, qui dit son *Appel au lecteur* sont en train de conspirer pour détruire les traditions les plus sacrées en entreprenant des réformes audacieuses et nocives inspirées de Calvin, de Zwingli et d'autres grands hérétiques, en prétendant moderniser l'Église et la mettre à la page, mais avec l'intention secrète d'ouvrir les portes au Communisme, d'accélérer la ruine du monde libre et de préparer la future destruction du Christianisme ». « Dans un certain nombre de feuilles ronéotypées qui arrivèrent d'Amérique en 1964, un certain Hugh Mary Kellner attaquait « les résultats dévastateurs du sécularisme » et accusait les responsables de l'Église de « faillir à réprimer la décadence catastrophique de l'Église qui s'est faite jour au cours des dernières décennies ». Selon ce personnage, de nombreux Pères du Concile étaient victimes d'une séduction satanique qui leur suggérait d'employer l'apparence de l'adorable parole du Christ pour affaiblir et détruire l'Église ».

« Cependant les attaques les plus importantes et les plus virulentes étaient dirigées contre les juifs faussement convertis et l'organisation judéo-maçonnique internationale B'nai B'rith. Un certain nombre de pamphlets et de lettres circulaires furent envoyées aux Pères du Concile à leurs adresses privées affirmant que « le seul peuple juif est le peuple déicide » et qu'à cause de cela « il doit être combattu et exterminé, puisque, par la Maçonnerie, le Communisme et toutes les

---

lutte de l'Église contre le Judaïsme et la sainte doctrine élaborée par l'Église sur la question, fixée par les enseignements des Papes et des Pères de l'Église et dans de nombreux Actes des Conciles. C'est cette doctrine que les modernistes et les sillonnistes depuis cent ans renièrent et s'acharnèrent à faire oublier ; mais elle n'en demeure pas moins indélébile. En anglais, cet ouvrage est disponible sous le titre « *Plot against the Church* «, diffusé par OMNI PUBLICATIONS, Christian Book of America, P.O.Box 900566, Palmdale California 93590 -0566, USA.

organisations subversives qu'il a créées et qu'il dirige, le Judaïsme continue implacablement et avec arrogance à combattre le Christ ».

« Le racisme, le fanatisme, et l'opposition la plus obstinée furent déployés par certains groupes anti-juifs, se faisant dans de nombreuses petites publications les avocats d'une féroce persécution contre les juifs « pères de la tromperie et de la calomnie », en s'appuyant sur le dogme et les enseignements de l'Église ou s'en autorisant. « A titre d'exemples de ces violentes publications que nous avons devant nous, citons :

*Les Juifs et le Concile à la lumière des Saintes Écritures et de la Tradition*, anonyme d'après ce pamphlet l'auteur en est Bernardus ; *Le peuple juif est le peuple déicide*, par Mauclair ; *Le Concile et l'attaque du bloc Centre-européen*, par Catholicus ; *L'Action Judéo-maçonnique au Concile*, d'un auteur anonyme qui se dit un groupe de prêtres, certains appartenant à des ordres religieux et d'autres au clergé séculier ; *La Déclaration en faveur des juifs favorise un racisme qui empiète sur les droits légitimes des autres peuples à se défendre*, par un certain E. di Zaga ; *Le Problème des Juifs au Concile*, de Léon de Poncins, etc.

Dans tous ces pamphlets, tout comme dans celui intitulé *Sens Commun*, imprimé dans le New-Jersey, et aussi dans d'autres, les accusations sont les mêmes et ressortent des mêmes racines d'incompréhension, d'intolérance, de mépris et de haine du peuple juif. »

« La campagne, comme on l'a remarqué d'après ce qui précède, ne fut pas confinée à l'Italie, mais s'est étendue sur tout le monde latin. Les principales personnes accusées étaient clairement indiquées. Voici les « hérétiques » : c'étaient les théologiens allemands Osterreicher et Baum, tous deux de race juive, qui avaient pour « tâche de « judaïser les chrétiens » ; le P. Klyber accusé de « laver le cerveau des catholiques en faveur des juifs », et le cardinal Bea, qui, en présentant sa proposition de décret en faveur des juifs et en contradiction avec les Évangélistes, cachait aux Pères du Concile qu'il reprenait les thèses que lui avait suggérées l'Ordre maçonnique des B'nai B'rith.

« Le cardinal Bea, qui, comme on le sait, créa par obéissance aux désirs exprès du Pape Jean un groupe d'étude au cœur du Secrétariat pour l'Unité des Chrétiens pour examiner du seul point de vue théologique et religieux les relations entre l'Église et le peuple juif, et qui prépara le projet de Déclaration sur le problème juif, le cardinal Bea fut attaqué par tous les auteurs anonymes de ces divers pamphlets avec une extrême véhémence et hostilité. Il suffit de remarquer qu'ils essayèrent de prouver son origine juive, en affirmant que « dans les siècles passés le nom de « Beha » se trouve chez plusieurs familles en Allemagne et en Autriche, un nom qui est l'équivalent phonétique du « Béja » séphardique, par latinisation duquel on arrive au juif ou crypto-juif cardinal Bea »…

« En conclusion, il est triste de rappeler que même Sa Sainteté Paul VI ne fut pas épargné par cette avalanche d'attaques venimeuses déchaînées contre la hiérarchie. Un petit document imprimé en novembre 1965 en Californie aux USA et signé des « Servites militants de Notre Dame de Fatima » fait état, entre autres choses, que le Pape commit une « détestable erreur, comparable à une apostasie, en prononçant une allocution devant les représentants athées des Nations-Unies «, et que le 4 octobre la date à laquelle le Pape visita l'O.N.U. « *doit être regardé comme une journée noire dans le calendrier, qui n'est éclipsée que par celle de la Crucifixion de Jésus, car à cette date le Pontife livra de ses mains le Corps mystique du Christ aux Nations-Unies, organisation contrôlée par les juifs, les francs-maçons et les communistes. Que faire alors ? La brochure disait que chaque Père devait se faire rituellement exorciser pour chasser le démon qui s'était emparé de leur personne au Concile ; que toutes les décisions du Concile devaient être considérées comme nulles, et qu'ils devaient renouveler tous leurs vœux de prêtres et prier Dieu de leur donner la force de résister à tous les assauts ultérieurs de Lucifer et de ses agents. Ainsi seulement, le Pape et les Pères du Concile pourraient se purifier de l'odieux crime d'apostasie. »*

« Tout commentaire serait superflu. » (Ugo Apollonio, *Osservatore della Domenica*)

Notons d'abord qu'il existe deux *Osservatore* à Rome : tous deux produits dans la cité du Vatican, dans le même bureau :

d'une part, *l'Osservatore Romano*, quotidien, qui est le journal officiel du Vatican ;

d'autre part, *l'Osservatore della Domenica* dont la position est beaucoup moins claire. Comme l'indique son nom c'est un hebdomadaire, et sa rédaction est nettement progressiste, ce qui explique pour une part le ton de l'article où je suis accusé. Néanmoins, et c'est là l'important, il s'agissait-là d'un numéro spécial représentant un gros ouvrage de 225 pages contenant un historique complet résumant le Concile, avec une préface par son éminence le Cardinal Cicognani Secrétaire d'État du Vatican et par Mgr Felici, Secrétaire général du Concile, ayant tout des caractères d'un document officiel. Aussi, les accusations portées contre les auteurs des « pamphlets » et contre moi en particulier sont-elles d'une exceptionnelle gravité.

Bien qu'en règle générale j'évite toute polémique personnelle, je me trouve donc obligé de faire une mise au point, portant l'entière responsabilité de ce que je publie. Ou sinon, les catholiques dans le monde entier qui liront cet article auront l'impression que je suis un antisémite fanatique, bouillant de fureur et de haine, complotant des massacres et des persécutions, et inondant les Pères du Concile « *d'un méli-mélo d'accusations gratuites, calomnieuses et illogiques »*.

Examinons les accusations portées ici contre moi.

La première accusation est qu'ils *(les auteurs des pamphlets)* sont tous des anonymes ou des pseudonymes, et dans certains cas, « *ils se sont cachés derrière des signatures dont on a ultérieurement découvert qu'elles étaient imaginaires ou fausses* ».

En ce qui me concerne l'accusation est complètement fausse, car mon pamphlet était signé de mon nom.

La seconde est que « *nombre de ces pamphlets se retranchent derrière une préoccupation suspecte d'orthodoxie, prétextes à des attaques inconsidérées contre des cardinaux et des évêques, qu'ils accusent d'introduire des hérésies, de chercher à subvertir l'Église, de vendre l'Église pour des avantages terrestres et ainsi de suite ; par ailleurs, d'autres sont nettement antisémites de ton et attaquent injustement de nombreux représentants de l'Église* ».

Or je ne me suis livré à aucune attaque inconsidérée contre des cardinaux et des évêques. Je ne les ai pas accusés injustement de chercher à subvertir l'Église. Me fondant sur des sources juives, j'ai démontré que, par leur ignorance de la question juive, ils étaient tombés dans un piège très habilement préparé par les leaders des grandes organisations juives, associés à une petite minorité de progressistes. Sans nul doute les Pères du Concile ont une bonne connaissance du Judaïsme biblique de l'Ancien Testament, mais que connaissent-ils du Judaïsme talmudique contemporain ?

La troisième accusation est « *l'origine commune* » de ces pamphlets : « *Le premier et le plus volumineux de ces documents autour duquel semblent graviter tous les autres pamphlets de moindre volume qui suivirent parut en août 1962 sous le pseudonyme de Maurice Pinay. D'après l'introduction, cet ouvrage annonçait de « terribles révélations », alors qu'il contient en réalité un méli-mélo d'accusations gratuites et illogiques contre les Pères du Concile* ».

Le pamphlet que j'ai fait diffuser au Concile n'a rien de commun, ni avec le livre de Maurice Pinay, ni dans le sujet avec aucun des autres pamphlets publiés à Rome. Pour autant que je le sache, je suis le seul à avoir révélé le rôle de Jules Isaac, porte parole des grandes organisations juives au Concile du Vatican, et le seul à avoir fait circuler au Concile des textes tirés des œuvres de Jules Isaac, de Joshua Jehouda et d'autres docteurs d'Israël, textes fondamentaux pour comprendre la question sur laquelle les Pères du Concile votèrent et ses conséquences.

La quatrième accusation est celle « *d'inciter au massacre et aux persécutions contre le peuple déicide* : « *Cependant les attaques les plus importantes et les plus virulentes ont été dirigées contre les juifs faussement convertis et l'organisation judéo-maçonnique internationale B'nai B'rith. Un certain nombre de pamphlets et de lettres circulaires furent envoyées aux Pères du Concile à leurs adresses privées, affirmant que « le seul peuple juif est le peuple déicide » et qu'à cause de cela « il doit être combattu et exterminé, puisque, par la Maçonnerie, le Communisme et toutes les organisations subversives qu'il a créées et qu'il dirige, le Judaïsme continue implacablement et avec arrogance de combattre le Christ* »

Nulle part je n'ai écrit que le peuple juif déicide devrait être combattu et exterminé.

L'article continu : « *Le racisme, le fanatisme, et l'opposition la plus obstinée furent déployés par certains groupes antijuifs, se faisant par de nombreuses petites publications les avocats d'une féroce persécution contre les juifs « pères de la tromperie et de la calomnie » et s'appuyant sur le dogme et les enseignements de l'Église ou s'en autorisant. « A titre d'exemple, nous citons de l'une de ces violentes publications que nous avons devant nous :* Le Problème des Juifs au Concile, *de Léon de Poncins, etc. Dans tous ces pamphlets tout comme dans celui intitulé* Sens Commun, *imprimé dans le New-Jersey, et aussi dans d'autres, les accusations sont les mêmes et ressortent des mêmes racines d'incompréhension, d'intolérance, de mépris et de haine du peuple juif* ».

Racisme, fanatisme, persécution féroce, intolérance, incompréhension, mépris et haine à l'égard du peuple juif ! Je n'ai jamais écrit une ligne qui aurait pu servir de fondement à de telles accusations, mais puisque je suis virtuellement dépeint comme un fauteur de pogrom, j'aimerais que le lecteur de bonne foi veuille considérer la violence implicite des méthodes et des propositions en vue d'une solution au Problème juif, que j'avais esquissées peu avant qu'éclate la dernière guerre, dans un document qui fut adressé à tous les Chefs d'États et aux leaders juifs du monde entier, et qui est reproduit in extenso à l'Annexe 1.

La cinquième accusation est que : « *La campagne, comme on l'a remarqué ci dessus, ne s'est pas confinée à l'Italie, mais s'est étendue sur tout le monde latin....que le cardinal Bea, en présentant sa proposition de décret en faveur des juifs et en contradiction avec les Évangélistes, cachait aux Pères du Concile qu'il reprenait les thèses que lui avait suggérées l'Ordre maçonnique des B'nai B'rith. Le cardinal Bea, qui comme on le sait créa, par obéissance au désir exprès du Pape Jean, un groupe d'étude au cœur du Secrétariat pour l'Unité des Chrétiens pour examiner du seul point de vue théologique et religieux les relations entre l'Église et le peuple juif ; et qui prépara le projet de Déclaration sur le problème juif, le cardinal Bea fut attaqué par tous les auteurs anonymes de ces divers pamphlets avec une extrême véhémence et hostilité. Il suffit de remarquer qu'ils essayèrent de prouver son origine juive en affirmant que « dans les siècles passés le nom de « Beha » se retrouve chez plusieurs familles en Allemagne et en Autriche, un nom qui est l'équivalent phonétique du « Béja » séphardique par latinisation duquel on arrive au juif ou crypto-juif cardinal Bea »....*

Je n'ai pas attaqué le cardinal Bea « avec une incroyable véhémence et hostilité ». J'ai seulement écrit les quelques lignes suivantes sur lui, que voici : « Quelques temps après (sa visite au Pape), Isaac « apprit avec joie que ses suggestions avaient été prises en considération par le Pape et transmises au cardinal Bea pour étude. Ce dernier créa un groupe d'étude spécial au sein du Secrétariat pour l'Unité des Chrétiens, chargé d'étudier les relations entre l'Église et Israël, dont l'aboutissement final fut le vote du Concile du 20 novembre 1964. »

La sixième et dernière accusation est qu'*il est triste de rappeler que même Sa Sainteté Paul VI ne fut pas épargné par cette avalanche d'attaques venimeuses, déchaînées contre la hiérarchie* ».

Mais la seule mention que je fis du Pape Paul VI figurait aux lignes suivantes : « (après le vote de novembre 1964) le Souverain Pontife, considérant qu'un vote d'une portée aussi considérable sur la politique et la doctrine exigeait mure réflexion, refusa de le ratifier et reporta la décision à la session suivante, qui était la session finale du Concile. Le vote final sur la Question juive eut lieu le 14 octobre 1965, et il fut promulgué par le Pape le 28 octobre ».

En bref, les accusations portées contre moi dans l'*Osservatore della domenica* sont complètement fausses, et ne peuvent qu'être mises au compte de l'ignorance ou de la mauvaise foi de la part de l'auteur de l'article.

Tous ceux qui luttent contre les forces de subversion dans le monde moderne se trouvent confrontés aux mêmes procédés. Nesta Webster qui se spécialisa dans l'étude des mouvements révolutionnaires relate sa propre expérience dans « *Secret Societies and Subversive Movements* » (préface, p. V) en ces termes : « A l'époque où je commençais d'écrire sur la Révolution, un éditeur très connu à Londres me dit : « N'oubliez pas que si vous adoptez une position antirévolutionnaire, vous aurez contre vous le monde littéraire tout entier ». « Ceci me parut incroyable... Si j'avais tort, soit dans mes conclusions soit dans mes faits, j'acceptais d'avance toutes les attaques qu'on pourrait diriger contre eux. Est-ce que des années de recherches historiques laborieuses n'avaient pas droit à être reconnues, ou du moins à une réfutation érudite et raisonnée. Mais, bien que mon livre ait obtenu un grand nombre de recensions très élogieuses dans la presse, des critiques hostiles prirent une forme que je n'avais jamais anticipée. Pas une seule tentative honnête ne fut faite pour réfuter, soit ma *Révolution Française*, soit *World Revolution (Révolution mondiale)* : les faits établis et documentés furent simplement contredits, sans que ces contradictions fussent étayées des moindres contre-évidences. En général, le plan adopté ne consistait pas à désapprouver, mais à discréditer au moyen de citations fausses, en m'attribuant des vues que je n'avais jamais exprimées, ou même par des attaques personnelles. On doit reconnaître que cette méthode d'attaque est sans équivalent dans aucune autre sphère de la controverse littéraire. » « Il est intéressant de noter que la même tactique fut précisément adoptée cent ans auparavant à l'égard du Dr. Robison et de l'abbé Barruel, dont les travaux sur les causes secrètes de la Révolution française créèrent une immense sensation à leur époque ». (N. Webster, op. cit.)

Il n'y a donc rien de neuf dans ces méthodes, mais il est peut-être plus surprenant de voir une publication qui selon toutes apparences est le porte-parole du Vatican avoir recours à de semblables méthodes à propos d'une question aussi sérieuse qu'un vote conciliaire pouvant altérer la doctrine immémoriale de l'Église et le comportement de millions de catholiques dans le monde.

Mais maintenant que le lecteur a été informé, avec tous les documents nécessaires, il est à même de porter son propre jugement.

# XV – COMMENT LES JUIFS ONT CHANGÉ LA PENSÉE CATHOLIQUE

L'article de *L'Osservatore della Domenica* m'avait reproché d'avoir rapporté des accusations calomnieuses et totalement injustifiées contre le cardinal Bea.

Mais le 25 janvier 1966 éclata une bombe, car à cette date une revue américaine publia des documents du plus haut intérêt sur le rôle du cardinal Bea et des organisations mondiales juives dans le Concile Vatican II. Dans son édition à la date ci dessus, le grand magazine américain *Look*, qui compte 7.500.000 lecteurs, publia un article de tête intitulé « **Comment les juifs changèrent la pensée catholique** » et signé du rédacteur principal Joseph Roddy qui donnait de nombreux détails sur les négociations secrètes qui s'étaient déroulées à New-York et à Rome entre le cardinal Bea et les leaders des grandes organisations mondiales juives telles que les B'naï B'rith, l'American Jewish Committee et d'autres. L'auteur commence son article en rappelant la responsabilité de l'Église catholique dont, comme il dit, « l'enseignement doctrinal est la cause principale de l'antisémitisme dans le monde moderne », et l'on notera que sur ce point il suit fidèlement la thèse de Jules Isaac.

Le manque de place nous empêche de reproduire davantage que les quelques passages suivants parmi les plus importants de cet article : « Le plus grand espoir que l'Église de Rome n'apparaisse plus désormais complice du génocide est le quatrième chapitre de sa Déclaration sur les Relations entre l'Église et les Religions non-chrétiennes, que le Pape Paul VI proclama loi de l'Église peu avant la fin du Concile Vatican II.

A aucun moment dans son adresse du haut de la Chaire de Pierre, le Pape ne fit mention de Jules Isaac. Mais peut-être l'archevêque d'Aix Charles de Provenchères avait-il parfaitement mis en évidence le rôle d'Isaac quelques années auparavant ». C'est un signe des temps, avait dit l'archevêque « qu'un laïc, et qui plus est, un laïc juif, soit devenu l'auteur et la source d'un décret du Concile ».

Roddy mentionne alors l'œuvre de Jules Isaac et le livre qu'il publia sur la question des relations entre juifs et chrétiens. Revenons à l'article : « Le livre d'Isaac fut remarqué. En 1948, le pape Pie XII reçut brièvement son auteur. Mais onze ans passèrent avant qu'Isaac vit un réel espoir. C'est à la mi-juin 1960 que l'Ambassade de France à Rome fit pression en faveur d'Isaac auprès du Saint Siège. Isaac désirait voir le Pape Jean XXIII. Isaac s'adressa à Augustin Bea, le Jésuite allemand membre du collège des cardinaux ». Auprès de lui, je trouvais un puissant soutien « déclara Isaac. Le lendemain, le soutien était encore plus puissant. Jean XXIII tendit la main à Isaac et s'assit à coté de lui « Je demandais si je pouvais remporter quelques étincelles d'espoir », se rappelait Isaac. Jean lui répliqua qu'il avait droit à plus que de l'espoir. Après le départ d'Isaac, Jean fit clairement comprendre aux administrateurs de la Curie vaticane qu'une ferme condamnation de l'antisémitisme catholique était attendue du Concile qu'il avait convoqué. Pour Jean, le cardinal allemand était le responsable idéal pour ce travail législatif.

« Dès lors, il y eut un assez grand nombre d'échanges entre les bureaux du Concile du Vatican et les organisations juives, et les deux organisations de l'American Jewish Committee et de l'Anti-Defamation League des B'nai B'rith surent se faire entendre haut et fort à Rome. Le rabbin

Abraham J. Heschel du Séminaire théologique juif de New-York, qui avait entendu parler de Bea pour la première fois trente ans auparavant à Berlin, rencontra le cardinal à Rome. Bea avait lu antérieurement le document *Image des Juifs dans les Enseignements Catholiques*, de l'American Jewish Comittee. Celui ci fut suivi d'un autre document de l'A.J.C., une étude de vingt-trois pages : *Éléments anti-Juifs dans la Liturgie Catholique*. Heschel déclara qu'il espérait que le Concile du Vatican purgerait les enseignements catholiques de toute suggestion que les juifs étaient une race maudite. Et ce faisant, ajouta Heschel, le Concile ne devrait en aucune manière exhorter les juifs à devenir chrétiens.

« A peu près à la même époque, le Dr Nahum Goldmann chef de la Conférence Mondiale des Organisations Juives, dont les membres du point de vue de la croyance vont des juifs les plus orthodoxes aux plus libéraux, fit part au Pape de ses aspirations. Les B'nai B'rith voulaient que les catholiques suppriment de leurs services religieux toute parole qui pût seulement sembler antisémite ; même si à cette date, comme à n'importe quelle époque à venir, cela n'était pas chose facile à faire.

« La liturgie catholique, là où elle a été conçue à partir des écrits des premiers Pères de l'Église, pouvait facilement être réécrite. Mais pas les Évangiles. Même si Matthieu, Marc, Luc et Jean furent meilleurs évangélistes qu'historiens, leurs écrits étaient divinement inspirés, selon le dogme catholique, et à peu près aussi difficiles à changer que le centre du soleil.

« Cette difficulté mit dans une situation de blocage théologique, autant les catholiques animés des meilleures intentions, que les juifs dotés de la connaissance la plus approfondie du Catholicisme. Elle suscita aussi l'opposition conservatrice dans l'Église et dans une certaine mesure les anxiétés des Arabes au Moyen-Orient.

« L'imputation conservatrice contre les juifs était qu'ils étaient des déicides, coupables d'avoir tué Dieu dans la personne humano-divine du Christ.... Il était clair que les Écritures Catholiques seraient mises en cause si le Concile devait parler du déicide et des juifs. De hautes et doctes têtes mitrées de la Curie prévinrent que les évêques lors du Concile ne devraient pas toucher à cette question, fut-ce avec des crosses longues de trois mètres. Mais il restait Jean XXIII, et lui, dit qu'ils le devraient.

« Si l'inviolabilité du Saint-Esprit faisait l'essentiel du problème à Rome, il y avait aussi le reste qui était la guerre arabo-israélienne... A Rome, le message du Moyen-Orient et des conservateurs était qu'une déclaration sur les juifs serait inopportune. De la part de l'Occident où vivent à New-York 225.000 juifs de plus qu'en Israël, le message était en revanche que l'abandon de cette déclaration serait une calamité...

« Restait aux évêques à faire pas mal de lectures supplémentaires sur les juifs. Une certaine agence, suffisamment proche du Vatican pour avoir les adresses privées à Rome des 2.200 cardinaux et évêques résidents temporaires à l'occasion du Concile, leur envoya à chacun un livre de 900 pages *Il Complotto contra la Chiesa* (Le complot contre l'Église). Dans ce livre, entre des tonnes de grossièretés, traînaient quelques lambeaux passionnants de vérité. Son affirmation que l'Église était infiltrée par les juifs allait intriguer les antisémites. Car en fait, les juifs ordonnés qui à Rome travaillaient à la Déclaration comprenaient le Père Baum, de même que Mgr John Osterreicher, membres de l'état major de Bea au Secrétariat. Bea, lui même, selon le quotidien cairote *Al Ghomuria*, était un juif du nom de Behar. « Ni Baum, ni Osterreicher n'étaient avec Bea en cette fin d'après midi du 31 mars 1963 lorsqu'une limousine l'attendait à la porte de l'hôtel Plaza à New-York. La course finit quelques six blocs d'immeubles plus loin, à la porte des bureaux de l'American Jewish Committee. Là, un Sanhédrin du jour attendait pour l'accueillir le chef du Secrétariat pour l'Unité des Chrétiens. La réunion avait été cachée à la presse. Bea voulait que sa présence ne fut connue, ni du Saint Siège, ni de la Ligue Arabe, destinée qu'elle était à recueillir les questions auxquelles les autorités juives voulaient obtenir réponse ». Je ne suis pas autorisé à parler de manière officielle » leur déclara-t-il ». Je ne peux donc parler que de ce que, à mon opinion, le Concile pourrait faire, et même devrait faire ».

« Il énonça alors le problème. » Globalement, dit il, les juifs sont accusés d'être coupables de déicide, et sur eux pèserait, suppose-t-on, une malédiction «. Pour sa part, il le réfuta. Du fait que, même dans les récits des Évangélistes, seuls les chefs des juifs à Jérusalem et un petit groupe de leurs partisans exigèrent par leurs cris la condamnation à mort de Jésus, tous ceux qui étaient absents et toutes les générations futures des juifs non encore nées n'ont été impliqués d'aucune manière dans le déicide, déclara Bea. Quant à la malédiction, elle ne pouvait de toute façon pas condamner les auteurs de la Crucifixion, expliqua le cardinal, puisque les dernières paroles du Christ à sa mort ont été une prière pour leur pardon.

« Les rabbins présents dans la salle voulurent savoir si la déclaration présenterait alors le déicide, la malédiction et le rejet du peuple juif par Dieu comme étant des erreurs dans les enseignements chrétiens. Était implicite la question la plus délicate, celle du Nouveau Testament.

« Bea répondit indirectement : « En réalité, dit il, c'est une erreur de chercher la cause première de l'antisémitisme dans les sources purement religieuses, dans les Évangiles par exemple. Ces causes religieuses, dans la mesure où elles sont alléguées (souvent elles ne le sont pas), ne sont souvent que des excuses et comme un voile servant à couvrir d'autres raisons plus concrètes d'inimitié »...

« Peu de temps après cette rencontre, fut jouée la première de la pièce de Rolf Hochhut « *Le Vicaire* », qui dépeignait Pie XII comme le Vicaire du Christ qui resta silencieux pendant qu'Hitler procédait à la Solution finale. Montini l'archevêque de Milan, écrivit un article qui parut dans *The Tablet* de Londres, où il attaqua la pièce et défendit le Pape dont il avait été le secrétaire. Quelques mois plus tard le Pape Jean XXIII mourut, et Montini devint le Pape Paul VI.

« A la seconde session du Concile, à l'automne 1963, la Déclaration juive parvint aux évêques en tant que Chapitre IV de la Déclaration plus générale sur l'œcuménisme.... mais la session se termina sans le vote sur les juifs ni sur la liberté religieuse, et sur une note nettement désagréable en dépit de l'annonce par le Pape de sa visite en Terre Sainte ». Quelque chose est survenu derrière la scène » écrivit *La Voix de la National Catholic Welfare Conference américaine* « , (c'est) l'un des mystères de la seconde session ». « Deux personnalités juives très concernées, que ces mystères devaient faire sérieusement réfléchir étaient Joseph Lichten de l'Anti-Defamation League des B'nai B'rith de New-York, âgé de 59 ans, et Zacharia Schuster, 63 ans, de l'American Jewish Committee. Leur cause commune était d'obtenir la plus ferme déclaration pro-juive. »

L'article de *Look* donne ensuite un compte-rendu détaillé des efforts frénétiques faits à Rome par les représentants des grands organisations juives, et nous apprend qu'apparemment le *New-York Times,* dont les propriétaires et les directeurs sont juifs, fut alors le journal le mieux renseigné sur les progrès des négociations. « Pour savoir où en était le Concile, nombre d'évêques américains à Rome devaient compter sur ce qu'ils lisaient dans le *New-York Times*. Il en fut de même pour l'A.J.C. et les B'nai B'rith. Ce journal était le lieu où s'exprimer. » « C'est alors que « Mgr George Higgins, de la National Catholic Welfare Conference de Washington DC, contribua à organiser une audience papale pour l'Ambassadeur des Nations Unies Arthur J. Goldberg qui était à cette époque Juge à la Cour Suprême. Le rabbin Heschel donna ses instructions à Goldberg avant que le Juge et le Pape se rencontrent pour débattre de la déclaration... Puis le cardinal Cushing obtint une audience du Pape pour Heschel.

Accompagné de Schuster de l'A.J.C., Heschel s'exprima énergiquement sur le déicide et la culpabilité, et il demanda au Pontife d'agir en faveur d'une déclaration qui interdise aux catholiques tout prosélytisme vis à vis des juifs. Paul, ainsi affronté, n'aurait pu accepter... et l'audience se serait terminée moins cordialement qu'elle n'avait commencé. « Comme la réunion de Bea avec l'A.J.C, l'audience du rabbin avec Paul au Vatican n'avait été accordée qu'à la condition qu'elle serait tenue secrète. C'est ce genre de conférences discrètes au sommet qui amena les conservateurs à dire que les juifs américains étaient devenus dans l'ombre les nouveaux maîtres du pouvoir de l'Église. « Mais au niveau du Concile, les choses semblaient pires encore aux conservateurs. Là, il leur apparaissait que les évêques catholiques eux-mêmes œuvraient pour les juifs. Le débat portait sur le texte affaibli....Les évêques arabes faisaient valoir qu'une déclaration favorable aux juifs exposerait les catholiques à des persécutions, aussi longtemps que les Arabes combattraient les Israéliens. Leurs alliés dans cette guerre sainte étaient les Italiens conservateurs, les Espagnols et les Sud-Américains. Ils considéraient les structures de la foi ébranlées par les théologiens libéraux qui pensaient que l'on pouvait changer les enseignements de l'Église. « Quand la déclaration réapparut à la fin de la troisième session, ce fut à l'intérieur d'un document entièrement nouveau appelé *Déclaration sur les Religions non-chrétiennes*. Sous cette forme, les évêques l'approuvèrent par 1770 voix contre 185. Cela produisit une joie considérable chez les juifs aux États-Unis, parce que la Déclaration était enfin sortie. « De fait, elle n'était pas sortie. Des ennuis étaient survenus. A Segni, dans les environs de Rome, l'évêque Luigi Carli écrivit dans le numéro de février 1965 de son magazine diocésain que les juifs du temps du Christ et leurs descendants jusqu'aujourd'hui étaient collectivement responsables de la mort du Christ. Quelques semaines plus tard, le dimanche de la Passion, lors d'une messe en plein air à Rome, le Pape Paul parla de la Crucifixion et de la lourde part qu'y avaient prise les juifs. Le grand rabbin de Rome Elio Toaff déclara dans une réplique attristée que chez « les personnalités catholiques, même les plus qualifiées, l'imminence de Pâques faisait resurgir les préjugés ».

Le 25 avril 1965, le correspondant du *New-York Times* à Rome, Robert C. Doty... écrivit que la déclaration sur le Judaïsme était en difficulté.... et que le Pape l'avait renvoyée devant quatre consulteurs chargés de l'expurger de ses contradictions d'avec la Sainte Écriture et de la rendre moins inacceptable aux Arabes. Cette information fut réfutée, comme il en est d'usage pour tout ce que rapporte le *New-York Times*. Lorsque le cardinal Bea arriva à New-York trois jours plus tard, il fit démentir l'article de Doty par son secrétaire prêtre en précisant que son Secrétariat pour l'Unité des Chrétiens avait toujours l'entière responsabilité de la Déclaration sur le Judaïsme. Suivirent des excuses pour le sermon de Paul : « Veuillez tenir compte, dit ce prêtre, que le Pape parlait devant de simples fidèles, et non pas devant un cercle de gens instruits ». Quant à l'évêque antisémite de Segni, l'homme du cardinal déclara que les vues de Carli n'étaient absolument pas celles du Secrétariat.

« Morris B. Abram de l'A.J.C. était à l'aéroport pour accueillir Bea, et il interpréta les vues du secrétaire comme étant rassurantes. « A Rome quelques jours plus tard, une partie du Secrétariat se réunit pour voter sur les modi suggérés par les évêques. Le 15 mai le Secrétariat clôtura ses réunions, et les évêques partirent chacun de leur coté... tous, bouche cousue. « En fait l'étude était terminée, le dommage était fait, et il y avait alors une déclaration à maints égards substantiellement nouvelle sur les juifs.

« A la quatrième et dernière session de Vatican II, rien ne s'annonçait. Et tout se déroulait très vite. Le texte sortit affaibli, comme le *Times* l'avait annoncé. Alors le Pape s'envola pour les Nations-Unies, où son discours sur « jamais plus la guerre « fit un triomphe. Après quoi, il accueillit le président de l'A.J.C. dans une église de l'East-Side. Cela sembla favorable pour la cause... Mais l'opposition, non satisfaite de la déclaration affaiblie, voulait la victoire totale et qu'aucune déclaration ne fût publiée. A cette fin, le point de vue final des Arabes fut « respectueusement soumis » sous forme d'un mémorandum de vingt-huit pages, appelant les évêques « à sauver la foi, du communisme, de l'athéisme et de l'alliance judéo- communiste ».

« A Rome le scrutin final des évêques fut fixé au 14 octobre, et pour Lichten et Schuster l'espoir s'évanouit quant à la possibilité d'obtenir mieux. Ils téléphonèrent à New-York à l'A.J.C. et aux B'nai B'rith, mais à l'autre bout du fil, ni l'un, ni l'autre ne furent d'un grand secours... Lichten envoya des télégrammes à quelques vingt-cinq évêques dont il espérait qu'ils pourraient intervenir pour retrouver le texte énergique, mais Higgins lui dit calmement de renoncer. L'abbé Laurentin, membre du personnel du Concile (et correspondant du *Figaro*) écrivit à tous les évêques, lançant un appel de dernière minute à leur conscience.

« Finalement le scrutin eut lieu, 250 évêques votèrent contre la déclaration et 1763 lui furent favorables. « A travers presque tous les États-Unis et l'Europe, les correspondances de presse qui parurent peu après simplifièrent le résultat avec des titres du genre : LE

VATICAN PARDONNE AUX JUIFS, LES JUIFS NON COUPABLES, ou LES JUIFS EXONÈRES A ROME. Des commentaires marquants vinrent des porte-paroles de l'A.J.C et des B'nai B'rith, qui exprimèrent tous deux une note de déception que la déclaration énergique ait été finalement diluée. Heschel, l'ami de Bea, fut le plus dur et appela le refus du Concile de traiter du déicide « un acte d'hommage à Satan ». « Une opinion populaire aux États-Unis fut qu'une sorte de pardon avait été accordé aux juifs. L'origine de cette idée vint de la presse qui la soutint, mais il n'y avait rien dans la Déclaration pour la fonder....Et l'une des hypothèses que les B'nai B'rith et l'A.J.C. devaient garder en mémoire est qu'une bonne partie de la résistance arabe comme de l'intransigeance théologique étaient un contre-effet des pressions juives... Que les énergiques interventions juives furent nuisibles, des catholiques proches des événements romains l'ont pensé... Il y eut de nombreux évêques au Concile qui sentirent les pressions juives et en furent irrités. Ils pensèrent que les ennemis de Bea avaient vu juste quand les secrets du Concile furent révélés dans les journaux américains ». Il veut rejudaïser l'Église » dirent du vieux cardinal les faiseurs de haine, et certains dogmatiques au Concile pensèrent que l'accusation n'était pas loin d'être fondée.

« Le Père Félix Morlion de l'Université Pro Deo, le dirigeant du groupe d'études qui avait travaillé en étroite liaison avec l'A.J.C., pensa que le texte promulgué était le meilleur... Morlion savait exactement ce que les juifs avaient fait pour obtenir la déclaration et pourquoi les catholiques s'étaient décidés en faveur du compromis ». Nous aurions pu vaincre les dogmatiques, insista-t-il. Oui, ils auraient pu, mais le coût en aurait été une fracture dans l'Église. » (Magazine *Look,* 25 janvier 1966, pp. 19-23)

Cet article est du plus haut intérêt, car il fournit de nombreux détails sur les négociations secrètes de Bea avec les leaders des grandes organisations juives, en particulier avec les B'nai B'rith.

L'auteur de l'article était à l'évidence en rapports étroits avec ces leaders, et il est pratiquement certain que c'est eux qui lui ont fourni sa documentation. Le cardinal Bea a toute sa sympathie et y est constamment dépeint comme faisant des efforts incessants pour le triomphe de la cause juive à Rome. Loin d'être le produit d'opposants « antisémites », ce document est écrit et produit par des parties éminemment favorables à la cause juive, et il ne peut donc être récusé comme un travail motivé par la haine ou la mauvaise foi.

Il fut lu par au moins 7.500.000 lecteurs, et cependant, pour autant qu'on le sache, la publication de ce document ne causa aucune réaction, ni à Rome, ni nulle part ailleurs. Dans toute l'Église, personne ne se leva pour exprimer son étonnement ou demander des explications.

Dans ces circonstances, nous serions heureux de lire au moins une réponse argumentée en provenance du Vatican, faute de quoi nous sommes obligés de conclure que le cardinal Bea en vint à un arrangement secret avec les grandes organisations juives, en particulier les B'nai B'rith, pour œuvrer au triomphe de la cause juive, malgré l'opposition des conservateurs de la Curie et d'ailleurs.

Quoi qu'il en soit, le spectacle d'un cardinal chargé de l'un des plus hauts postes de la hiérarchie catholique et présentant des excuses aux juifs américains pour la lecture et le commentaire que le Pape avait fait du récit de la Passion dans l'Évangile en la Semaine Sainte est quelque chose qui ne s'était jamais vu au cours des deux mille ans d'histoire du Christianisme.

Depuis la nouvelle attitude adoptée par le Concile, la prétention des juifs de voir censurer les Évangiles s'est répandue.

Le 1ᵉʳ janvier 1966, *La Terre Retrouvée,* publication sioniste à Paris, publiait un article sur une Histoire Sainte en six volumes publiés par la maison Hachette. Voici un extrait typique de l'article en question : « Ce que nous objectons à ces beaux volumes magnifiquement imprimés en couleurs est leur conformisme...

« Leurs illustrations sont une amplification servile et pieuse du texte. Et le texte, en ce qui concerne l'Ancien Testament, est un exposé conforme à la doctrine officielle de l'Église sur le rôle du Christ, comme le montre par exemple le titre du quatrième volume de la série : « *De David au Messie* ». On pose donc comme acquis que le Messie est venu, que la lignée de David mène à lui, et que le Messie est Jésus. Bien sur, on peut discuter de ce problème du Messie avec Israël sur le plan théologique, ou en toutes sortes d'autres domaines. Mais on ne devrait pas présenter comme une vérité aux petits garçons et aux petites filles ce qui n'est qu'une vérité d'Évangile, et ce que nie tout l'enseignement d'Israël. « Bien entendu, nous ne prétendons pas que seule l'Histoire Sainte œcuménique devrait être enseignée. Cela serait impossible. Ni non plus que l'enseignement catholique devrait s'autocensurer, sauf que et nous croyons qu'en cette matière depuis le Concile, il en a l'obligation positive lorsqu'il s'agit de remplacer la doctrine du mépris des juifs par une doctrine d'estime...l'idée que quelqu'un continue de semer la haine dans les âmes des garçons et des filles pour qui ces livres ont été écrits est quelque chose d'effrayant à envisager ». (Paul Giniewski : *La Terre Retrouvée*)

Ainsi, pour *La Terre Retrouvée*, répandre la doctrine des Évangiles, c'est propager à travers le monde entier une effrayante semence de haine !

# ANNEXE I – APPEL AUX CHEFS D'ÉTAT

Nous donnons ci dessous le texte d'un Appel adressé par l'auteur de ce livre à tous les Chefs d'État du monde exactement un an avant que n'éclate la deuxième guerre mondiale, suggérant la création d'une Commission internationale d'étude, envisagée comme un premier pas à entreprendre en vue d'une solution pacifique du Problème juif.

L'expérience de quarante siècles d'Histoire témoigne, sur une période plus longue que pour aucun exemple connu, du fait que le Problème juif est une réalité

Pendant quarante siècles, les données essentielles du problème n'ont guère changé, tant dans le domaine politique que dans les domaines religieux ou économique.

A première vue il semble être insoluble, et que tout ce qu'on puisse faire soit de laisser les événements suivre leur cours, d'accepter crise sur crise, persécution sur persécution, et cet élément permanent de désordre comme faisant partie inhérente de la structure propres aux races blanches. Si tel était le cas, il n'aurait aucun problème à résoudre. Il s'agirait simplement d'enregistrer le fait que les juifs et les non-juifs poursuivent chacun, de toutes leurs forces et avec l'aide de tous les alliés possibles, la mise en esclavage et la destruction de leur adversaire.

Aujourd'hui, les événements semblent se précipiter vers ce dangereux état de choses. Les enjeux sont aussi élevés que le danger est immense.

Conquis, l'Occident perdrait sa personnalité historique et devrait renoncer à sa mission.

Conquis, les juifs sortiraient de la lutte écrasés, comme jamais ils ne le furent auparavant. Mais à quel prix l'Occident devrait-il payer sa victoire ?

Nous écrivons cet Appel avec tout le courage de nos convictions sans penser qu'une catastrophe soit inévitable, ni que ce problème ne puisse être résolu que par une conflagration apocalyptique, dans laquelle une violence et une persécution atroce se déchaîneraient.

Si ce problème qui nous concerne est apparu jusqu'ici insoluble, c'est, nous semble-t-il, largement du au fait qu'il n'a jamais été étudié dans un esprit de rigoureuse et scientifique impartialité. Et sans aucun doute, c'est parce que, aveuglées par la passion, aucune des deux parties n'a voulu l'étudier, parce qu'aucune des deux parties, pour diverses raisons n'a voulu le résoudre.

La violence, la malédiction et les plaintes ne sont, en aucun cas, des arguments valides pour résoudre ce problème. Nous devons aborder ce problème comme des érudits, utilisant les arguments de l'érudition dans le but d'élucider une question difficile dans un quelconque objectif.

Nous considérons que juifs et non-juifs, antisémites et philosémites de bonne foi, tous ensembles, qui ont la conviction d'avoir quelque chose d'essentiel à maintenir et à défendre, ont tous quelque chose d'essentiel à gagner d'une étude attentive et exhaustive de la question qui les divise.

Sans nous illusionner sur l'importance et la difficulté de la tâche qui est devant nous, mais dans l'espoir d'aider à obtenir quelques résultats positifs, nous avons pris l'initiative de suggérer que soit fondé un INSTITUT INTERNATIONAL D'ÉTUDE DE LA QUESTION JUIVE.

Cet Institut pourrait être solidement organisé et implanté dans une ville neutre et symbolique, comme Genève ou La Haye. Des personnalités compétentes et représentatives, juives et non-juives, mais toutes d'un niveau moral et intellectuel indiscutable pourraient y collaborer.

Un certain nombre de questions précises et bien définies, établies par le Conseil de direction de l'Institut constitué de juifs et de non-juifs, seraient posées devant deux départements de cet Institut, respectivement pour la critique et la défense du Judaïsme et de son influence, qui eux-mêmes les répartiraient devant leurs sections compétentes. Les résultats obtenus de part et d'autre seraient ensuite rassemblés et confrontés en sessions conjointes des deux départements. Les conclusions adoptées d'un commun accord seraient communiquées aux gouvernements des Nations occidentales, et portées à la connaissance de l'opinion publique dans tous les pays. En cas de désaccord, un résumé strictement objectif des arguments des deux parties serait publié, afin de préparer les voies à des études futures.

Le simple fait de pouvoir atteindre ainsi un consensus mutuel par l'étude du Problème juif si délicat et si complexe dans un esprit de rigoureuse impartialité constituerait en lui-même un grand pas en avant, susceptible de réduire les passions qui se sont exaspérées aujourd'hui si dangereusement.

Nous ne doutons pas que tous les États, tous les Gouvernements et toutes les grandes Organisations Juives du monde entier, quelle que soit l'attitude qu'ils puissent adopter en regard de la Question juive, n'accordent à notre idée leur considération et ne soutiennent sa réalisation immédiate.

Nous en appelons à tous les hommes de bonne volonté pour qu'ils cherchent la vérité, rappelant les paroles de

Dostoïevski que « quiconque cherche sincèrement la vérité est, par le fait même, armé d'une terrible puissance », et que finalement « si les hommes empruntent le sentier de la vérité, ils la trouveront ».

C'est dans cette ferme conviction que nous lançons notre Appel avec une inébranlable confiance.

Il faut faire quelque chose !

Outre les hautes Autorités auxquelles ce document est destiné, le présent Appel sera adressé à un grand nombre de personnalités de tous les pays et de toutes teintes d'opinions. Nous serons très obligés à ceux des intéressés qui voudraient bien nous répondre et nous faire part de leurs réflexions, suggestions ou critiques. Et nous serons tout particulièrement reconnaissants à ceux qui voudront bien apporter leur contribution matérielle à un fond spécial que nous établirons, pour nous aider à diffuser cette idée et à atteindre cet objectif.

Léon de Poncins, Georges Batault

La guerre mondiale qui éclata peu après mit fin à ces efforts.

## ANNEXE II – SIX MILLIONS D'INNOCENTES VICTIMES

Six millions de morts, tel est le chiffre que les organisations du Judaïsme rappellent au monde sans arrêt ; c'est l'argument sans réplique dont elles se prévalurent au Concile pour obtenir la révision de la Liturgie Catholique. Ce nombre de six millions dont témoignèrent les organisations juives, et qui ne fut ni vérifié ni contrôlé d'aucune manière par qui que ce soit, servit de base à l'époque pour les poursuites pénales du Procès de Nuremberg, et fut largement diffusé par la presse du monde entier.

Aujourd'hui, de nombreux faits et documents inconnus à l'époque ont fait surface, et il n'est plus possible d'accorder de crédit à ce nombre.

Un socialiste de gauche français, qui fut lui-même déporté à Buchenwald, Mr Paul Rassinier, s'est livré à une étude longue et extrêmement poussée de cette question, qu'il publia sous forme de quatre gros volumes que l'on a tenté de résumer dans ce chapitre. Rassinier est arrivé à la conclusion que le nombre de juifs qui moururent en déportation est d'approximativement 1.200.000, et ce nombre, nous dit-il, a finalement été retenu comme valable par le Centre Mondial de Documentation Juive Contemporaine. Il note que de manière analogue Paul Hillberg, dans son étude sur le même problème est arrivé à un total de 896. 292 victimes.

Tant d'exagérations et d'impostures ont si complètement déformé les faits, que nous estimons simplement normal de faire connaître au lecteur que la vérité historique intéresse, quels ont été les éléments de ce qui constitua un drame incontestablement tragique, mais un drame qui, réduit à ses justes proportions, doit être vu lui-même dans le contexte entier de la II. guerre mondiale, qui fit en effet des millions d'innocentes victimes des tous cotés.

Les notes qui suivent ont été tirées des deux plus récents ouvrages de Rassinier : *Le Véritable procès Eichmann ou les vainqueurs incorrigibles,* et *Le Drame des Juifs européens.* Nous laissons à l'auteur toute responsabilité sur ce qu'il a écrit. Pour notre part, il nous semble que ses livres représentent un témoignage de grande valeur, car ils mettent en lumière d'importants faits et documents, qui remettent en question tout ce qui a été écrit sur cet aspect de la guerre.

Voici le résumé de la thèse de Rassinier :

Ce fut durant le procès des principaux criminels de guerre nazis à Nuremberg, en 45- 46, que le nombre des juifs allégués avoir été les victimes des camps de concentration allemands et des chambres à gaz fut avancé pour la première fois.

Dans son réquisitoire du 21 novembre 1945, le procureur Jackson déclara que sur les 9.500.000 juifs qui avaient vécu dans la partie de l'Europe occupée par les Allemands, 4.500.000 avaient disparu. Ce chiffre ne fut pas retenu par la Cour, mais il fut néanmoins rapidement transformé par la presse en dix millions, puis réduit au nombre moyen de six millions, qui enregistra un retentissant succès et fut absolument accepté dans le monde entier.

Il avait été établi par des spécialistes en démographie juive par deux méthodes :

Soit, comme le fit le Congrès Juif Mondial, par comparaison des données respectives des dénombrements des populations juives d'avant et d'après guerre dans les différents pays européens occupés. Malheureusement, ces statistiques ne prennent pas en considération les importants mouvements d'émigration des populations juives d'Europe entre 1933 et 45, en particulier vers la Palestine et les États-Unis, ce qui signifie qu'elles étaient établies sur des bases entièrement fausses.

Soit encore sur des déclarations orales ou écrites de « témoins », dont pour la plupart il s'avéra, après enquête sérieuse, qu'elles étaient pleines de contradictions et d'erreurs, et par conséquent qu'elles ne pouvaient être prises en considération. Par exemple, certains de ces « témoins » comme le pasteur Martin Niemoeller, qui avait été un fervent partisan du National Socialisme, avaient senti le besoin de se blanchir et de lancer un chiffre plus élevé que tout le monde pour mieux faire apparaître son sincère repentir.

« Ce pasteur Niemoeller, dans une conférence qu'il prononça le 3 juillet 1946 et qui fut publiée sous le titre « *Der Weg ins Frei* « par Franz H. Helbach à Stuttgart, déclara que 238. 756 personnes avaient été incinérées à Dachau.

Or « Le 16 mars 1962, Mgr Neuhaussler, l'évêque auxiliaire de Munich, fit une allocution à Dachau même, devant les représentants de quinze nations venus là célébrer l'anniversaire de la libération du camp, allocution qui fut rapportée dans l'édition du lendemain du *Figaro* en ces termes : « Cet après-midi, sous un froid intense et en dépit de l'aggravation de la neige, les pèlerins se sont rassemblés dans le camp de Dachau où 30.00 hommes furent exterminés sur les 200.000 personnes de trente huit nations qui y furent internées de 1939 à 1945. » (Paul Rassinier, *Le Drame des Juifs européens*, p.12)

Les témoignages d'hommes, comme Rudolf Hoss, les officiers SS. Hoelbrigel, Hoetl, Wisceliceny et d'autres... qui figuraient parmi les accusés à Nuremberg et qui y étaient avec la perspective d'être condamnés à mort ou l'espoir d'obtenir que leur peine soit commuée, doivent être considérés comme hautement suspects. Ayant fréquemment subi de mauvais traitements ou des menaces durant leur incarcération, ils semblent avoir déclaré ou écrit ce qu'on avait exigé d'eux.

D'autres, qui avaient survécu aux camps de concentration allemands, se sont peut être sentis coupables d'actes répréhensibles qu'ils avaient pu commettre et pour lesquels ils étaient menacés de comparaître devant une cour de justice ; tel fut le cas du médecin communiste tchèque Blaha, qui avait appartenu au comité d'auto-direction du camp de Dachau ; ou du Professeur Balachovski de l'Institut Pasteur de Paris, qui fut déporté à Buchenwald et avait une prédilection pour barboter dans le crime. Les plus directement affectés, se replièrent pour se disculper sur l'argument de la nécessité d'obéir aux ordres sous peine de disparaître.

Il n'est pas surprenant alors que dans de telles conditions, il y ait eu quelque chose d'un peu forcé dans leurs déclarations.

D'autres survivants ne témoignèrent sur les événements que de seconde main : comme le Dr Henri Kautsky ; ils basèrent leurs déclarations, non pas sur ce qu'ils avaient « vu », mais sur ce qu'ils avaient « entendu » de témoins toujours « surs », mais qui, par un malheureux hasard, étaient presque toujours décédés, et par conséquent ne pouvaient plus invalider ni confirmer leurs affirmations.

De maigres témoignages donc, sur lesquels fonder une certitude absolue du nombre des victimes des camps. Et pourtant ce nombre de six millions de morts a été annoncé publiquement dans le monde entier, et accepté tel quel comme un article de foi sans être vérifié ni contrôlé d'aucune manière. Il doit son succès à la prolifération de la littérature concentrationnaire, de nature cosmopolite et essentiellement juive, pleine à la fois d'impostures et de fausseté.

Nous donnons ci dessous quelques uns des titres les plus typiques d'œuvres de ce type, en commençant par :

*Axis rule in Occupied Europe* (La férule de l'Axe dans l'Europe occupée) du Pr. Rafael Lemkin, un juif polonais qui s'enfuit à Londres et qui fut le premier à accuser l'Allemagne national-socialiste du crime de génocide.

De nombreux autres auteurs reprirent ensuite cette thèse :

*Chaînes et lumières*, de l'abbé Jean-Paul Renard ;

*The Destruction of European Jews* (La Destruction des Juifs d'Europe ), de Paul Hillberg

*Le Bréviaire de la haine*, de Léon Poliakoff

*Le III<sup>e</sup> Reich et les juifs*, de Léon Poliakoff et Wulf

*Documentation sur les gaz*, de H. Krausnik

Les Mémoires de Rudolf Hoss, publié en partie sous le titre : *Le Commandant d'Auschwitz parle...*

*Le Vicaire*, de R. Hochhuth

Mais la palme, d'après Rassinier, revient sans hésitation à l'œuvre incroyable d'un médecin juif hongrois, Miklos Nyizli, avec : *Médecin à Auschwitz*.

Par sa falsification des faits, ses contradictions patentes et ses mensonges éhontés, ce livre montre que le Dr Nyizli parle de lieux qu'il n'a de toute évidence jamais visités, sans même mentionner qu'il s'agit d'un document d'authenticité très douteuse, comme Rassinier l'a montré (*Le Drame des Juifs européens*, p. 52).

Si l'on doit en croire le distingué « *Médecin à Auschwitz* », 25.000 victimes furent exterminées chaque jour pendant quatre ans et demi. Ceci correspondant à un total de 1.642 jours, à raison de 25.000 par jour, produit un total de quarante et un millions de victimes, en d'autres termes deux fois et demi la population juive mondiale totale d'avant guerre.

Lorsque Rassinier tenta de découvrir l'identité de cet étrange « témoin », il lui fut répondu « qu'il était mort quelque temps avant la publication de son livre ».

Aujourd'hui, alors que de nombreux documents inconnus à l'époque du Procès de Nuremberg ont été exhumés et rendus publics, il semble difficile de persister à maintenir ce nombre de six millions de victimes juives, comme le font à la fois Jules Isaac dans ses deux ouvrages *Jésus et Israël* et *Histoire de l'Antisémitisme* et Vladimir Jankélévitch, professeur à l'Ecole des Arts et Sciences Humaines de Paris dans son article du *Monde* dont nous avons cité un extrait plus haut, et l'on reconnaît de plus en plus généralement que ce nombre a été considérablement exagéré et ne correspond en rien à la réalité.[14]

---

[14] NDT : La presse persista pourtant à publier ces chiffres ; l'hebdomadaire *Paris-Match* dans son numéro spécial du 20 mars 1965 sur la prise de Berlin, écrivit que « dans les camps de la mort quinze millions de personnes furent assassinés »... ! Or d'après un rapport des Archives des USA du Dr Richard Korherr, sur les 1,2 millions de juifs d'Europe disparus au cours de la IIeme guerre mondiale, 450.000 d'entre eux disparurent des territoires de l'URSS non occupés par les Nazis, et 750.000 de

Durant le procès Eichmann à Jérusalem, ce nombre de six millions[15] ne fut pas mentionné devant la Cour : « L'accusation au procès de Jérusalem se trouva considérablement affaiblie dans son motif central : « les six millions de juifs exterminés en grande masse dans les chambres à gaz ». « Ce fut un argument qui avait emporté rapidement la conviction au lendemain de la guerre, dans la situation générale de chaos matériel et spirituel qui prévalait. Aujourd'hui, de nombreux documents ont été publiés qui n'étaient pas disponibles à l'époque des procès de Nuremberg et qui tendent à prouver que, si les ressortissants juifs furent odieusement maltraités et persécutés par le régime d'Hitler, il est impossible qu'il y ait eu six millions de victimes. (P. Rassinier, ibid. p. 125)

En effet, contrairement aux estimations avancées à Nuremberg par le juge Jackson et à Jérusalem pendant le procès Eichmann par le Pr. Shalom Baron, la population juive totale d'Europe était loin d'être aussi élevée que les 9.600.000 personnes que prétendit le premier, ou les 9.800.000 que maintint le second.

Entre 1933 et 1945, un grand nombre de juifs d'Europe centrale émigrèrent vers d'autres pays afin d'éviter l'ingérence et plus tard les persécutions des Allemands. De récentes statistiques le confirment. Dans son livre *Le Drame des Juifs européens*, Rassinier traite de cette question à la lumière d'une documentation extrêmement précise. Nous recommandons au lecteur intéressé de se reporter à l'ouvrage.

---

l'Europe centrale occupée par les forces allemandes. (Stephen Kallen : « *Richard Korherr and his report* «, Omni Publications, Palmdale Calif. USA)

[15] Chiffre mentionné seulement par la presse et par les témoins. Le Procureur Mr Gideon Haussner parla simplement de « quelques millions ».

Voici en bref ce qu'il en dit : Compte tenu du flot constant d'émigration, Mr Arthur Rupin, le plus autorisé des statisticiens juifs, estime la population (juive) à cette époque à 5.710.000 ; le Centre de Documentation Juive de Paris et le Dr Korherr l'évaluent respectivement à 5.294.000 et 5.500.000, et le dernier chiffre semble le plus proche de la réalité. Par conséquent, d'omettre ce dénombrement fausse complètement la statistique des survivants en 1945, et la marge d'erreur à leur propos représente environ 40 pour cent en chiffres réels. Le nombre des survivants par conséquent n'était pas de 1.651.000 comme on le prétendit à l'époque, mais de l'ordre de 4.200.000 ou davantage, ce qui réduit le nombre des manquants à se situer entre un million et un million et demi, qui représentent un pourcentage important des victimes.

Une autre source d'erreurs dans les calculs du nombre des victimes provient du fait que, lors de l'avance des troupes russes, les déportés furent ramenés de Pologne vers les camps plus à l'ouest, à Buchenwald, Dora, Dachau et d'autres, dit Rassinier (*Le Véritable procès Eichmann*, p.94-95). Ces déportés, qui avaient été inscrits à leur arrivée à Auschwitz ou ailleurs, ne furent pas retrouvés lorsque ces camps furent libérés et furent donc mis au compte des disparus ou des morts par chambres à gaz s'ils étaient juifs. En réalité, ils étaient vivants et dans des camps allemands plus à l'Ouest, mais le moment de leur arrivée n'avait pas permis leur nouvelle immatriculation, et aucune trace tangible n'en avait été conservée.

Il faut encore considérer un dernier point. Le tribut de mortalité dans les camps réservés aux juifs fut sans doute plus élevé que dans les autres, mais après investigation minutieuse, on a du finalement admettre que, si la mortalité élevée de ces camps restait bien de la responsabilité des SS qui en avaient la charge, elle tenait encore davantage aux détenus qui avaient eu la charge de l'administration de ces camps.

Selon Rassinier, l'évaluation ci dessus du nombre des disparus est aujourd'hui corroborée par le Centre de Documentation Juive Contemporaine, qui donne un nombre total de 1.485.000 victimes juives. Paul Hillel comme on l'a déjà noté a compté, lui, 896.292 victimes.

Mais il reste un fait, nous dit il, qui est le plus explosif de ce qui émerge de ses livres, et qui est désormais indubitable. De très sérieuses investigations menées sur les lieux mêmes ont révélé que, contrairement aux déclarations des susnommés « témoins », que ce soit à Buchenwald, Dora, Mathausen, Bergen-Belsen ou Dachau, pas un seul de ces camps sur la totalité du territoire de l'Allemagne n'était équipé de chambres à gaz. Ce fait a été reconnu et attesté par l'Institut d'Histoire Contemporaine de Munich, qui est pourtant un modèle d'hostilité à l'Allemagne Nationale-Socialiste.

A Dachau, la construction d'une chambre à gaz avait effectivement débuté, mais celle-ci ne fut achevée qu'à la fin de la guerre et par les SS qui avaient pris la place des déportés. Néanmoins le Dr Blaha a fourni d'abondants détails sur des exterminations qui apparemment auraient eu lieu dans ce camp, et l'abbé Jean-Paul Renard écrivit dans son livre *Chaînes et lumières* qu'il avait vu « des milliers et des milliers de gens envoyés dans les chambres à gaz de Buchenwald »... qui n'existaient pas, et de nombreux « témoins » déclarèrent de nouveau au procès Eichmann à Jérusalem avoir vu des déportés à Bergen-Belsen désignés pour les chambres à gaz.

En ce qui concerne les camps polonais occupés par les Allemands, le seul document attestant l'existence et l'utilisation de chambres à gaz à Chemno, Belzec, Maidanek, Sobidor et Treblinka provient d'un individu du nom de Kurt Gerstein. Écrit en français par cet ex- Waffen SS., nous ne saurons jamais puisque l'homme en question « se suicida » dans sa cellule après avoir composé cette étonnante confession pourquoi ce document fut considéré comme d'authenticité si douteuse dès sa parution que, produit à Nuremberg le 30 janvier 1946, il fut récusé par la Cour et ne fut pas inclus dans les charges contre les accusés. Ce qui n'empêcha pas la presse de le tenir pour authentique, et de continuer de le circuler sous trois versions différentes, deux en français et une en allemand, qui en plus se contredisent entre elles. La dernière version figura au procès Eichmann à Jérusalem en 1961.

Comme on le voit, la mauvaise foi a du mal à disparaître.

Il est probable qu'il y a eu une chambre à gaz à Belzec. A Auschwitz d'autre part, il semble qu'il ait été établi qu'il y en avait une et qu'elle ait fonctionné ; il y en a pas mal d'évidence, mais celle-ci est si souvent divergente et contradictoire qu'il est très difficile de discerner la vérité. Dans l'éventualité où de telles chambres auraient fonctionné à Auschwitz, ce n'aurait pu être qu'à partir du 20 février 1943 après leur achèvement, et jusqu'au 17 novembre 1944, soit durant dix-sept ou dix-huit mois, dont il faut déduire encore un certain nombre de mois puisque selon le Dr Reszo Kasztner, président du Comité de sauvegarde des juifs de Budapest de 1942 à 45, ces chambres à gaz furent hors service de l'automne 1943 à mai 1944.

Il est difficile de se faire une idée du nombre des victimes, passées dit-on par ces chambres, étant donné qu'il n'existe aucune estimation exacte ni crédible qui ait été faite, et que les récits fournis par les différents témoins relèvent davantage du royaume de l'extravagance que de la réalité. De si nombreux « témoins » se sont « suicidés » ou ont été forcés de le faire, et tant d'autres sont morts qui peut être n'ont jamais existé, qu'il est impossible d'accorder foi à leurs affirmations ; car ce qui frappe plus particulièrement que tout celui qui cherche à découvrir des preuves précises et des documents originaux, est le fait que ces sources, dont le seul facteur commun est leur bonne foi prétendue, ont toutes disparu.

L'étude de Rassinier montre clairement que, si l'Allemagne d'Hitler était bien raciste et de ce fait ne considérait pas les juifs comme des nationaux, elle ne chercha pas, du moins au départ, à exterminer les juifs, mais à les installer en dehors de sa communauté nationale exactement ce que fit l'État d'Israël lorsqu'il refoula en Jordanie 900.000 Arabes qui avaient vécu jusque là en Palestine.

L'Allemagne d'Hitler était un État raciste. Or comme on le sait (la théorie de)l'État raciste postule l'expulsion des minorités hors des frontières de la communauté nationale. L'État d'Israël est un autre exemple du même principe. « Selon l'Article 4 du programme en vingt-cinq points du parti National-Socialiste publié à Munich le 24 février 1920 : « Seul un patriote peut être citoyen. Seule une personne qui a du sang allemand dans les veines, quelle que soit sa religion, peut être un patriote. Un juif ne peut être patriote... » « L'Article 5 concluait : « Une personne qui n'est pas un citoyen peut seulement vivre en Allemagne comme hôte, et elle est soumise à la législation sur les étrangers. » « Quand le National-Socialisme parvint au pouvoir en février 1933, les juifs d'Allemagne devinrent automatiquement soumis au Statut des Étrangers, qui partout dans le monde exclut les étrangers des positions d'influence, dans l'État ou l'économie. Tel est le fondement des lois raciales dans l'Allemagne hitlérienne... « La seule différence entre l'Allemagne d'Hitler et d'autres États est que dans ces derniers, on est un étranger en vertu de sa nationalité, alors que sous le National-Socialisme on était classé comme étranger en vertu de sa race. « Mais en Israël, les Arabes n'ont plus le droit d'enseigner ni de travailler dans l'Administration des Finances, ni de diriger un kibboutz, ni de devenir ministres de l'État. Ce qui arrive en Israël ne justifie pas ce qui a eu lieu en Allemagne, j'en conviens sans aucun doute parce qu'un mal n'en justifie pas un autre , mais sans tenter de le justifier je donne une explication, et pour ce faire je démonte un mécanisme : si je cite Israël, c'est seulement pour montrer que le mal du racisme, au sens du terme tel que le comprit le National-Socialisme, est beaucoup plus répandu qu'on le croit généralement puisque les champions de l'antiracisme en sont aujourd'hui devenus les protagonistes, et que, contrairement à l'opinion populaire, l'Allemagne d'Hitler n'est pas loin de là son unique exemple. » (Paul Rassinier, *Le Véritable Procès Eichmann*, pp. 100-101)

La promulgation des lois raciales après le Congrès de Nuremberg, en septembre 1935, conduisit le gouvernement allemand à chercher à transférer les juifs en Palestine sur la base de la Déclaration Balfour. Quand ceci eut échoué, le gouvernement allemand demanda à d'autres pays de les prendre en charge. Ceux-ci refusèrent. « Comme il n'y avait pas d'État juif avec qui conclure un accord bilatéral ou un traité international sur le modèle de celui de Genève ou de La Haye, et qu'en dépit des efforts réitérés du gouvernement national- socialiste, pas un seul pays n'avait accepté de leur permettre l'immigration ou de les prendre sous ses ailes, ils continuèrent à vivre en Allemagne jusqu'à la déclaration de guerre, en bénéficiant du statut d'étrangers apatrides qui ne garantissait pas la sécurité des personnes, puisque, comme c'est le cas dans le monde entier pour ce type de personnes, ils étaient à la merci de ceux qui étaient au pouvoir ». (P. Rassinier, ibid. p. 20)

Ce n'est qu'en novembre 1938, après l'assassinat de Von Rath, le conseiller de l'Ambassade d'Allemagne à Paris, par Grynzpan qui était juif crime qui provoqua une violente réaction anti-juive en Allemagne que les leaders du Troisième Reich proposèrent de présenter une solution globale au problème juif et relancèrent l'idée de les transférer en Palestine. Le projet qui avait traîné depuis 1933 s'effondra parce que l'Allemagne ne put négocier leur départ sur la base des 3 millions de marks exigés par la Grande-Bretagne, sans aucun accord de compensation. En outre, l'Allemagne ne put négocier une émigration massive des juifs avec les autres pays, du fait du refus de ceux-ci d'établir des accords commerciaux de compensation qui auraient rendu possible cette émigration.

La France pour sa part refusa à la fin de l'année 1940 leur transfert à Madagascar : « Après la défaite de la France, et l'échec d'une paix avec l'Angleterre, les leaders allemands conçurent l'idée que l'on pourrait rassembler les juifs et les transférer dans un territoire colonial français, par exemple à Madagascar. Dans un rapport du 21 août 1942, le Secrétaire d'État auprès du Ministère des Affaires Étrangères du Troisième Reich, Luther, décida qu'il serait possible de négocier avec la France a cette fin, et décrivit les conversations qui avaient eu lieu entre juillet et décembre 1940 et qui avaient été stoppées après l'entrevue de Montoire le 13 décembre 1940 par Pierre Étienne Flandrin, le successeur de Pierre Laval. Tout au cours de 1941 les Allemands eurent l'espoir de rouvrir ces négociations et de les mener à bonnes fins ». (P. Rassinier, ibid. p. 108)

Ce ne fut qu'après des rebuffades successives, et pour diverses autres raisons comme nous allons le voir, que l'attitude de l'Allemagne vis à vis des juifs se durcit.

Il y eut d'abord la lettre adressée par Chaïm Weizmann, le président de l'Agence Juive, à Chamberlain, le Premier ministre de Grande-Bretagne, dans laquelle il l'informait que « *Les juifs sont aux cotés de la Grande-Bretagne et combattront pour la démocratie* ». Elle fut publiée dans le *Jewish Chronicle* du 8 septembre 1939, et constitua une véritable déclaration de guerre du Judaïsme mondial contre l'Allemagne.

Quelque temps auparavant, Léon Blum avait pressé les démocraties de détruire l'idéologie raciste, dans un article que publia *Paris-Soir* du 23 mars 1939 : « La réorganisation, la réconciliation et la coopération de tous les États du monde attachés à la liberté et à la paix, et la stimulation et l'exaltation du système démocratique et en même temps la destruction systématique de l'idéologie raciste, telle est la tâche essentielle qui incombe au grand mouvement d'opinion publique, sans lequel les gouvernements seraient impuissants. »

L'écrivain juif Émile Ludwig, né en Allemagne et naturalisé Suisse qui fut décoré de la Légion d'Honneur par le gouvernement français en avril 1939, lança vers la même époque un appel tonitruant : « pour une nouvelle Sainte Alliance, à conclure entre les trois grandes démocraties dans le monde « ... appel à peine déguisé à la guerre : « ... l'influence des États-Unis dans cette alliance sera le facteur décisif. Parce que la nouvelle alliance est d'abord et surtout conçue comme une menace et une dissuasion, le rôle de chef revient à l'Amérique... » (Émile Ludwig, *Une Nouvelle Sainte Alliance*, p. 94) « Tous les pays peuvent rejoindre la nouvelle Sainte Alliance...parmi les grandes puissances, la Russie Soviétique sera la première... (ibid. p.101).

C'est la philosophie nationale qui décidera si un État peut, ou non, être admis dans l'alliance... l'alliance est dirigée contre l'Allemagne, l'Italie et les autres États susceptibles d'adopter les mêmes principes à tout moment...elle émet son défi avec encore plus de force que le langage des dictateurs. (p. 104) car « ...les objectifs politiques de ce siècle sont : le Socialisme comme expédient national, et les États-Unis d'Europe comme politique internationale. Ces deux buts peuvent-ils être atteints sans la guerre ?... »` (ibid. p. 120)

Aussi invraisemblable que cela paraisse, mais Ludwig ne cherche pas à déguiser sa pensée, il conclue son appel par ces mots : « Religions, philosophies, idéaux ont toujours été formulés et gardés par des penseurs solitaires. Mais ils ont toujours été défendus par des hommes armés, et au péril de leurs vies. » (Émile Ludwig, ibid. p. 123)

Pour en revenir à la situation des juifs en Allemagne. « En septembre 1939, précisément au tout début des hostilités, les autorités représentant le Congrès Juif Mondial rappelèrent, comme pour reprocher à l'Angleterre et à la France d'avoir tant tardé, que « les juifs du monde entier avaient déclaré la guerre économique et financière à l'Allemagne dès 1933 « et qu'ils étaient « résolus à mener cette guerre de destruction jusqu'au bout », et en même temps, elles autorisaient Hitler à placer tous ceux qu'il avait sous la main dans des camps de concentration, ce qui est la manière dont tout pays dans le monde traite les ressortissants étrangers ennemis en temps de guerre. « Avec les événements, les juifs d'Europe se retrouvèrent dans le même bateau que leurs frères d'Allemagne, et lorsqu'il n'y eut plus d'espoir pour eux d'émigrer hors d'Europe et la dernière chance s'évanouit avec l'échec du plan de Madagascar à la fin de l'année 1940 la décision fut prise de les regrouper et de les mettre au travail dans un immense ghetto qui, après le succès de l'invasion de la Russie, fut situé vers la fin de 1941 dans ce qu'on appela les Territoires de l'Est, près de l'ancienne frontière russo-polonaise : à Auschwitz, Chelmno, Belzec, Maidaneck, Treblinka, etc... Là, ils devaient attendre la fin de la guerre et la réouverture de discussions internationales qui décideraient de leur sort. Cette décision fut finalement prise à la fameuse réunion interministérielle de Berlin-Wannsee qui se tint le 20 janvier 1942, et les transferts commencèrent en mars. » (P. Rassinier, *Le Véritable Procès Eichmann*, p. 20

Entre temps étaient survenus la déclaration de guerre contre l'URSS, les bombardements massifs de Dresde, Leipzig et Hambourg, et finalement la publication d'un livre d'un juif américain, Théodor N. Kaufman intitulé « *Germany must perish* », « L'Allemagne doit périr ». « Dans ce livre, Kaufmann déclare froidement que les Allemands, du seul fait qu'ils sont Allemands, ne méritent pas de vivre... et qu'après la guerre 25.000 médecins seront mobilisés avec la tâche de stériliser chacun 25 Allemands, hommes et femmes, par jour, de façon qu'en trois mois il n'y ait plus un seul Allemand vivant en Europe qui soit capable de reproduction, et que, dans soixante ans, la race germanique soit totalement éliminée du continent. Il disait en outre que les juifs allemands partageaient ses vues. « Hitler ordonna de faire diffuser ce livre par toutes les stations allemandes de radio, et l'on imagine l'effet produit sur le public allemand. » (P. Rassinier, ibid., pp. 108-109)

# POUR FINIR, PARLONS DU PLAN MORGENTHAU

Ce projet, conçu aux États-Unis par Henri Morgenthau, l'un des conseillers de Roosevelt, et par Harry Dexter White (tous deux étaient juifs, le second originaire d'Europe orientale) prévoyait la destruction complète de l'industrie allemande et la transformation résolue de l'Allemagne en un pays uniquement agricole.

Il fut approuvé à la Conférence de Québec de 1943, et sitôt la guerre finie, les Alliés le mirent à exécution et commencèrent à démanteler les usines de la Ruhr. On réalisa rapidement que c'était complètement absurde, et ce plan fut abandonné. Entre-temps, on avait découvert que Harry Dexter White était un agent soviétique. Il mourut d'une crise cardiaque la veille du jour où il devait être arrêté.

Mais en ce qui concerne l'Allemagne, compte tenu du plan Morgenthau, du plan Kaufmann, de la déclaration de guerre à outrance de Chaïm Weizmann et du Congrès Juif Mondial, de la Déclaration de Casablanca confirmant la décision de n'accepter qu'une reddition inconditionnelle, et de la campagne de bombardements de terreur des villes allemandes contre la population civile (135.000 morts à Dresde), les Allemands étaient alors convaincus que les Alliés avaient décidé leur extermination, et l'on n'est donc pas surpris dans ces conditions que les juifs rassemblés dans les camps aient servi d'otages et que de terribles représailles les aient frappés.

C'est dans ces circonstances que commença la déportation massive et brutale des juifs vers les camps polonais, notamment Auschwitz.

Pour conclure ce chapitre, nous voulons citer un fait rapporté par un témoin juif, dont l'importance n'échappera pas au lecteur. Dans l'édition du 15 décembre 1960 de *La Terre Retrouvée*, le Dr Kubovy, directeur du Centre Mondial de Documentation Juive Contemporaine de Tel-Aviv, reconnaissait qu'aucun ordre d'extermination massive n'existe, ni de Hitler, ni de Himmler, Heidrich ou Goering (Rassinier, *Le Drame des Juifs européens,* pp. 31-39)

Il semblerait alors que l'extermination par les gaz ait été l'œuvre d'autorités régionales et de quelques sadiques allemands.

Selon Rassinier, l'exagération dans le calcul du nombre des victimes a été inspiré par des raisons purement matérielles : « ...Il s'agit simplement de justifier d'un nombre proportionné de cadavres les énormes subsides que l'Allemagne a du payer annuellement depuis la fin de la guerre à l'État d'Israël en manière de réparations, pour les dommages qu'elle peut d'autant moins être tenue pour lui avoir causés moralement ou légalement que cet État d'Israël n'existait pas à l'époque où eurent lieu les faits incriminés ; c'est donc purement et simplement un problème matériel. « Qu'il me soit permis de rappeler que l'État d'Israël ne fut fondé qu'en mai 1948, et que les victimes juives en Allemagne étaient des ressortissants de nombreux États à l'exception d'Israël, ceci afin de souligner la dimension d'une fraude qui défie toute description quelle que soit la langue ; d'un coté, l'Allemagne paye à Israël des montants qui sont calculés sur six millions de morts, et de l'autre, comme au moins les quatre cinquièmes de ces morts étaient bien en vie à la fin de la guerre, elle verse des montants substantiels en réparations aux victimes de l'Allemagne d'Hitler à ceux qui survécurent dans tous les pays du monde autres qu'Israël, et aux héritiers légitimes de ceux qui sont décédés depuis, ce qui signifie que pour les premiers (les six millions) ou du moins pour la grande majorité d'entre eux, elle paye deux fois ». (P. Rassinier : *Le Drame des Juifs européens*, pp. 31 et 39)

C'est la conclusion de notre étude des arguments de Rassinier.

N'ayant pas personnellement étudié cette question, nous nous sommes bornés à exposer les conclusions de l'auteur, conclusions dont il porte l'entière responsabilité, mais il semble bien que les faits et les documents qu'il joint au dossier des crimes de guerre méritent une pleine et impartiale investigation.

La question des six millions de victimes juives mortes dans les camps d'Hitler ne peut être plus longtemps acceptée comme un article de foi.

# BIBLIOGRAPHIE

* indique les ouvrages étrangers disponibles au British Museum

BATAULT, G. : *Le Problème Juif* (1921) ; *Israël contre les Nations* (1939)

BENAMOZEGH, E. : *Israël et l'Humanité* (1961)

BONSIRVEN R.P., S.J. : *Le Judaïsme palestinien au temps de Jésus-Christ*

COHEN, K : *Nomades* (1928)

*DE ECCLESIAE : Déclaration sur les Religions non-chrétiennes*, trad. angl. T. Atthill, CTS (1966)

DHORME, E. : *Revue d'Histoire des Religions*

DIMONT, MAX I. : *Jews, God and History* (Les Juifs, Dieu et l'Histoire) (1964)

DISRAELI, B. : *Coningsby* (1849)

DOENITZ, Amiral : *Ten Years and twenty Days* (Dix ans et vingt-et-un jours) (1959)

FAURE, E : l'Ame juive, in *La Question Juive vue par vingt-six éminentes personnalités* (1934)

FEIJTÖ, F : *Dieu et son Juif* (1960)* ; et *Les Juifs et l'Antisémitisme dans les Pays Communistes* (1960)

FLEG, E. : *Israël et moi* (1936)*

GRAETZ : *History of the Jews -L'Histoire des Juifs*

ISAAC, J. : *Jésus et Israël* (1946, réed. 1959 ) ; *Genèse de l'Antisémitisme* (1948, réed. 1956)*

JEHOUDA, J : *L'Antisémitisme miroir du monde* (1958)*

LANE, A BLISS : *I saw Poland betrayed* (Je vis la Pologne trahie) (1948)

LAPOUGE, VACHER de : *Les Sélections sociales,* Cours professé l'Université de Montpellier (1888-1889)

LAZARE, BERNARD : *Anti-Semitism* (1903)(*L'Antisémitisme, son histoire, ses causes*)

LENINE *The Proletarian Revolution and Kautski the Renegade* (La Révolution prolétarienne et Kautski le renégat) (1920)

LEWISOHN, L. : *Israël* (1926)

LOEB, I. : *La littérature des pauvres dans la Bible*

LOVSKY, F. : *Antisémitisme et Mystère d'Israël* (1955)

LUDWIG, E. : *Une nouvelle Sainte Alliance* (1938)

MADAULE, J. : *Les Juifs et le Monde actuel*

MASSOUTIE, L. : *Judaïsme et Hitlérisme* (1935) ; *Judaïsme et Marxisme* (1939)

MEMMI, A. : *Portrait d'un juif* (1963)

NEUMANN alias NEUBERG : *L'Insurrection armée*

NOSSIG, A. : *Integrales Judentum* (1922)

PASMANIK Dr D. : *Qu'est-ce que le Judaïsme* (1930)

PEGUY, C. : Notre Jeunesse dans *Œuvres en prose* (1909 - 1914)

PONCINS, L. de : *Le Plan communiste d'Insurrection armée* (1939 )*, *L'Énigme communiste* (1942)

RABI : *Anatomie du Judaïsme français* (1962)

RASSINIER, P. : *Le Mensonge d'Ulysse* (1955)* ; *Ulysse trahi par les siens* (1962)* ; *Le Véritable Procès Eichmann* (1962)* ; *Le Drame des Juifs européens* (1964)*

RENAN, J. E. : *L'Antéchrist* (1899)

ROSENBERG : *A History of Bolshevism* (Histoire du bolchevisme) (1934)

ROUDINESCO, DR A. : *Le Malheur d'Israël* (1956)

SALLUSTE (pseudon.) : *Les Origines secrètes du Bolchevisme* (1930)

SAROLEA, C. : *Impressions of Soviet Russia* (Impressions de Russie soviétique) (1924)

SARTRE, JP : *Portrait de l'antisémite* (1948)

SERANT, P. : *Les vaincus de la Libération* (1964)

SOMBART, W. : *The Jews and modern Capitalism* (Les Juifs et le capitalisme moderne) (1913)

SPIRE, A : *Quelques Juifs et demi-juifs* (1928)*

STEED W. : *The Hapsburg Monarchy* (1913) (La Monarchie des Habsbourgs).

THORWALD, J : *Vlassov contre Staline* (1953)

TROTSKY, LEV. : *The Defense of Terrorism* (Défense du Terrorisme) (1921)

VALLAT, X. : Article dans *Aspect de la France* (21 janvier 1965)

WEBSTER, N.H. *Secret Societies and Subversive Movements* (1924, réed. 1964) ; *World Revolution* (1921) ; *French Revolution* (1919)

# Deux recensions remarquées de l'ouvrage

« D'après de Poncins... le juif Jules Isaac, haut fonctionnaire français, a la responsabilité d'avoir conçu et mis en œuvre le changement de mentalité de l'Église à l'égard des juifs... Poncins affirme qu'il y a eu une conspiration juive et que les Organisations juives ont été les instigatrices et les manipulatrices de toute l'affaire. Il s'appuie sur des sources juives qui parmi d'autres divulguent des manœuvres de juifs auprès de diverses personnalités et institutions catholiques....Il faut lire ce genre de livres, mais il ne faut pas les prendre au sérieux. » Publié (en hébreu) par le journal **Haaretz, de Tel Aviv**.

« La recette est bien connue de ceux qui sont anxieux de révéler la conspiration d'un groupe quelconque, ourdie contre le monde entier. Le groupe choisi comme le conspirateur importe assez peu... Ici, ce sont les juifs à qui de Poncins s'en prend. Il trouve deux ou trois auteurs juifs qui apparemment se sont sentis persuadés que tout le genre humain devrait faire soumission aux juifs. Les citations peuvent être authentiques, mais que prouvent-elles ? Comme parmi tous les autres peuples, on trouve aussi parmi les juifs une écume d'extravagants et de fêlés. » *Supplément Littéraire du Times,* de Londres.

www.ingramcontent.com/pod-product-compliance
Lightning Source LLC
Chambersburg PA
CBHW050135170426
43197CB00011B/1847